교류분석(TA)적 접근을 통한

# 자살 상담과 치료

Tony White 저
한국교류분석상담학회 편역

## Working with Suicidal Individuals:
### A Guide to Providing Understanding, Assessment and Support

학지사

**Working with Suicidal Individuals:**
A Guide to Providing Understanding, Assessment and Support
by Tony White

## | 역자 서문 |

인간은 관계를 통해서 힘을 얻기도 하지만 실로 엄청난 고통을 겪기도 한다. 이처럼 사람의 관계는 양날의 검과 같다. 사회가 따뜻하지 못하고 경쟁 일변도로 사람을 내몰면 사람의 관계는 피폐해질 수밖에 없다. 요즈음 감정과 영혼을 따뜻이 위로해 주는 책들이 베스트셀러가 되고 있고, 오늘의 우리나라는 OECD 국가 중 표준인구 10만 명당 자살률이 최고 수준이라는 불명예가 이를 방증한다.

이처럼 심각한 수준의 자살 문제로 인해 이제 국가적 차원에서 법률을 제정하고, 전국 지방자치단체들은 적극적인 자살예방사업 계획을 수립하며 생애주기별 자살예방사업을 추진하고 있다. 이와 동시에 자살시도자와 가족에 대한 상담과 심리치료에도 많은 노력과 지원이 요구되고 있다.

그동안 상담과 심리치료 영역에서도 다양한 진단과 해법을 논해 왔다. 그러나 특정 상담이론으로 이 문제를 조명하고 개입을 논하지 못하는 안타까움이 있었다. 이 책은 이러한 배경에서 한국교류분석상담학회가 '한국 사회 자살 이슈와 교류분석'이라는 제목으로 학술대회를 개최함과 동시에 우리 사회가 안고 있는 자살 문제를 교류분석적 접근으로 어떻게 자살 상담과 치료를 할 것인가에 대한 이론적 · 실천적 목마름에서 출발하였다.

Tony White의 *Working with Suicidal Individuals: A Guide to Providing Understanding, Assessment and Support*(2011)를 번역하게

된 것은 몇 가지 측면에서 큰 의미를 가진다. 첫째, 한국교류분석상담학회 차원에서 그동안 상담과 심리치료 현장에서 교류분석 이론에 대한 전문적 지식을 가지고 활발히 활동한 분들이 함께 모여 작업하였다는 데 의미가 있다. 둘째, 한국교류분석상담학회가 매년 교류분석 관련 최신 책을 번역하여 발간하기로 한 청사진의 첫 번째 결실이라 할 수 있다. 셋째, 자살 이슈에 대한 가장 최신의 지견을 교류분석 상담이론을 통해 명확한 이해를 제공하고 있다. 특히 Tony White의 교류분석에 대한 놀라운 지적 통찰력과 임상적 아이디어는 교류분석을 연구하고 적용하는 상담이론가들에게는 새로운 도전 의식과 공명을 불러일으킨다.

Tony White는 이 책에서 왜 어떤 사람은 자살을 생각하지 않는 반면에, 어떤 사람은 자살을 시도하는지에 대한 자살 행동의 다양한 동기에 대한 이론적 이해를 제공하고 있다. 동시에 자살자의 자살에 대한 초기결정 요인에 초점을 맞추고 양적으로 그리고 TA적으로 매우 정밀하게 질적인 접근의 자살 위험 사정에 대한 포괄적인 시스템을 제공하며, 최종적으로 일단 사정이 이루어지고 잠재적 자살 위험자가 감지된다면 그러한 사람들을 어떻게 상담 및 심리치료 하고 지원 및 관리할 것인지에 대한 방법을 제시하고 있다.

이 책의 번역자들은 그동안 교류분석의 이해와 보급을 위해 수십 차례 교류분석상담사 자격과정을 진행해 왔고, 상담 현장에서 내담자를 만나면서 이론을 적용해 왔으며, 학회와 세미나를 통해 보다 더 깊고 진보된 이론들을 소개해 온 분들이다.

공역자 각각의 번역 범위를 밝히면 다음과 같다. 1장 이영호, 2장 박미현, 3장 정원철, 4장 이영호, 5~6장 김명하, 7장 전우경, 8장 서혜석, 이대식, 공은숙, 9장 박용민, 10장 아영아, 11장 정정숙, 12장 송준석, 13장 김미례, 14장 오명자, 15장 문영주, 부록과 주제어 정리 김미례, 저자 서문 박용민, 역자 서문 이영호가 담당하였다.

공역자들이 연구와 세미나, 저술 등으로 바쁜 일상 속에서 번역 준비를 하는 가운데 각자 역할을 분담하고 원고를 취합하여 교정을 보고 용어를 정리하는 등 수 차례의 복잡한 과정을 통해 작업을 해 나갔으나, 공동 번역의 어려움이 다양한 차원에서 나타나기도 하였다. 번역 작업 속에서 여러 가지 오류나 부족한 부분은 전적으로 역자들의 책임이며, 동학제현의 많은 지적과 충고를 바란다. 그럼에도 이 책이 자살과 관련하여 교류분석적 상담과 심리치료 방법을 이해하는 데 많은 도움이 되기를 바라며, 다양한 임상적 실천 현장에서 자살과 관련한 열패감, 소외감, 무망감, 관계로부터 고통받는 많은 이를 돕는 데 유용하게 활용되기를 기원한다.

학회 특별관리위원장으로서 원고의 통합 작업을 맡아서 고생한 박용민 위원장님과 끝까지 맡은 부분에 성의를 가지고 참여하여 책이 출간될 수 있도록 노력해 주신 많은 공역자 분들에게 고마움을 전한다. 또한 한국교류분석상담학회에 각별한 관심을 보여 주시고 늘 따뜻한 지원을 해 주신 학지사의 김진환 사장님과 인내심을 가지고 편집과 교정 작업에 열정을 가지고 수고해 주신 하시나 선생님에게 감사의 마음을 전하고 싶다.

이 땅의 내담자들이 자신의 삶의 의미를 자각하고 보다 자율적으로 살아가도록 돕는 교류분석 전문가들, 그리고 삶의 고단함에 힘겨워하는 사람들이 잠재력을 발휘하여 작은 기쁨과 마음의 평안을 가지는 데 이 책이 조금이나마 도움이 되기를 기원한다.

한국교류분석상담학회장

이영호

## | 한국 독자에게 드리는 글 |

나는 *Working with Suicidal Individuals*가 한국어로 번역된다는 소식을 듣고 놀랐다. 이 책은 내가 심리학자로서 30여 년간 이루어 온 노정의 결실이다. 그동안 나는 삶의 모든 영역에서, 모든 다양한 상황에서 자살하려는 많은 사람을 상담해 왔다. 일반적으로는 개인상담이 주를 이루었고, 어떤 때는 특별히 집단으로 자살예방 상담을 하였다.

스스로 자신의 삶을 마감하려고 생각하는 사람들과 상담을 진행할 때는 다음과 같은 깊은 의문에 직면하곤 한다.

- 모든 사람은 자신이 죽을 때를 선택하는 것이 정당한가?
- 이 행성(지구)에서 우리의 시간은 어떤 의미를 지니는가?
- 주위에 있는 사람들이 상실의 고통을 느끼지 않도록 자살하지 않을 수 있는 사람은 어떤 사람인가?
- 자살하는 것은 이기적인 행동인가?
- 그에게 또 다른 희망은 없는가?

상담할 때는 대부분 내담자의 고통이 전이될 수 있다. 이것은 다양한 정도로 상담자들에게 일어난다. 그렇지만 자살하려고 하는 사람들과 상담을 할 때 이것은 좀 더 중요하다. 왜냐하면 여러분은 고통을 겪고 있는 사람들과 상담을 하고 있을 뿐만 아니라 그들이 바로 자신들의 삶을 끝내려는 위험에 처해 있기 때문이다. 이것은 이런 내담자들과 정규적으로 상담을 하는 사람들의 특별한 형태다. 어떤 사람의 경우, 정규적으로 상담을 하지 못하는 것은 단지 그들이 너무 많은 압력을 느끼기 때문이다. 이런 압력으로 인해 그들은 경직되거나 임상적으로 과로하는 경향이 있다.

상담자들은 상담할 때 무감각해져서 경직되거나 혹은 자신의 치료 기술이 줄어들지 않도록 조심해야 할 필요가 있다. 대부분의 상담자는 너무 무감각해지지 않도록 자신을 잘 관리해야 하며, 자살하려는 사람들과의 상담이 잘 진행될 때 너무 압력을 받는 느낌을 갖지 않도록 해야 한다. 나는 한국 독자들이 이런 균형을 얻는 데 이 책이 도움이 되기를 바란다.

호주 퍼스에서

토니 화이트

| 차 례 |

## 제3부 자살하려는 사람 돕기

Working with Suicidal Individuals:
A Guide to Providing Understanding, Assessment and Support

# 제 1 부 자살 이해하기

제 1 장

# 시작하며

## 통 계

자살에 대한 통계는 선명하고 명확하다. 세계보건기구(World Health Organization, 2009)는 매년 100만 명의 사람들이 자살로 생을 마감한다고 보고한다. 호턴과 헤링겐(Hawton & Heeringen, 2009)은 이에 동의하면서 구체적으로 40초마다 한 사람씩 자살을 하고 있고, 자살이 사망의 열 번째 원인이며, 세계 모든 사망의 1.5%를 차지한다고 피력했다. 지난 45년간 세계 자살률은 60%나 증가했다. 현재 자살은 15세에서 44세 사이의 연령에서 세 번째 사망 원인이 되고 있다. 이러한 수치에는 자살의 성공보다 20~40배 더 빈번하게 이루어지는 자살 시도는 포함되어 있지 않다.

자살의 주요인은 정신건강의 문제다. 약 90%의 사람이 어느 정도의 정신 질환에 의해 스스로 삶을 마감한다. 그중 우울은 자살과 높은 상관관계가 있는 정신 질환 중 하나로, 특히 우울한 사람이 자해를 하거나, 무망감을 느끼고 자살 충동과 자살 생각이 있을 때 더욱 위험하다. 또 다른 정신 질환으로는 양극성 장애, 정신분열, 신경성 거식증, 신체 기형이 있다. 이 중 신체 기형은 왜 가슴 확대술을 시술한 여성의 자살 증가율이 높아지는 지를 부분적으로 설명해 줄 수 있다. 자살 위험률이 증가하는 다른 요인으로는 어린 시절 신체적 · 성적 학대를 받은 경우, 자연재해와 같은 역사적 사건, 그리고 마이클 잭슨 같은 유명인의 죽음도 있을 수 있다.

유럽에서 유고슬라비아 북쪽 지방인 세르비아의 10만 명당 19명이라는 높은 자살률은 유럽의 다른 지역의 10만 명당 13명의 자살률과 비교된다. 정말 흥미로운 것은 전쟁 기간에는 자살률이 떨어지지만 혼란기에는 크게 뛰어오른다고 보고되고 있는 것이다. 예를 들면, 세르비아에서 자살률이 가장 높게 보고된 시기는 높은 인플레이션 상황에서였고, 가장 낮았던 시기는 1999년 나토(NATO)가 폭격을 했을 때였다. 따라서 전쟁 기간에는 전쟁으로 인해 사회가 하나로 응집되기 때문에 자살률이 떨어진다는 가설을 세울 수 있다.

호턴과 헤링겐(2009)은 많은 나라에서 보고되지 않는 사례를 생각하면 자살 관련 통계들이 낮게 사정된 것이라고 추측했다. 각 나라의 정부들은 실제보다 낮은 자살 수치를 보고하는 경향이 있다. 높은 자살률은 그 나라 국민들이 행복하지 않고, 만족스럽지 못하며, 제대로 통치되고 있지 못하다는 것을 함축하고 있기 때문이다. 통계 목적으로 자살에 대한 기록을 하는 경향이 있으므로 자살률은 보통 낮아질 수밖에 없다. 이런 예로 치명적인 자동차 사고를 들 수 있다. 나에게 직접 자동차 사고에 대해 보고했던 한 내담자가 있었는데, 그는 자동차 사고로 자살을 하려고 했다. 그 이유는 자동차 사고가 자살하기 가장 쉬운 방법이라고 생각했기 때문이었다. 일반적이지는 않지만, 그들은 술을 마시고 나무나 다리 혹은 비슷한 구조물로 빠른 속도로 돌진하는 계획을 세운다. 이런 경우 공식적인 기록에는 자살보다 음주와 과속으로 인한 자동차 사고로 기록된다.

자살자가 사고를 위장하는 일반적인 이유로는 세 가지를 들 수 있다. 첫째는 남아 있는 사랑하는 사람들에게 오명을 남기고 싶어 하지 않기 때문이다. 자살로 죽는 것보다 사고로 죽는 편이 오명을 덜 수 있는 방법이다. 둘째는 사랑하는 사람들에게 죄책감과 그들이 뭔가를 더 했다면 혹은 자살을 미리 알아차렸다면 하는 의문을 남기고 싶어 하지 않기 때문이다. 셋째는 그들의 죽음이 자살일 경우 보험회사로부터 생명보험금이 지급되지 않을 수 있다는 걱정 때문이다.

## 이 책의 목적

통계는 왜 많은 사람이 스스로 목숨을 끊는 것인지에 대한 연구와 이해가 필요하다는 것을 확실하게 보여 준다. 이 책에서는 자살하는 사람에 대한 이해와 사정, 관리, 그리고 더 나아가 추가적인 중요한 요소에 대하여 논의하고자 한다. 최근에 이루어지는 자살 연구들의 문제점은 새로운 자료가 현저히 부족하다는 점이다. 이는 과거 20년 동안 나온 이미 알려진 문헌 내용을 이론가들과 임상가들이 재수정하거나 이전에 언급된 내용을 재구성하는 일련의 교정 작업 정도만이 주로 이루어졌기 때문이다. 이 책은 자살 행동의 이론이나 자살을 시도하는 개인을 치료하는 데 상당히 새로운 자료를 제공한다. 예를 들면, 오랫동안 자살 위험 척도는 많은 책에서 다루어져 왔지만, 대부분 위험 척도의 양적 방법만을 살펴보는 일차원적인 경향이 있었다. 이 책에서는 자살자의 결정적인 요인에만 초점을 맞춘 자살 위험 사정의 질적 방법의 소개와 자살 위험에 대한 훨씬 정밀한 사정 방법을 제공할 것이다.

이 책의 전체적인 구조는 세 가지 요소로 나뉜다. 첫째, 왜 어떤 사람은 자살을 생각하지 않고 어떤 사람은 자살을 시도하는지에 관한 설명과 자살자에 대한 이론적인 이해를 제공한다. 전자의 경우, 자살을 시도하지 않는 사람이더라도 자살 행동의 다양한 동기가 검토될 것이다. 둘째, 이 책은 양적인 그리고 질적인 접근의 자살 위험 사정에 대한 포괄적인 시스템을 제공할 것이다. 이것은 자살 위험 사정을 제대로 하기 위한 더욱 단단한 기초 토대를 제공한다. 셋째, 일단 사정이 이루어지고 잠재적 자살 위험자가 감지된다면, 이 책은 그러한 사람들을 관리하는 데 사용할 수 있다. 예를 들어, 자살하지 않기 계약서나 어떻게 그들을 치료하여 더 이상 자살이 자신을 위한 선택 중 하나가 아니라고 보게 할지와 같은 것들이다. 이론과 활용을 설명하기 위해서 책의 세 부분 모두에 같은 사례들을 나누어 소개한다.

## 저자의 배경

나는 지난 30년간 만성 정신질환자와 함께 개인 치료를 해 왔고, 약물 재활 치료시설과 교도소에서 상담자와 심리학자로 일해 왔다. 이 기간 동안 심각하게 위험한 사람들을 포함해서 자살하려는 많은 사람을 접촉해 왔다. 이 책을 쓰는 이 시점까지 내가 알기로는 나의 내담자 중에 자살자는 없었다. 그러나 내가 사람들을 돕는 전문가로서 일을 하는 동안 그런 사건이 일어날 가능성은 항상 있다.

교도소에서 일을 하는 동안, 나는 특히 자살자에 대해서 많은 것을 배웠다. 나는 수백 명의 자살하고 싶어 하는 사람과 가짜 자살자들과 이야기를 해야 했고 그들에 대해 알아야 했다. 나의 주요 업무는 교도소에서 수감자가 자해와 자살을 하려는 것을 알아내고 관리하는 데 사용되는 시스템을 관리 감독하는 것이었다. 이 일은 매일같이 자살을 원하는 사람들을 다루는 것에 대해 많은 것을 빠른 속도로 배울 수 있게 해 주었다. 나는 실제로 그들이 어떻게 생각하는지, 그리고 어떻게 자살을 시도하는지 알게 되었다. 나 또한 개인적으로 자살 경험이 있었다. 십대였을 때 나는 두 번의 자살 시도를 하였다. 그 개인적인 경험은 자살자의 삶의 편린과 내용에 대해 보다 깊게 이해하는 계기가 되었고, 특히 십대 청소년들의 자살에 대해서 더욱 깊게 이해하게 되었다.

## 용어

간혹 우리는 "그는 성공적으로 자살을 시도했다."는 이야기를 듣는다. 일반적으로 자살에 있어서 성공적인 행동은 있을 수 없으므로 '성공적'이라는 단어는 사용하지 않는다. 또한 부적절한 단어로 '저지르다'라는 단어가 있다. 호주에서는 한 곳을 제외한 모든 주에서 자살과 자살 시도는 더 이상 범죄가 아니다. 이것은 모든 서구 사회에서도 마찬가지다. '저지르다'라는 용어는 자살이 범죄에 해당하던 시절의 이야기다. 당시에는 자살을 하는 것이 강도짓을 저지르는 것과 같이 범죄 행위였다. 그러나 모든 나라에서 자살 시도나 자살이 더 이상 범죄가 아니므로 '저지르다'라는 용어는 존재하지 않는 범죄 행위를 함축하는 부정확한 용어라고 할 수 있다. 이 책에서는 좀 더 정확한 용어로서 자살을 시도한 사람, 자살 시도를 이룬 사람 혹은 자살을 끝낸 사람이라는 용어를 사용한다.

## 임상가의 개인적인 수준

나는 이 책이 임상가들과 자살한 사람에 대한 자신의 태도를 이해하고자 하는 사람들에게 실제적인 도움이 되었으면 한다.

자살은 강한 감정적 반응을 끌어내는 즉각적인 죽음이다. 만일 사랑하는 사람이 병이나 사고로 죽었다면 그것은 우리에게 엄청난 영향을 끼친다. 그러나 사랑하는 사람이 자살로 죽었다면 일반적으로 더욱더 엄청난 감정적 반작용을 만들어 낸다. 병사나 사고사는 이해할 수 있고 자살보다는 받아들이기가 쉽다. 실제로 사랑하는 사람이 자살로 죽으면 아마도 이 일은 우리가 자신의 삶을 끝낼 수 있다고 생각하게 하고, 이것은 상대방에게도 삶의 어느 순간에서든 위협이 될 수 있다. 병사나 사고사는 운이 나빠서 그렇게 되었다고 생각할 수 있지만, 자살은 운이 나빠 일어난 일이라고 할 수는 없을 것이다. 그것은 우리가 살고 죽는 것을 통제할 수 있고 또 죽는 것을 선택할 수 있다는 것을 의미한다. 만약 사랑하는 사람들이 그러할 수 있다면 우리 또한 그렇게 할 수 있다는 것을 보여 주는 것이다.

앞에서 인용된 통계들은 자살이라는 사건이 우리의 개인적 일상에 쉽게 들어올 수 있음을 보여 준다. 대부분은 아니지만 많은 사람이 자살 시도한 사람을 알거나 자살을 한 사람을 안다. 경우에 따라서는 비록 직접적으로 알지는 못할지라도 말이다. 많은 사람이 정신병을 가지고 있거나, 알코올 또는 약물 문제를 지녔거나, 감옥에 있거나, 심각하게 우울증을 겪고 있는 등의 고위험군에 있는 사람을 알고 있다. 우리가 사는 세상을 보면 일반 인구의 66%는 가끔 자살을 생각하고, 32%는 유의미한 방법으로 자살을 생각하고 있다(Steel & McLennan, 1995). 자살한 사람을 개인적으로 알고 있든 혹은 스스로가 그러한 유혹을 받고 있든 둘 다 개인적으로 우리를 자극한다. 그러므로 우리는 그러한 사실과 마주할 준비를 해야 한다. 이것은 특히 감정적으로 불안정한 경향의 사람들을 만나는 전문가들을 위한 것이기도 하다. 빠르든 조금 늦든 그들은 자살을 끝낸 사람들이나 시도한 사람들과 마주해야 할 것이다.

물론 이 과정에서 그들의 정서적인 반응에 옳고 그른 것은 없다. 다음과 같은 다양한 반응이 있을 뿐이다.

- 분노의 반응을 보이며, 자살을 남겨진 사람을 아프게 하는 이기적인 것으로 본다.
- 인간의 생명을 버린 것에 대해 낙담하고 슬퍼한다.
- '왜'라는 질문으로 의문을 던지고 사색한다.
- 철학적인 시각으로 바라보고, 모든 사람은 죽을 때를 선택할 수 있는 권리가 있다고 말한다.
- 자살한 사람이 인생이 아주 행복하고 충만한 삶을 사는 것처럼 보였기 때문에 놀란다.
- 자살을 용기 있는 행동으로 본다.

그 밖에 특별히 건강관리 전문가들과 관련 있는 책임의 영역이 있다. 어떤 전문가는 자신의 내담자가 자살을 한다면 어떤 방식으로든 자신에게 책임이 있다는 것을 느끼기 시작할 수 있다. 그들의 자살 위험 사정이 부족했든지, 혹은 그 사람을 돕기 위해 더 노력을 했어야 했다고 생각할 수 있다. 내가 아는 전문가 중 실제로 이렇게 느꼈고 깊이 충격을 받은 사람들이 있다. 나는 이 책이 이런 방식으로 독자 자신에 대한 이해를 돕길 바란다. 독자에게 자살에 관한 정보를 제공하여 자살을 하려는 사람들과 작업을 하면서 자살 행위에 대한 개인적인 견해와 자신들의 책임을 어떻게 보아야 할지에 대하여 분명히 할 수 있기를 기대한다.

이 책에서 '어린이'라는 단어는 여자아이와 남자아이 모두를 지칭하는 말이다. 편리함을 위하여 성인과 마찬가지로 여자아이와 남자아이 모두에게 대명사인 '그'를 사용한다.

따로 표시되어 있지 않는 한, 책의 모든 사례 연구는 자살 쟁점을 더욱 부각시키기 위해 허구로 구성하였다.

제 2 장

# 자살이란 무엇인가

이 장에서는 자살과 자살 행동이라고 여겨지는 것은 무엇인지 그 정의를 찾아본다. 일반적으로 자살은 자신의 목숨을 끊으려는 의도적인 행동이라고 정의할 수 있다. 이 정의에서 핵심 단어는 '의도적인'이다. 이 정의는 무척 간단하고 단순해 보인다. 그러나 조금 가까이 들여다보면 여러 가지 양상과 조합이 명확하지 않은 채 남아 있다는 것을 알 수 있다. 다음에서 이에 대하여 설명한다.

## 무엇이 자살이라고 여겨지는 것일까

격동의 시대인 요즘 자살 폭탄 테러의 이야기는 흔히 들을 수 있으며, 이러한 용어는 일상적으로 쓰이고 있다. 그러나 자살 폭탄 테러는 정말 자살일까? 만약 자살 폭탄 테러의 의도를 생각한다면 이것은 궁금해질 수 있는 말이다. 자살이 되려면 자살 폭탄 테러범의 첫 번째 의도는 스스로가 죽는 것이어야 한다. 그러나 자살 폭탄 테러범의 중요한 의도는 자신이 죽는 것보다 다른 사람을 죽이는 것에 있기 때문에 이것은 논란의 대상이 될 수 있다. 이런 시각에서 자살 폭탄 테러는 다른 사람을 죽이려는 의도에 따른 부작용일 뿐 무엇을 자살이라고 하는가의 정의에는 적합하지 않다.

역사적 기록을 보면, 제1차 세계대전에는 소름끼치는 참호 전투가 있었다. 의미 있는 승리는 몇 번 되지 않았던 이 전투에서, 군인들은 참호 밖으로 기어올라가 적을 향해 달려 나가야 했다. 그들은 자신들이 그렇게 하는 즉시 총탄에 맞아 죽을 가능성이 높다는 것을 알고 있었다. 대부분의 사람들이 이 젊은이들은 자살하려 한 것이 아니라고 말할 것이다. 그러나 순수하게 행동적인 관점에서 보면 그들은 죽을 수 있는 높은 가능성의 상황에 스스로를 내어놓았다. 이것은 자살 행동일까? 그들의 의도는 죽는 것도 아니고 적을 제압하는 것도 아니었다. 그러므로 이런 행동은 자살이라고 정의 내릴 수가 없다.

이 전투의 예는 자살의 정의에 대한 또 다른 의문을 갖게 한다. 몰려오는 적에 맞서라는 명령을 받은 참호 속 군인들에 관한 사실은 흥미 있는 의문을 불러일으킨다. 만약 스스로 죽으라고 명령을 받았다면 그것은 자살일까? 자살 폭탄 테러는 참호 속 군인처럼 공식적인 명령을 받지 않았을지도 모르지만 어떤 종교적인 종류의 지침을 받았을 수도 있다. 이것은 자살 폭탄 테러가 이 장의 처음에 인용했던 자살의 정의에는 미치지 못한다는 더욱 명백한 증거다.

또한 자살에 의해 갖게 된 신분에 대한 의문이 있다. 우리는 자살 폭탄 테러범이 자신과 타인을 죽인 후에 순교자로 비쳐지는 이야기를 자주 듣는다. 이것은 또 다른 의문을 갖게 한다. 만약 순교자가 되기 위해 스스로를 죽인다면 이것은 자살인가? 만약 그 의도가 순교자가 되는 것이고 자살을 하는 것이 그러한 신분을 얻는 방법이라면 자살의 정의에는 맞지 않는 것 같다.

**사례 연구 2-1 특정한 지위나 신분을 얻기 위한 자살**

35세의 남자가 목의 동맥을 끊음으로써 생을 마감하려는 시도를 하였다. 그는 면도칼을 사용하였고 거의 죽음에 이르렀지만, 마지막 순간에 발견되어 살아났다. 이후 그와 나눈 이야기에 따르면, 그는 만성적인 정신분열로 고생하고 있었고 항정신병 약을 복용하고 있었다. 자살 시도 한 달 전에 그는 약 복용을 중단했는데, 그 이유는 자신이 잘 지내고 있었고 더 이상 약이 필요 없다고 생각하였기 때문이다. 약을 중단한 후 그는 환각과 심한 망상에 시달리게 되었다. 망상 중 하나는 하느님과 이야기를 하는 것이었다. 하느님은 그를 원하니 와서 같이 있자고 하였다. 그래서 그는 하늘나라로 가야만 했다고 하였다. 하늘나라로 가기 위해 그는 자살을 시도한 것이다.

기술적인 의미에서 이것은 자살의 정의에 맞지 않는다. 남자의 목표는 하느님과 같이 있는 것이고 특정한 지위를 얻는 것이다. 그의 중요한 자살의 목표는 자신이 죽는 것이 아니라 스스로 죽음으로써 특별한 신분을 얻는 것과 자살을 같은 의미로 본 것이다.

자살의 정의에 대해서 숙고할 세 가지 요소는 다음과 같다.

① 자신이 죽는 것이 첫 번째 의도다.
② 자살하는 사람은 다른 상관의 명령을 따르는 것이 아니다.
③ 자살하는 사람은 죽음 후에 어떤 신분을 얻으려 해서는 안 된다.

## 사고와 자살

프로이트(Freud)는 원래 우리 모두에게 에로스(Eros)와 타나토스(Thanatos)라고 불리는 두 가지 욕구가 있다고 가정했다. 에로스 혹은 삶의 힘이라는 욕구는 창조, 발전, 성장의 욕구이고, 대조적으로 타나토스는 죽음의 의도 혹은 우리 스스로를 파괴하려는 욕구다. 이 파괴적인 충동은 타인에게 직접적으로 향하거나 혹은 자살이나 살인이라는 최후의 표현으로 자신에게 향한다고 하였다.

타나토스에 의해 제공되는 이런 충동의 결과로 모든 사람은 이따금 자기패배적이고 자기파괴적인 행동을 하게 된다. 이것은 흡연, 술을 많이 마시는 것, 운동을 충분히 하지 않는 것, 관계를 망칠 것을 알면서도 타인과 반복적으로 심리적인 게임을 하는 것까지 다양한 범위가 있을 수 있다. 우리 대부분에게는 이런 충동이 그다지 강하지 않아 인생에서 나쁜 결과를 많이 초래하지는 않는다. 하지만 자살을 하려는 사람들처럼 어떤 사람들은 이러한 충동이 때로 매우 강한데, 그 이유는 어린 시절에 자살 결정을 내리기 때문이다. 사람들은 다양한 단계에서 이런 자기파괴적인 충동을 알아차린다. 어떤 사람들은 그들 스스로 해를 입히려는 욕구를 잘 알아차리는 반면, 어떤 사람들은 이 충동과 감정이 거의 확실해야만 알게 된다. 알아차리지 못하는 사람들은 자기도 모르게 자기파괴적인 행동을 하게 된다.

우리는 사고와 자살 사이의 연결고리를 알 수 있다. 때로 사고는 명확하다. 즉, 단순히 사고일 뿐이다. 어떤 이는 잘못된 시간에 잘못된 장소에 있었기에 죽음을 당한다. 예를 들면, 비행기 사고나 지진 같은 것이 그런 것이다. 또 어떤 경우의 사고는 '사고'라고 하기에 적합하지 않다. 어떤 이는 자각하지 못한 채 다칠 수 있는 위험한 상황에 스스로를 노출시킨다. 그들은 사고라고 느끼겠지만, 사실 이것은 자기파괴적 충동을 행한 것이다. [그림 2-1]은 사고와 자살의 관계를 보여 준다.

어떤 상황에서 사고는 확실하게 사고이고, 어떤 상황에서 자살은 명확하게 자살이다. 그러나 중간에 애매모호한 부분이 있다. 차 사고가 좋은 예다. 술을 취하도록 마시고 과속으로 차를 운전하는 사람이 있다고 치자. 그

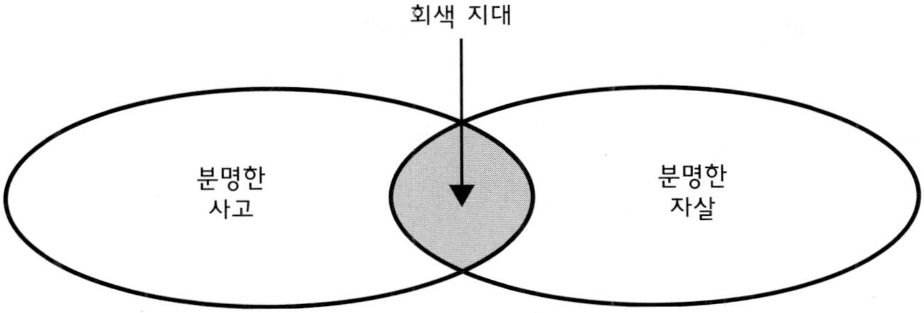


[그림 2-1] 사고와 자살의 애매모호한 영역

의 행동에 대해 뭐라고 이야기할 것인가? 만약 그가 반복적으로 그런다면? 그는 자신이 위험하고 죽을 수도 있는 상황에 스스로를 노출시켰다는 것을 어느 정도 알고 있다. 다른 사람들은 이런 사실을 알 수 없기 때문에 그가 사고를 당한다면 단지 자동차 사고라고 볼 것이다. 하지만 그것은 '자동차 자살'이라고 더욱 명확하게 표현되어야 할 것이다.

전쟁터에 자발적으로 나간 사람, 레이싱 차의 운전자가 된 사람, 극단적인 스포츠를 하는 사람, 야생동물과 함께 일하는 사람들은 죽을 가능성의 확률이 유의미하게 높다. 어떤 의미에서 그들의 타나토스나 욕구는 자기파괴로 표현된다고 볼 수 있다. 만약 그들에게 자살하고 싶은지 묻는다면, 이런 상황에서 대부분의 사람은 절대로 그렇지 않으며 그들은 매우 행복하고 모든 것은 살기 위한 것이었다고 대답할 것이다. 그리고 그들이 그런 일을 할 때는 위험을 계산한다고 말할 것이다. 이것이 중요한 점이다. 그들은 어느 정도로 위험을 감수할 것이며, 또 자기파괴적 충동과 어린 시절 그들이 내렸던 자살 결정을 어떻게 알아차릴 것인가? 그들 중 어떤 사람은 그런 충동에 대한 자각 없이 죽게 될 것이고, 그 일은 사고라고 하기보다는 자살이라고 해야 하며, 애매한 부분이 된다. 얼마만큼이 자살이고 얼마만큼이 사고인지는 결코 명확하지 않을 것이다.

유명한 아론 벡(Aaron Beck, 1967)의 연구에서 흥미롭게도 비슷한 구절을 발견하였다. 자살을 원하는 우울증 내담자의 사례에서 그는 다음과 같이 말했다. "자살하고자 하는 생각은 환자가 필요치 않은 위험을 감수할 때도 보게 된다. 환자의 다수가 마치 무슨 일이 일어나기를 바라는 듯이 엄청난 속도로 운전을 했다."(p. 31) 만약 무슨 일이 일어났다면 그것은 자살인가 사고인가? 정답은 분명치 않다.

〈사례 연구 2-2〉는 간혹 자살과 사고 사이에 존재하는 모호함에 대한 예를 보여 준다.

### 사례 연구 2-2 무모한 행동과 자살

30세의 남자는 그간 자살에 대한 생각은 했지만 실제로 한 적은 없다고 이야기했다. 그전에 자살 시도를 한 적은 없었다는 것이다. 대신에 그는 자신의 무모한 행동에 대해 이렇게 설명했다. "내가 가진 모든 통제력을 그저 놓아 버리고 내가 하고 싶은 대로 했던 안 좋았던 시간들이 있었지요. 내가 약물 복용을 할 때는 무모한 행동을 하고 완전히 취해서 차를 운전하기도 했어요." 이런 생각들을 하던 시기에 그는 정맥에 주사하는 암페타민을 과용량 사용하여 여러 차례 입원을 할 만큼 무모했다.

그는 또한 집에서 가정 폭력 신고를 받고 출동한 경찰과 칼로 맞서다 공격을 당한 이야기도 하였다. 그때는 경찰이 그에게 칼을 내려놓으라고 총을 겨누는 상황까지 가는 일촉즉발의 상태였다고 한다.

이 사례에서 그는 실제로 자살을 하려고 하지는 않았다고 보인다. 그러나 이런 식의 행동으로 그는 죽을 수도 있었다. 자신이 무엇을 하고 있는지에 대한 그의 자각 수준은 상황에 따라 변했다. 어느 때는 자신이 무모한 행동의 결과로 죽을 수도 있다는 것을 잘 자각하였고, 어느 때는 그에 대한 자각이 적었다. 죽고자 하는 혹은 죽음을 당하고자 하는 그의 동기에 대한 자각의 부족은 부분적으로는 자살이고 부분적으로는 무모함이라고 생각되는 행동의 결과다.

## 죽임을 당함으로써의 자살

〈사례 연구 2-2〉는 자살하는 사람들이 때때로 언급하는 다른 측면을 보여 준다. 어떤 사람은 그저 무서워서 혹은 단순히 그들 스스로를 죽이는 실제적인 행동을 하는 것을 상상하지 못한다. 그들은 할 수 없다고 여기기는 하지만 동시에 상당한 자기파괴적인 충동을 가진다. 앞의 사례의 남자가 이를 분명하게 보여 준다. 자기파괴적인 충동은 지속적으로 개의치 말고 충동을 표출하라고 요구하고, 그 사람은 다른 표현 방법을 찾아야만 하는 것이다. 그 방법은 '사고'이거나 대안적으로 다른 사람으로부터 죽임을 당하는 것이며, 때로 '경찰에 의한 죽음'이라고 불리는 것이다. 이런 현상은 그동안의 범죄 수사나 경찰의 연구에서 볼 수 있다(Jenet & Segal, 1985 참조). 〈사례 연구 2-2〉에서 일어난 일과 거의 흡사하게 경찰이 당신을 죽일 수도 있는 행동과 관련된 것이다. 가정 폭력으로 인한 살인 행위도 자살 행동의 한 유형이라 할 수 있다.

반 워머와 오다이어(van Wormer & Odiah, 1999)는 「살인-자살과 사형의 심리(The psychology of suicide-murder and the death penalty)」라는 통찰력 있는 그들의 논문에서 '살인-자살(suicide-murder)'이라고 불리는('자살-살인'이라 부르지 않는다) 현상에 대해 설명하고 있다. 그들은 사형제도가 존재하는 주에서 살인을 저지르고 감옥에 복역 중인 수감자를 대상으로 한 연구를 인용하였다. 그들은 어떤 경우에는 살인 동기 중 한 가지로 사형으로 죽기를 원하는 상태도 있다고 말했다. 그들은 자살의 동기를 어느 정도 가지고 있으나 실제적으로 자신이 그 일을 겪을 자신이 없기 때문에, 정부가 그들을 죽여 주기를 원하는 행동을 한다는 것이다. 이런 사례의 많은 사람이 확실하게 죽기를 원하고, 어떤 사람들은 사형에 처해지기 전부터 자신의 죽음에 대해 오랫동안 계획을 세운다는 것을 보여 주었다.

덧붙여 반 워머와 오다이어는 '자발적인 사형'이란 무엇인가에 대해서도 이야기한다. 미국에서 1976년과 1993년 사이에 223명의 사형이 있었다. 그중 29%가 대체로 동의하였거나 수감자의 요청에 의해 이루어졌다. 또 다른 연구에 의하면, 사형자 중 16명이 판결에 항소를 하지 않았으므로 사형에 자발적이었다는 보고가 있다. 실제로 그중 두 명은 사형이 선고되었으나 그 후에 무죄가 밝혀졌고 석방되었다. 그들은 자신의 문제를 끝내는 방법으로 죽음을 선택했던 것이다. 그들은 스스로 죽지는 않았지만 정부가 그들을 죽일 수 있는 행동을 함으로써 죽음을 선택하였다. 이러한 사례들은 오랜 기간 집요하게 죽기 위해 의식적인 결정을 내리고 마침내 이행하는 것과 관련이 있다. 이런 사람들의 사례는 그들의 초기 인생에서 이미 자살 결정을 내리고 그들의 문제를 해결할 수 있는 해결책을 사용하여 결과를 만들어 낼 수 있는 상황이 될 때까지 마음에 간직하고 있다는 명백한 지표다.

## 결 론

이 장에서는 자살의 정의를 찾아보았지만, 스스로를 죽인 사람이라고 말하기에는 너무 명확하지가 않다. 특히 전쟁 기간 동안 사람들은 여러 가지 이유로 스스로 죽는데, 어떤 사람은 죽음을 첫 번째 의도로 두었고 어떤 사람은 그렇지 않았다. 사고와 자살의 애매모호한 부분에 대한 이야기도 하였다. 스스로를 죽이는 행위를 실제적으로 행한다는 생각이 몹시 두렵다는 사실도 이야기하였다. 그러나 이런 사람들은 죽음의 욕구가 남아 있어서 그들이 사고로 죽을 가능성을 높이는 행동을 한다. 같은 개념으로, 자살하려는 사람들은 다른 사람, 즉 '경찰에 의해' 죽임을 당하거나 국가의 법에 의해 죽임을 당하는 것에 대해서 생각한다는 것도 이야기하였다. 만약 자살을 결심하면 자기 손으로 스스로 목숨을 끊지 않아도 그 결심을 이룰 수 있는 다양한 방법이 있는 것이다.

제 3 장

# 교류분석

교류분석(transactional analysis)은 1964년 『심리 게임(*Games People Play*)』의 저술로 널리 알려진 에릭 번(Eric Berne)에 의해 개발되었다. 교류분석은 성격, 의사소통, 관계, 정신치료에 대한 포괄적인 이론을 담고 있다. 이 장에서는 자살하는 개인에 대한 이해와 사정 지지에 활용될 수 있도록 교류분석 이론을 소개하고자 한다. 교류분석에는 각본과 심리 게임 같은 다양한 이론이 있지만, 이 장에서는 자아 상태와 교류의 개념을 소개하고자 한다. 교류분석에 대한 개괄적 이해를 위해서는 『현대의 교류분석(*TA Today*)』(Stewart & Joines, 1987)을 읽어 보기 바란다.

## 성격 이론

번은 성격의 세 가지 양상을 제안하고, 이를 자아 상태(ego state)라고 불

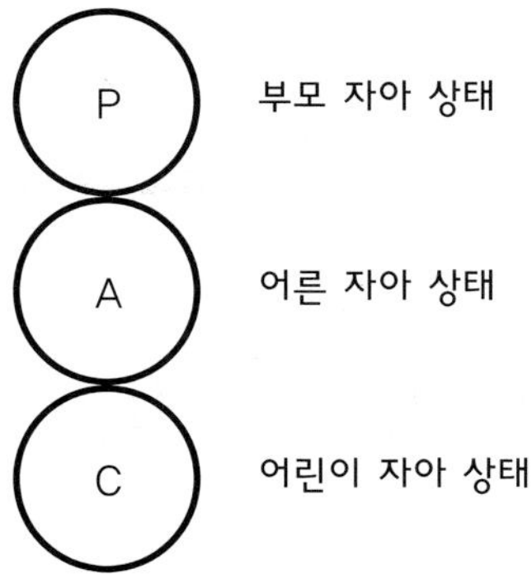


[그림 3-1] 성격의 세 가지 자아 상태

렀다. 부모 자아 상태(Parent ego state), 어른 자아 상태(Adult ego state), 어린이 자아 상태(Child ego state)는 [그림 3-1]의 원 안에 P, A, C로 나타냈다. 이 책에서는 번의 관례에 따라 부모, 어른, 어린이 자아를 나타낼 때 Parent, Adult, Child와 같이 대문자를 사용하였다.

## 부모 자아 상태

부모 자아 상태는 개인의 삶에서 닮고자 하는 명백한 상을 제시하는 성격의 일부분이다. 부모 자아 상태는 개인의 삶에서 모방하고자 했던 인물에 대한 역사적인 기록이다. 여기에는 주로 어머니, 아버지, 나이 많은 형제, 중요한 동료, 교사, 기타의 인물이 포함된다. 부모 자아 상태로의 모델링은 개인의 출생에서 사망까지 지속된다. 예를 들면, 남편과 아내는 꽤나 뚜렷하게 각자의 특질과 행동을 서로 모방한다. 그러나 가장 강력하고 중요한 모델링은 대개 어린 시절 부모나 부모 역할을 하는 인물과의 관계에서 발생한다.

이러한 모델링은 필수불가결하며, 개인이 원하든 원치 않든 일어난다. 이를 가끔 모방적 본능으로 부르기도 한다. 사람들은 본능적으로 부지불식

간에 타인을 모방한다. 아이들은 부모에 대해 좋은 것이든 좋지 않은 것이든 무차별적으로 모방하는 경향이 있다. 만약 엄마가 음주하는 모습을 아이가 보았다면, 그는 추후 엄마를 모방하고, 이는 부모 자아 상태에 기록될 것이다. 부모 자아 상태는 성장 과정에서 경험한 중요한 다양한 인물의 집합이며, 이는 [그림 3-2]와 같이 나타낼 수 있다.

[그림 3-2]는 개인의 중요 모델 인물을 보여 주고 있다. 모방한 행동들은 삶의 과정을 통해 보이게 된다. 젊은 부모가 자녀를 기르면서 아이에게 하는 말과 행동은 자신이 어린 시절에 부모가 자신에게 한 말과 행동인 경우가 많다. 젊은 부모는 이러한 사실을 알지 못한 채 자동적으로 그렇게 할 가능성이 크다. 부모 양육(parenting)이 건강하고 생산적이든 그렇지 않든 아이는 부모를 모방한다.

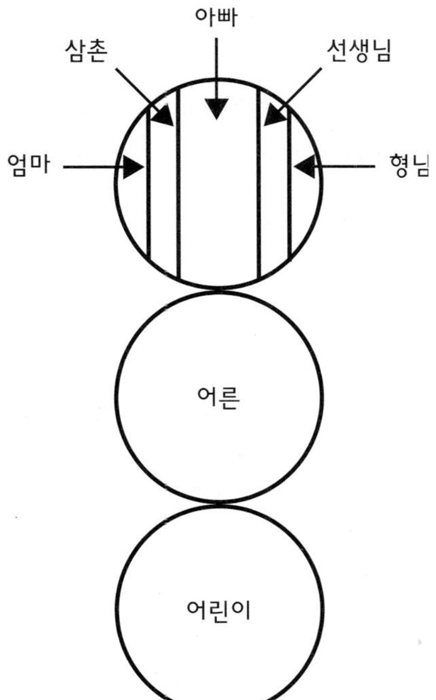


[그림 3-2] 아이에 의해 모아진 기록물로 설명된 부모 자아 상태

### 사례 연구 3-1 부모 행동 모방

33세의 한 남성은 아동기와 청소년기 대부분을 농장에서 보냈다. 그는 여러 번 발생했던 아버지의 협박용 자살에 대해 이야기했다. 그는 6~7세 무렵부터 시작하여 그의 가족이 농장을 떠나 도시로 이사를 간 14세 무렵까지 이러한 일이 지속적으로 발생했다고 회상했다. 그의 아버지는 보통 늦은 오후부터 다음 날 새벽까지 술을 마셨다. 아버지는 술에 취하면 매우 침울해했고 죽고 싶다는 말을 하곤 했다. 그런 후에는 캐비닛에서 총을 꺼내 장전하고 의자 옆에 놓은 채 계속 술을 마셔 댔다.

어린 시절 그는 아버지의 이런 모습을 종종 목격할 수 있었다. 그럴 때면 침대에 숨어 아버지가 내는 소리들을 들으며 시간을 보내야 했다. 그렇게 시간이 지나고 나면 혹시 무슨 일이 생긴 것은 아닐까 걱정하며 침대 밖으로 나오곤 했다. 어찌되었든 그는 아버지의 행동에 개입한 것은 아니었다. 어머니는 울부짖으며 남편을 말리고 총을 치우려고 했다. 아버지와 어머니는 그렇게 몇 시간씩 다투었다. 아버지는 결코 자신이 아닌 다른 사람을 총으로 위협하거나 때리지는 않았다. 단지 그는 취할 때마다 총을 옆에 두고 자신의 머리를 겨누었을 뿐이다. 그러나 그는 절대 자신을 쏘지는 않았다.

어린이로서 이 남성은 이러한 행동을 모방했고, 이는 그의 부모 자아 상태 기록물의 하나를 구성하고 있다. 이러한 상황은 아이에게 특히 모방하게 하는 효과가 크다. 왜냐하면 그 상황은 아이가 어린 시절에 발생하였고, 아버지에 의해 일어났으며, 반복적이었고, 정서적으로 부담이 큰 상황이었기 때문이다. 이는 그가 좋아하든 싫어하든 상관없이 그의 성격의 한 부분이 된다. 이러한 경험이 이 남성으로 하여금 아버지처럼 똑같은 행동을 하게 한다는 것은 아니다. 그의 부모 자아 상태에는 다른 기록물의 내용도 있으며, 그의 어른 자아나 어린이 자아가 그의 행동을 결정하는 데 강한 영향을 미치기 때문이다. 그러나 부도 자아 상태 기록물은 그의 성격 안에 존재하며, 따라서 이러한 경험을 하지 않은 사람에 비해 그가 이러한 행동을 할 가능성은 더욱 많아지는 것이다.

이러한 기록물 외에도 부모 자아 상태는 도덕, 가치, 좋은 행동과 그렇지 않은 행동에 대한 신념을 담고 있다. 이러한 것들 또한 부모상(parent-type figure)으로부터 모방된다. 부모 자아 상태는 개인들에게 사회화된 방법으로 행동하게 한다는 점에서 중요한 의미를 지닌다. 부모 자아 상태가 없다면 우리는 죄책감을 가지지 않을 것이며, 무질서로 인해 사회 역시 형성되지 않을 것이다. 부모 자아 상태는 어린이 자아 상태에서 발견되는 원시적인 충동들을 상당 부분 통제한다. 결과적으로 범죄자들은 종종 역기능적인 부모 자아 상태를 가지는 경우가 많다. 이로 인해 그들은 비사회화되고, 범죄를 저지르게 되기도 한다. 또한 부모 자아 상태가 너무 클 경우에는 과잉 사회화되거나, 불안이나 우울과 같은 조건을 발달시키게 된다.

## 어른 자아 상태

어른 자아 상태는 현실감과 의사결정 그리고 상황에 대한 이해와 관련된 성격의 부분이다. 가끔 어른 자아는 성격의 컴퓨터처럼 보인다. 어른 자아는 오감으로부터 정보를 받아들이고, 그 후 그 정보를 합리적이고 조직적인 방식으로 처리한다. 어른 사고의 초기 시작은 유아의 언어 능력이 증가하는 2세 무렵부터 시작된다. 어른 자아 상태는 아동기를 통해 발달하고 추상적이고 논리적인 사고가 가능한 사춘기까지 발달한다(Piazet & Inhelder, 1969). 어른 자아 상태는 느낌을 배제하고 사실에 기초하는 방식으로 정보를 모으고 저장하며 사용하는데, 이는 감정덩어리인 어린이 자아 상태와 구별된다. 어른 자아 상태는 가능성을 계산하고 사정하기 위해서 정보를 사용한다. 예를 들면, 자살 위험 사정을 하는 데 있어서 어른 자아 상태는 위험의 가능성을 계산하기 위해 사용된다. 어른의 생각은 뇌의 좌반구에서 일어나는 것으로 보인다.

어른 자아 상태는 정상적인 심리적 기능을 위해 중요하다. 어른 자아 상태가 강할수록 정확한 결정을 할 수 있다. 예를 들어, 한 개인이 자신은 무가치하고 존재하지 않는 게 더 낫다고 느낀다면 이는 어린이 자아 상태의 느낌이며, 어른 자아 상태에서의 사정이 아니다. 그의 어른 자아 상태는 그가 무가치하지 않으며 결국 가치 있는 사람이라는 것을 알고 있다. 어른 자아가 강할수록 그 행동에 영향을 미치는 어린이 자아 상태의 영향력은 반감된다.

### 어린이 자아 상태

어린이 자아 상태는 우리에게 남아 있는 어린이와 같은 양상이며 기본적인 욕구와 느낌이다. 우리 모두에게는 내면아이가 있다. 우리 모두는 죽는 날까지 내면아이이와 함께한다. 가끔 내면아이는 성인에서의 일상을 방해하고, 아동기에 가졌던 생각과 느낌과 함께 변화되지 않은 채 남아 있다. 만약 어린 시절의 삶이 무섭고 위협적이었다면, 성인이 되었을 때 그 개인은 공포, 반복적인 악몽과 같은 불안 상태를 경험할 것이다. 분노, 슬픔, 수치심, 배고픔, 갈증, 성욕, 즐거움과 같은 느낌들은 어린이 자아 상태에 해당된다. 부모 자아 상태가 모방하는 것이라면, 어린이 자아 상태는 재행동하는 것이다.

#### 사례 연구 3-2 어린이 자아 상태

잉글랜드에서 자란 25세 여성은 학교 기숙사에서의 경험이 매우 싫었다고 보고하였다. 그녀는 초등학교, 중학교의 대부분을 기숙사가 딸린 학교에서 보냈다. 그녀는 또한 자신의 부모가 학교로부터 자동차로 15분 걸리는 곳에 살고 있었다는 것에 주목했다. 그녀는 어렵지 않게 학교에 통학할 수 있었으나 기숙사에 머무른 채 지내야 했고, 이것이 몹시 싫어서 다른 친구들처럼 집에서 학교에 다니고 싶어 했다. 근처에 사는 다른 학생들은 그렇지 않은데 왜 자신은 기숙사에서 지내야 하는지 이유를 알 수 없었다. 그녀는 기숙사에 있는 것이 늘 싫었다. 음식도 마음에 들지 않았으며, 단지 부모님과 함께 지내면서 집에서 통학하기를 원했다.

---

그녀의 어린이 자아 상태는 학교 기숙사에서 지내는 것에 대해 필연적으로 반응할 것이고, 그에 따라 느낄 것이다. 그녀는 자신의 부모가 자신과 함께 있는 것을 싫어했기 때문에 자신에게 무언가 잘못된 것이 있으며, 자신이 죽으면 부모가 더 좋아질 것이라고 결론 내렸다. 어린이 자아 상태는 자살 결정을 함으로써 반응했다. 어린이로서 그녀는 어른 자아 상태의 결정을 할 수 없었는데, 그녀의 어른 자아 상태가 적절하게 형성되어 있지 않았기 때문이다. 25세가 되어 상담을 받기 전까지 그녀의 어린이 자아는 어린 시절에 반응했던 방식과 분노의 감정으로 반응하였고, 지금-여기의 자신의 모습으로 반응하기를 원하지 않았다.

## 자아 상태와 신생아

아이가 태어날 때는 단지 성격의 어린이 자아 상태만 가지게 된다. 어른 자아와 부모 자아 상태는 형성되어 있지 않기 때문에, 신생아는 단지 성격의 이러한 양상 내에서 반응할 뿐이다. 그러나 어린이 자아 상태는 실질적으로 세 가지 분리된 자아 상태로 분화된다.

① 어린이 자아 상태 내의 어린이(C1)는 또한 신체적 어린이(Somatic Child)로 알려져 있다.
② 어린이 자아 상태 내의 어른(A1)은 또한 작은 교수(Little Professor)로 알려져 있다.
③ 어린이 자아 상태 내의 부모(P1)는 또한 전극(Electrode)으로 알려져 있다.

이러한 자아 상태는 [그림 3-3]과 같이 나타낼 수 있다. 이 이론은 어떻게 자살 결정이 일어나는지를 이해하는 데 중요하다.

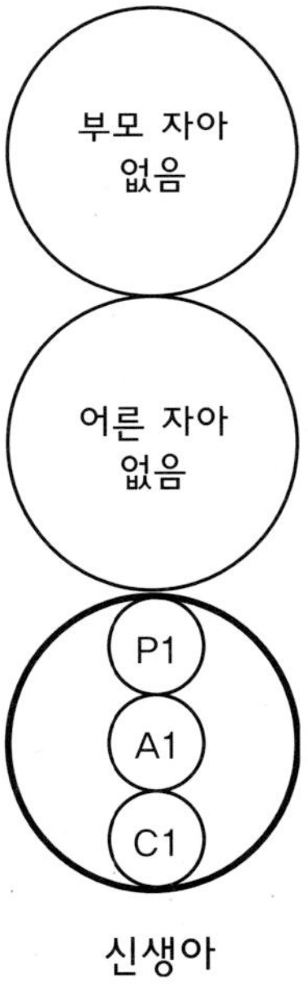


[그림 3-3] 어린이 자아 상태 내의 세 가지 자아 상태

## C1 또는 신체적 어린이 자아 상태

C1 또는 신체적 어린이(Somatic Child) 자아 상태는 신생아가 타고난 기질적 조건과 결합되어 있는 자궁에서의 경험을 세상으로 가지고 나오는 것이다. 이는 음식, 온기, 애정, 안정성 등의 느낌을 포함한다. 신체적 어린이라고 부르는 이유는 육체적 욕구에 초점을 두고 있기 때문이다. 신생아는 말할 수 있는 능력이 매우 부족하기 때문에 쾌락, 고통, 따뜻함, 좌절감, 즐거움, 피로함을 몸으로 표현한다. 언어 이전의 문제(preverbal issues)를 가진 성인들은 이 단계에서 주요 양육자와의 애착에 문제가 있다. 더불어 그러한 신생아는 이에 대해 몸으로 반응하고, 이는 그 개인의 육체에 남겨지게 된다.

예를 들어, 만약 유아가 슬픔과 배고픔을 느꼈는데 아무도 오지 않았다면, 그 유아는 적게 울고 이러한 경험을 몸으로 기억할 것이다. 성인기에 이러한 사람들은 그들의 삶에서 충족되지 않는 욕구로 인해 강박적인 섭취자가 될 것이다. 그리고 그들의 육체에서 지속적인 부족감을 느낄 것이다. 그에 관해 설명해 보라고 요청을 받았을 때, 그것이 언어 이전의 육체적 기억이기 때문에 그들은 설명하는 데 어려움을 느낄 것이다. 그들은 자신의 육체를 느낄 수는 있지만 그것을 설명할 만한 마땅한 단어를 찾을 수가 없다고 보고할 것이다. 신체적 어린이의 이러한 경험은 우리의 삶에 평생 남아 있기 때문에 수년 이후에 회상될 수 있다.

## A1 또는 작은 교수 자아 상태

A1 또는 어린이 자아 상태 내의 어른은 어린이 자아 중에서도 생각하는 어린이라는 점에서 종종 작은 교수(Little Professor) 자아 상태로 알려져 있다. 조사에 따르면, 의식적인 사고는 생후 3개월 무렵부터 시작된다. 이 무

렵에 어린이는 미숙하고, 마술적이며, 직관적이고, 창의적이며, 호기심의 경향을 가진 사고를 하기 시작한다. 그들은 자신과 세상에 대해 관심을 보이며, 보고 듣고 만지는 것에 대한 작은 교수의 사고를 시작한다. 그 무렵의 어린이들은 장난감과 자신의 신체에 대해 생각하고 학습하는 데 몰두할 수 있다. 그들이 말을 하기 시작할 때는 여러 질문을 하기 시작한다. 이런 것들은 그들의 사고 능력을 보여 준다.

그러나 그 사고는 성장한 어른 자아 상태의 것과는 다르다. 이것은 뇌의 우측에서 일어나는 비논리적인 사고이기 때문에 유아들은 엉뚱한 결론을 내리기도 한다. 왜냐하면 유아는 논리적이고 체계적인 방법으로 사고할 수 없기 때문이다. 예를 들면, A1은 앞의 〈사례 연구 3-2〉에서 보여 준 것과 같이 마술적 사고를 보여 준다. 그 사례에서 어린 소녀는 자신이 죽으면 부모가 더 좋아질 것이라는 결론을 내렸다. 이는 성장한 어른 자아 상태로 이해했을 때 분명 사실이 아니다. 그녀는 자신이 죽음으로써 부모가 행복해질 수 있을 것이라는 마술적 사고를 하였다. 이것이 바로 작은 교수 자아 상태에서 일어나는 사고의 한 종류다.

정신분열병과 같은 사고 장애의 대부분이 이러한 형태다. 정신증 환자의 경우 어른 자아 상태는 기능하지 않고 단지 작은 교수의 사고만 남아 있다. 그러므로 정신증 환자들은 마술적 사고, 관계 사고, 연상의 이완, 사고 이탈과 같은 증상을 가지게 된다. 이러한 것들은 성장한 어른 자아 상태가 작동하지 않은 채 작은 교수가 정보를 처리할 때 발생한다. 정신증을 가진 환자들은 자신과 타인에 대한 판단을 작은 교수의 정보 처리에 맡겨 두고 어른 자아 상태의 사고가 매우 부족하기 때문에 문제가 된다. 그러므로 그들은 〈사례 연구 3-2〉에서 본 것과 같은 불행한 결정을 하게 된다.

추후의 상담에서 〈사례 연구 3-2〉의 여성은 자신의 엄마가 자기애적인 여성이라는 것을 지각했다. 그녀의 엄마는 자녀 양육에 대한 책임을 지지 않기를 원했고, 딸을 기숙학교로 보냄으로써 그러한 자신의 욕구를 충족할 수 있었다. 그녀의 엄마는 딸이 좋은 교육을 받기를 원한다는 그럴듯한 이유를 들어 딸을 기숙학교로 보냄으로써 자녀 양육에 대한 책임으로부터 자유로워질 수 있었다. 성장한 어른 자아 상태는 이러한 것을 이해할 수 있는 반면, 작은 교수 자아 상태는 이러한 복잡한 사고를 수행하기 어렵다. 결국 그녀는 자살 시도라는 결론에 도달하게 된 것이다.

## P1 또는 전극 자아 상태

P1 또는 어린이 자아 상태 내의 부모는 전극(Electrode)으로 알려져 있다. 어린이 자아 상태에서의 부모는 가끔 전극을 보여 준다. 앞에서 제시한 두 사례 연구는 어린이의 삶에서 어떤 일이 자주 벌어지는지를 보여 준다. 부모들은 그들의 자녀와 지속적인 방법으로 관계하고, 그 어린이는 지속적으로 동일한 종류의 결정을 할 것이다. 작은 교수가 결정할 때 이는 P1 또는 전극에 저장된다. 동일한 결정이 만들어질 때 그것들은 지속적으로 강화되고, 궁극적으로 어린이는 새로운 결정을 할 필요가 없게 된다. 이로써 그 어린이는 전극 자아 상태에 이미 형성된 결정에 기초해서 자동적으로 반응할 것이다.

이러한 과정의 자동적인 본질을 설명하기 위해서 전극이라는 용어를 사용한다. 어린이가 6세가 되면 새로운 결정을 할 필요성 없이 단순히 전극에 저장되어 있는 새로운 스트레스적 상황에 대해 자동적으로 반응한다. 예를 들면, 〈사례 연구 3-2〉에서 언급된 여성은 자신에게 무엇인가 문제가 있기 때문에 자신이 기숙사에 있는 것이라는 결론을 내렸다. 그녀는 부모가 자신을 싫어하기 때문에 기숙사에 두었다고 결론을 내렸는데, 이러한 결론은 전극에 위치하는 것이다. 성인으로 성장할 때 그녀는 이러한 결론을 내렸고, 정확한 현실감 없이 어린 시절의 결정을 받아들였다. 대부분의 사람은 그들이 전극에서 내린 결론을 인식조차 하지 못한다.

30세가 되었을 때 그녀는 상관으로부터 자신이 새로운 부서로 이동할 것이라는 이야기를 들었다. 그녀의 상관은 사무실의 정책 때문에 그녀를 이동시키려는 것이었다. 그는 그녀가 좋은 직원이었기 때문에 다른 부서로 이동시키는 것을 원치 않았지만, 자신의 상급자를 만족시키기 위해 그녀가 현재 맡고 있는 자리에 새로운 사람을 배치해야 했던 것이다. 그러나 마음속으로 그녀는 전극에서의 결론으로부터 자동적으로 반응했다. 그녀는 자신이 무능하고 문제가 있기 때문에, 그리고 일을 제대로 수행하지 못했기 때문에 다른 부서로 이동하는 것이라고 생각했다. 이것은 그녀의 자동적 반응이며 전극이 기능하는 방식을 보여 준다.

## 기능적 자아 상태

지금까지 자아 상태가 어떻게 구조화되었는지를 살펴보았다. 여기서는 세 가지 자아 상태의 기능이 어떠한지에 대하여 살펴볼 것이다. 세 가지 자아 상태는 여섯 가지 중요한 기능적 자아 상태로 나뉘는데, 이는 [그림 3-4]와 같다.

### 부모 자아 상태

부모 자아 상태는 두 부분으로 나뉜다.

① 통제적 부모 자아 상태(Critical Parent ego state: CP)는 한계와 통제를 설정하며, 비난, 공격, 비판 등으로 구성된다. CP는 판단적이고 도덕적이며 의무, 당위, 나쁨을 나타내는 말을 사용한다. CP는 자녀의 나쁜 행동을 비판하는 아버지에 비유된다.

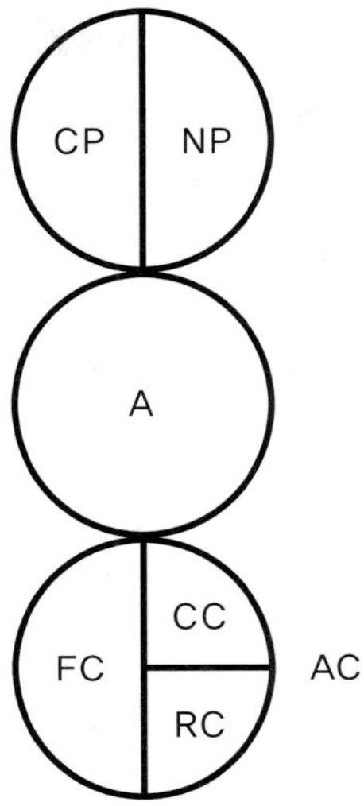


[그림 3-4] 성격의 기능적 자아 상태

② 양육적 부모 자아 상태(Nurturing Parent ego state: NP)는 원조, 배려, 돌봄, 편리 제공, 구조 등의 의미를 포함한다. NP는 수용과 공급의 경향을 띠며, '나는 너를 좋아해' '좋았어' '귀여워'와 같은 말을 사용한다. NP는 슬픔에 잠긴 자녀를 따듯하게 감싸 주는 어머니에 비유된다.

## 어른 자아 상태

어른 자아 상태(A)는 경청, 관찰, 객관성, 조직, 문제 해결의 개념을 포함한다. A는 관찰하고 사정하며, '왜' '무엇이' '어떻게' '옳다' '그르다'와 같은 말을 사용한다.

## 어린이 자아 상태

어린이 자아 상태는 자유로운(Free) 어린이와 순응하는(Adapted) 어린이의 두 가지 자아 상태로 나뉜다. 순응하는 어린이 자아 상태는 동조하는 (Conforming) 어린이 자아 상태와 반항적(Rebellious) 어린이 자아 상태로 나뉜다.

① 자유로운 어린이 자아 상태(Free Child ego state: FC)는 느낌과 욕구를 가지고, 자발적이며, 직관적이고, 친밀하다. FC는 호기심이 많고, 억제되지 않으며, '나는 화가 났어' '재미있다' '와' '엄청나다' 등의 말을 사용한다. FC는 해변을 자유롭게 뛰어다니는 어린이, 기르던 금붕어가 죽자 울먹이는 어린이와 같다.

② 순응하는 어린이 자아 상태(Adapted Child ego state: AC)는 권위에 적응하는 우리의 부분이다. 이는 동조하는, 반항적 자아 상태로 구성된다.

- 동조하는 어린이 자아 상태(Conforming Child ego state: CC)는 타인을 기쁘게 하고 순응하는 것을 특징으로 한다. CC는 상대가 하는 말에 잘 반응하고, 상대를 기쁘게 하는 데 익숙하다. 또한 '부탁드립니다' '고맙습니다' '예' '해도 될까요' 등의 말을 사용한다. 방을 청소하는 어린이, 엄마가 하던 일을 끝낼 때까지 조용히 기다리는 어린이가 이에 해당된다.
- 반항적 어린이 자아 상태(Rebellious Child ego state: RC)는 적대적이고, 무례하며, 권위에 도전적이다. RC는 요구가 많고, 입을 뾰로통하게 내밀며, '아니요' '꺼져' '나는 그것을 하고 싶지 않아, 나를 위해 힘써 봐' 등의 말을 사용하는 경향이 있다. 식탁에 앉아 입을 굳게 다물고 식사를 거절하는 어린이는 RC를 단적으로 보여 준다. RC는 반대로 행동함으로써 순응하고 있기 때문에 권위에 순응하는 것처럼 보인다. 그것은 FC가 그렇듯이 원하지 않는 것을 하지 않는다. 그러나 하라고 하는 것과는 반대되는 행동을 한다. 예를 들

면, RC는 배가 고프더라도 밥을 먹지 않으려고 하는 데 반해, FC는 밥을 먹으려고 할 것이다.

## 교 류

자아 상태가 성격 이론을 제공하는 데 반해, 교류는 의사소통과 관계에 관한 이론을 제공한다. 교류는 [그림 3-5]에서 제시된 것과 같이 자극과 반응의 두 가지 의사소통으로 구성되어 있다.

[그림 3-5]에서 우리는 남편과 아내의 교류를 볼 수 있다. 남편이 "지금이 몇 시지?"라는 자극과 함께 대화를 시작한다. 남편은 자신의 어른 자아 상태로부터 대화를 시작하고, 아내의 어른 자아 상태를 겨냥하여 교류를 하고 있다. 아내는 "9시 30분이어요."라고 대답하며 자신의 어른 자아로부터 남편의 어른 자아로 반응하면서 교류를 완성한다. [그림 3-6]에서 볼 수 있듯이, 교류는 어떠한 자아 상태로부터 보내지고 상대의 어떤 자아 상태를 겨냥하여 이루어진다.

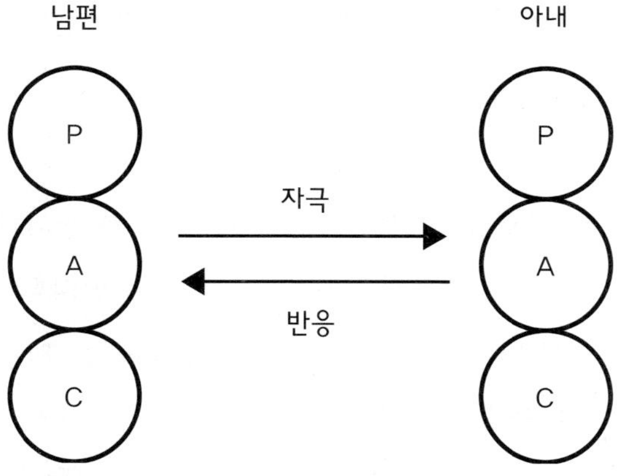


[그림 3-5] 교류의 두 부분

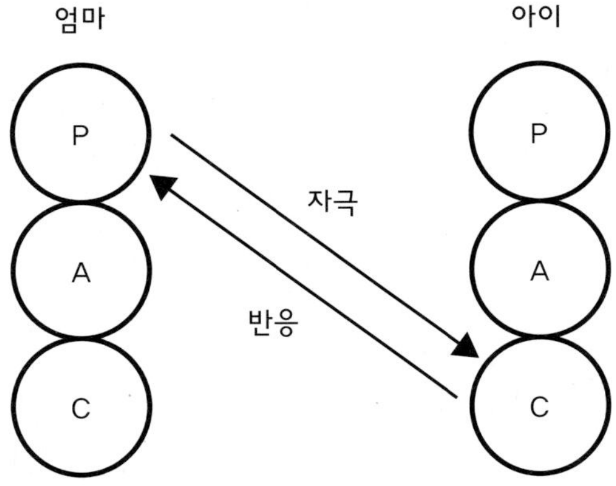


[그림 3-6] 부모와 어린이 자아 상태 간의 교류

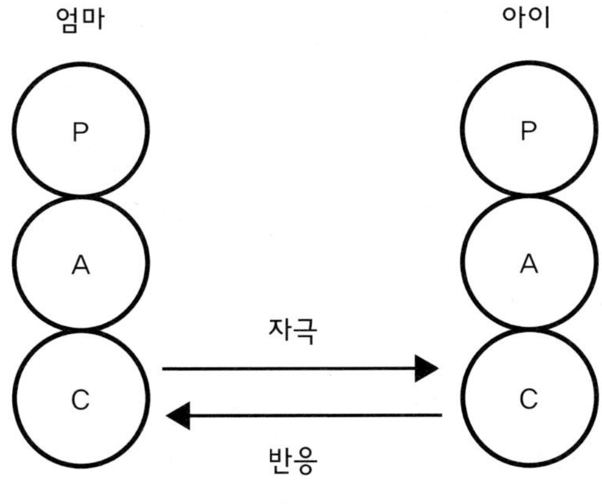


[그림 3-7] 두 어린이 자아 상태 간의 교류

[그림 3-6]에서 자극(S)은 자녀에게 식사를 권유하는 어머니의 부모 자아 상태로부터 전달된다. "이 버릇없는 녀석아, 입을 벌려 식사하도록 해."

이에 대한 자녀의 반응(R)은 반항적 자아 상태(RC)로부터 나온 것이다. 아이는 입을 굳게 다물고 "싫어."라고 소리친다.

[그림 3-7]은 다른 형태의 교류를 보여 준다. 이 경우 어머니는 "와! 신나게 먹자."라고 하면서 자신의 어린이 자아 상태에서 자극(S)을 보낸다.

아이는 "야! 신난다."라는 반응(R)을 보인다.

이와 같이 교류는 어떠한 자아 상태에서 자극과 반응을 통해 다른 자아 상태로 전달되면서 이루어진다.

## 결 론

이 장에서는 자아 상태와 교류에 대하여 간단히 소개하였다. 자아 상태와 교류는 자살하는 개인을 이해하고 사정하기 위해 필요한 개념을 설명하는 데 요긴하다. 다음 장들에서 보다 구체적으로 다루겠지만, 작은 교수와 전극, 신체적 어린이 자아에 대한 개념은 특히 자살 결정(4장)과 재결정 치료(15장)를 이해하는 데 특히 중요하다. 4장과 15장에서 이 이론에 대해 보다 자세히 다룰 것이다.

제 4 장

# 자살 결정

## 서 론

자살에 대한 많은 상관관계 연구 결과와 그 원인에 관한 다양한 자료를 연구문헌에서 볼 수 있다. 지난 수년 동안, 자살 경향이 있는 사람의 결정적인 요인들을 찾기 위한 매우 치밀한 조사가 이루어져 왔다. 이것은 주로 고위험 집단들을 연구함으로써 이루어져 왔다. 예를 들어, 하산(Hassan, 1996)은 부부 문제, 실업, 건강 문제가 자살을 촉진시킨다는 것을 발견한 연구를 인용하였다. 조지(George, 2008)는 자살과 정신 질환, 특히 우울 사이의 연결점을 제시한 연구를 언급하였다. 또 다른 연구에서는 교도소 수감자가 일반인보다 자살할 것 같은 비율이 10배 높은 것으로 보고되었다. 마지막으로, 쿠퍼와 카푸르(Cooper & Kapur, 2004)는 자살이 남성에게 보다 보편적이라고 하였다. 그들은 자살 경향이 있는 사람들의 절반 정도가 자학의 개인사를 가지고 있으며, 힘들고 어려운 인생의 사건들이 심약한 사람들에게 자살 행동을 일으킬 수 있음을 언급하였다.

이 마지막 문장에서 핵심은 '자살 행동을 일으킬 수 있다'는 것이다. (비록 사용할 만한 것일지라도) 통계들은 당신이 개인 내담자를 다룰 때 어떤 것도 실제로 말해 주지 않는다. 통계들은 당신 앞에 앉아 있는 사람이 자살적인지 아닌지 말해 줄 수 없다. 우울한 사람들은 매우 많지만, 그들 모두가 자살적이지는 않다. 마찬가지로 실직한 사람들은 매우 많지만, 모두가 자살적인 것은 아니다. 우울과 실업이 어떤 사람에게는 자살 행동을 일으킬 수 있으나, 어떤 사람들에게는 그렇지 않다. 왜 그러한지를 밝히는 것은 필수적이다.

## 결 정

카와 프랜시스(Carr & Francis, 2009)의 최근 논문은 아동기의 학대의 영향과 성인의 심리정신적인 기능장애의 상관관계에 대해 매우 포괄적인 문헌적 고찰을 제공한다. 그들은 회고적인 연구들과 종단적인 연구들 모두가 아동기의 학대는 후에 성인의 정신장애와 연관이 있다는 증거의 큰 부분을 제공한다고 말한다. 어린 시절 학대의 경험이 있는 사람은 성인기에 정서적인 문제들로 고통받는 경향이 있다. 성인기에 자살 경향을 갖는 것은 아동기의 학대 때문일 수 있다. 교류분석은 이러한 연결을 조기 결정의 개념을 가지고 이론적으로 설명한다.

이 개념은 자살 생각과 행동이 그 개인에 의한 조기 결정들에 기초한다고 주장한다. 대부분의 자살 경향이 있는 사람은 자살을 결정했다. 때로는 생의 초기에 부모로부터 받는 금지명령 메시지인 '존재하지 마'에 의한 유아의 내적인 결정으로 설명된다. 비록 자살할 수도 있고 자살 결정을 하지 않을 수도 있지만, 대부분의 자살 경향이 있는 사람—예를 들면, 십대들—은 인생의 초기에 그러한 결정을 할 것이다. 자살 결정은 자살 경향이 있는 사람의 특징적인 요인이며, 대부분의 자살 행동의 계기가 될 수 있다. 그것은 왜 우울을 느끼는 어떤 사람은 자살을 하고, 어떤 사람들은 자살을 하지 않는지 그 이유를 설명해 준다.

빅터 프랭클(Viktor Frankl)은 통찰력 있는 저서 『죽음의 수용소에서(*Man's Search for Meaning*)』(1959)에서 아우슈비츠 집단수용소에 수감되었던 사람들의 정신적인 결과를 논하고 있다. 그는 아주 많은 수의 수감자가 포로수용소에 있는 동안 자살을 했거나 최소한 특정 시점에서 자살 생각을 했다고 언급한다. 이것이 그들의 수감 환경, 즉 죽음의 현재 가능성과 매일 그들을 둘러싼 죽음과 고통을 포함한 환경 때문이라는 것은 납득할 수 있는 것처럼 보인다. 대부분의 사람이 자살을 생각했던 반면, 프랭클은 처음 수용소에 들어갔을 때 스스로에게 자신은 자살을 하지 않겠노라 약속했다고 서술한다. 비록 몇몇은 수용소에 들어가서 곧 자살을 했지만, 그는 자살을 하지 않기로 결정할 수 있었고 그렇게 결정하는 것이 어렵지 않았다고 말한다.

여기서 우리는 더 나빠지지 않을 수 있는 상황을 가진다. 아우슈비츠 수감자들은 일상의 삶의 관점에서 더 나빠질 수 없는 상황에 놓여 있었다. 어떤 사람들은 자살을 택했지만, 빅터 프랭클과 같은 다른 사람들은 결코 그 문제를 진지하게 생각하지 않았다. 나의 관찰 또한 동일하다. 어떤 사람들은 심각한 우울을 견디거나 그들의 인생에 있었던 모든 것을 잃지만 결코 선택 사항으로서 자살을 고려하지는 않는다. 반면에 어떤 사람들은 약간의 가벼운 불행한 상황들만으로도 심각하게 자살을 숙고할 것이다. 이러한 자살 결정들은 어디에서 오는가? 그리고 어떤 형태를 취하는가? 진정으로 자살 경향이 있는 사람이 자살 결정을 내렸다. 이것이 자살 경향이 있는 사람과 자살 경향이 없는 사람과 구분해 주는 결정적인 특징이다. 따라서 어린아이에 의한 조기 결정의 핵심 특징을 이해하는 것이 중요하다.

## 자살 결정

아이들에 의해 내려지는 자살 결정은 사실 일곱 가지 다른 자살 결정 내용을 포함한다. 수년 전 프로이트(Freud)가 중요한 관찰들을 시작한 이래, 인간 특성에 대해 관찰자들이 알게 된 한 가지는 인간이 일정한 패턴 안에서 행동한다는 것이다. 그들은 반복적으로 같은 것들을 다시 하는 경향이 있다. 이것은 같은 행동, 감정 그리고 심지어 사고를 포함한다. 게다가 사람들은 관계 속에서도 같은 패턴을 가지는 경향이 있다. 그들은 같은 유형의 사람들과 관계하려는 경향이 있고, 그러한 관계 안에서 같은 유형의 상황 속으로 들어가려는 경향이 있다. 이처럼 인간은 같은 유형의 것을 반복적으로 하려는 경향이 있다.

수년 동안 이러한 '반복 강박 행동'에 대해 많은 해석이 있어 왔다. 조기 결정에 대해서 말한 굴딩 부부(Goulding & Goulding, 1978)는 가장 저명한 사람들 중의 하나다. 그들은 아동기의 모든 사람은 자신의 인생에 대한 선택들을 지속시킨다고 제안한다. 이러한 결정은 한 사람의 전 생애 기간 동안 광범위하게 다양한 상황과 관계 속에서 그 사람이 생각하고 느끼며 행동하는 방식을 지배한다. 이러한 예는 인지행동치료(cognitive behavioral therapy: CBT)에서 발견된다. 이 치료는 인지의 재구조와 사고 멈춤과 같은 기술을 사용한다. 사람들은 자신을 문제— 예를 들면, 지나친 분노 — 로 이끄는 습관적인 사고를 인식하고 그것들을 바꾸기 위해 A-B-C-D 모델과 같은 기술들을 사용한다(Reilly & Shopshire, 2002). 이러한 습관적 사고는 그들이 조기 결정을 처음 하게 된 매우 어린 시절로부터 기인한다. 아이는 자신과 다른 사람들에 관해서 결정하고, 그것은 남은 생애 동안 습관적인 사고 패턴이 되거나 CBT에서 말하는 '사고 오류'가 된다.

아이는 그가 밀어 넣어지는 초기 환경 속에서 심리적으로 그리고 육체적으로 살아남기 위해 그러한 조기 결정들을 한다. 아이가 성장하면서 그의 환경은 그가 점점 더 유능하고 힘 있는 사람이 됨으로써 조금씩 바뀐다. 6세일 때와 비교하면, 아이가 십대일 때는 그에게 무엇을 하라고 하는 사람들에 대해 조정과 힘을 좀 더 가진다. 마침내 개인이 완전한 성인이 되면 자신에게 일어나는 것을 충분히 조절할 수 있게 된다.

비록 성인이 되었을지라도, 그리고 자신의 육체적인 환경이 명령하는 데 있어서 좀 더 힘이 있게 되었다 할지라도, 어린아이로서 내렸던 조기 결정이 남아 있다. 대개 그것들은 바뀌지 않고, 대다수의 사람들은 그런 조기 결정을 무덤까지 가지고 갈 것이다. 비록 우리의 신체적인 환경은 쉽게 바꿀 수 있다 하더라도, 우리 내면의 정신적 환경이나 조기 결정들을 바꾸는 것은 훨씬 더 어렵다.

자살 경향이 있는 개인들의 생육사에서 부모가 자살 메시지를 내포하는 많은 말을 할 수 있다는 것이 발견된다. 예를 들면, 부모는 아이들에게 다음과 같이 말할 수 있다.

- "그는 우리가 친 작은 사고의 결과이지."
- "만약 네 엄마가 너를 갖지 않았다면, 나는 네 엄마와 결혼하지 않았을 텐데."
- "우리는 단지 아이들을 위해서 함께 살고 있어."
- "네가 태어났을 때, 너는 네 엄마의 몸을 갈기갈기 찢어 놨어."
- "너는 항상 내 주위를 어슬렁거리는구나. 제니! 고속도로에 가서 놀아! 하하하."

만약 아이가 이러한 종류의 말을 여러 번 계속적으로 들었다면, 그는 만약 자신이 죽었더라면 더 나았을 것이라는 결정을 할 수 있다. 그래서 그는 자신의 죽음이 문제에 대해 실행 가능한 해결책이라고 결정한다. 부모들은 여러 방식으로 자살 메시지를 줄 수 있다. 그들은 아이들에게 직접적으로 그리고 공공연하게 살인적인 행동과 의견들과 함께 그러한 메시지를 줄 수 있다. 또한 유기의 행동들—아이를 친구나 친척, 고아원 또는 기숙학교에 보내는 것과 같은—을 통해 그러한 메시지를 줄 수도 있다. 또 다른 방식으로는 아이들에 대한 부모의 신체적 만행이나 무관심이 자살 메시지로 암시될 수 있다.

아이는 잠재적인 자살 결정을 다양화할 수 있다. 그 결과, 몇 가지 유형의 자살 의도를 가진 자살 결정 내용들이 있다. 다음과 같은 일곱 가지의 자살 결정이 발견되었다.

- "당신이 변하지 않는다면 나는 자살할 거야."
- "상황이 더 나빠진다면 나는 자살할 거야."
- "내가 자살하는 것을 당신에게 보여 주고 말겠어."
- "당신이 나를 죽이도록 내가 만들 거야."
- "나는 사고로 자살할 거야."
- "당신이 나를 사랑하게 하기 위해서 나는 몇 번이라도 자살할 거야."
- "당신에게 상처 주기 위해 나는 자살할 거야."

이것들은 개인이 내면화된 자살 결정을 행동하기 전에 가질 필요가 있는 생활환경에 관해서 몇 가지 아이디어를 제공한다.

### 결정 1: "당신이 변하지 않는다면 나는 자살할 거야."

이 결정은 다른 사람들을 조정하기 위한 수단으로서 자살을 사용하려고 하는 사람에 의해서 만들어질 수 있다. 그러나 이 결정이 그가 자살 시도를 실행에 옮길 것이라는 것을 의미하지는 않는다. 그는 다른 사람을 변화시키기 위한 의도로서 자살 위협을 결정할 수 있지만, 이 역시 여전히 자살 결정이다. 그러므로 그 사람은 문제를 해결하기 위한 수단으로 자살을 생각하고 있다. 그렇게 하는 이유는 그들이 원하는 뭔가를 얻기 위해서가 아니다. 아내를 떠날 것이라고 끊임없이 약속하지만 결코 그렇게 하지 않는 유부남과 연애를 하는 한 여인을 예로 들 수 있다. 그녀는 결코 변하지 않을 남자를 계속 선택하고 그렇게 해서 마침내 자살 결정의 결론에 도달하고 그것을 행등하게 된다. 이러한 경우는 분노와 처벌적인 종류의 자살 행동이다. 왜냐하면 그녀는 그 남자로 하여금 그녀가 자살을 했을 때 자신이 아내를 떠나지 않았다는 기분 나쁜 감정을 느끼도록 하기 위해 노력하고 있기 때문이다. 이런 사람을 관찰할 때는 다른 사람이 변화하기를 원하는 상황을 기대하는 현재의 관계를 검토해야 한다. 그래야 개인이 처한 상황을 구체적으로 설명할 수 있다.

### 결정 2: "상황이 더 나빠진다면 나는 자살할 거야."

이 결정은 일곱 가지 자살 결정 중 아마 가장 보편적일 것이다. 이러한 사람들에게는 '상황이 더 나빠진다면'이 그들에게 무엇을 의미하는지를 질문해 볼 수 있다. 그것은 아마 재정, 결혼 또는 명성의 손실과 관계될 수도 있다. 일단 확인이 되면, 그 사람이 언제 자살 결정을 행동으로 옮길지에 대해 이해하고 예견할 수 있다. 예를 들어, 주식시장이 붕괴된다면 짐작건대 돈의 손실 때문에 자살 비율이 증가했다는 소식을 듣게 될 것이다. 이런 사람들은 주가가 하락하고 상황이 매우 나빠질 것이며, 그러므로 자살이 해결책 중 하나라는 결론에 이르게 된다. 이런 사람을 관찰해 보면 어떻게 사람들이 자신을 위험에 빠트리는지—예를 들어, 얼마의 돈을 주식 거래의 위험에 거는지—관찰할 수 있다.

### 결정 3: "내가 자살하는 것을 당신에게 보여 주고 말겠어."

이것은 한 개인이 자신을 학대했다고 느낀 사람을 공격하고 있는 반항적인 위치에서 하는 자살과 관련이 있다. 이 결정으로 그는, 그가 보여 주고 싶은 사람을 포함하여, 그 사람의 현재의 관계와 그가 반항적인 태도를 선택하는 경향이 있는 관계에 대한 정보를 구하고 있을 것이다. 그리고 죽음을 둘러싼 마술적 사고가 있을 수 있다. 즉, 자신의 장례식에 참석하여 다른 사람들이 그를 '본 것' 때문에 고통받는 것을 볼 수 있다는 선행 자살 환상을 가질 수 있다.

### 결정 4: "당신이 나를 죽이도록 내가 만들 거야."

이 결정은 가정 폭력 상황이나 경찰이 자신에게 총을 쏘게 할 정도로 경찰을 위협하려고 할 때 일어날 수 있다. 또한 전쟁 상황 속으로 자발적으로 뛰어든 몇몇 군인에게서도 나타날 수 있다. 또 다른 경우, 사형 선고를 받는 어떤 사람들은 인생 초기에 이미 자살 결정을 하고 자신을 죽여 달라고 진술하기도 한다. 이것은 그들에게 자살 결정이 있었음을 나타내지만, 그들은 스스로 그렇게 할 것이라고 상상할 수 없었다고 말할 수 있다. 즉, 그들의 행동 레퍼토리 안에는 자살이라는 것이 없었다는 것이다.

### 결정 5: "나는 사고로 자살할 거야."

이 경우는 어떤 시점에서 죽게 될 수도 있는 '사고'가 발생할 수 있도록 반복적으로 극도의 위험을 취하는 것이다. 그가 하려고 하는 위험한 일이 무엇인지를 발견하고 그가 취하는 위험에 관해서 어린이 자아가 진술하고 있는 마술적 사고를 찾아내기 위해서 개인의 삶에 대해 물어봐야 한다. 그는 자기애에 빠진 십대들에게서 볼 수 있듯이, 지나치게 자신감을 표출하고 있는가, 혹은 자신에게는 취약한 점이 없다고 생각하고 있는가?

### 결정 6: "당신이 나를 사랑하게 하기 위해서 나는 몇 번이라도 자살할 거야."

이 결정은 누군가의 행동을 변화시키기 위해서 자살 제스처를 취하는 결정 1과 다소 유사하다. 이러한 유형의 사람을 다룸으로써 그가 사랑해 주기를 바라는 사람이 누구인지를 파악할 수 있다. 그다음에 그는 다른 방식으로 사랑을 찾을 기회를 가진다. 또는 어떻게 그가 원하는 사랑을 얻지 못하게 스스로를 함정에 빠트리는지 사정할 수 있다. 이러한 결정의 예는 〈사례 연구 4-1〉에서 볼 수 있다.

**사례 연구 4-1 다른 변화를 만들기 위한 자살 행동**

이전에 나의 내담자였던 23세의 한 여성은 여러 번 자살 생각을 명료하게 표현했다. 그녀의 보편적인 패턴은 약을 먹고 나서 남자친구에게 메일을 보내서 의료적인 지원을 받을 수 있도록 자신에게 와 달라고 말하는 것이었다. 이번 경우에도 그녀는 남자친구에게 그가 기꺼이 와 줄 것이라는 것을 알고 있다는 메일을 보냈다. 그가 메일을 확인하지 않을 가능성은 백 번 중에 한 번 정도였다. 이미 밝혀졌듯이, 그는 메일을 확인하지 않았고, 그녀는 결국 약물 과다복용으로 사망했다.

### 결정 7: "당신에게 상처 주기 위해 나는 자살할 거야."

이 결정은 일종의 '보복'인 결정 3과 유사하다. 자살은 누군가에게 상처 주기 위해 설계된다. 이러한 유형의 사람을 다룰 때는 그의 현재 삶을 조사하고 그가 괴롭히고 상처 주고 싶은 사람들이 누군지를 확인할 것이다. 이러한 관계를 가진 자살 경향이 있는 사람을 직접적으로 다루는 것은 그들의 자기관리를 도울 수 있다. 〈사례 연구 4-2〉는 한 여성이 자신의 죽음으로 그녀의 남편에게 어떻게 상처 주기를 원하는지를 보여 준다. 자살 기록은 이러한 유형의 자살 결정에 대해 유용할 수 있다. 또한 상처받은 사람들을 보기 위해 자신의 장례식을 관망할 능력이 있다는 데 대한 마술적 사고가 있는지의 여부를 발견하기 위해 애쓰고 있다.

**사례 연구 4-2 다른 사람에게 상처 주기 위한 자살**

32세의 한 여성은 지난 수년 동안 자살에 관해 많은 진술을 해 왔다. 최근에는 결혼생활에서 심각한 불화가 있었고, 그녀는 자신이 남편에게 부당한 대우를 받고 있다고 느꼈다. 이것은 굉장히 오랜 시간 동안 많은 싸움과 논쟁으로 이어졌다. 결국 그녀는 자살을 계획하고 목을 맸다. 그녀는 드러내 놓고 남편을 공격한 두 가지 자살 기록을 남겼다. 그 기록은 그녀가 남편으로부터 어떻게 부당한 대우를 받았는지, 그리고 그녀가 남편의 학대 때문에 목을 맸다고 말하고 있었다.

## 조기 결정의 과정

어떻게 조기 결정이 자아 상태(ego state) 다이어그램으로 설명될 수 있을까? 조기 결정을 하는 과정에는 [그림 4-1]에서와 같이 세 단계가 있다.

비록 부모가 아이에게 너를 원하지 않는다는 것을 무시(neglect)를 통해서 보여 줄 수 있다 할지라도, 그러한 메시지에 대한 해석은 개별적인 아이에게 달려 있다. 아이는 부모가 하고 있고 말하고 있는 것이 무엇인지에 대한 반응에 있어서 자신만의 독특한 결정을 내릴 것이다. 3장에서 언급했던

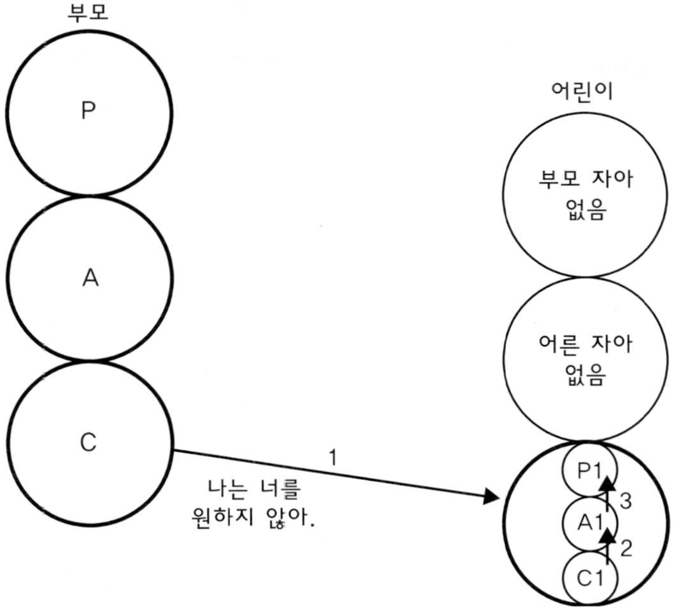


[그림 4-1] 조기 결정을 하는 세 단계

것처럼, 아이는 태어날 때 어른이나 부모의 자아 상태를 가지고 있지 않다. 그는 어린이 자아 상태만을 가지고 있을 뿐이다. 그러나 어린이 자아 상태 안에는 세 가지 다른 자아 상태가 있다. 즉, P1 또는 전극(Electrode), A1 또는 작은 교수, 그리고 C1 또는 신체적 어린이가 있다.

그 과정의 첫 번째 단계는 부모가 '존재하지 마'라는 메시지를 아이에게 언어적 그리고 비언어적 형태로 보낼 때 일어난다. 이것은 부모가 아이에게 너를 원하지 않는다고 말하는 [그림 4-1]의 첫 번째 단계로 설명할 수 있다. 그 메시지는 A1 또는 작은 교수 자아 상태에게 전달된다. 왜냐하면 그것은 메시지를 파악하고 그 뜻을 알아내는 어린이 자아 상태의 인지적 혹은 생각의 영역이기 때문이다. 만약 아이가 충격을 받았거나 무시되었다면, 그때 아이는 그러한 일들이 무엇을 의미하는지를 자기 나름대로 이해해야만 한다. 그는 왜 그런 것이 일어났는지에 대한 몇 가지 결론에 도달해야 한다. 그 결론이 무엇인지를 결정하는 것은 작은 교수이며, 그 결론은 일반적으로 자신과 다른 사람들, 그리고 인생 전반에 대해 이것이 무엇을 의미하는지에 관한 것일 것이다. 예를 들어, 만약 아이가 반복적으로 거부된다면, 작은 교수는 그것이 괜찮은지의 여부와 다른 사람들이 괜찮은지의 여부를 판단해야 한다. 작은 교수는 자신과 다른 사람들의 가치에 관해서 결정을 내릴 것이다.

불행하게도, 작은 교수는 성숙하고 논리적인 어른 자아 상태로 생각하지 않는다. 따라서 아이는 이상하고 심지어 기괴한 어떤 결론에 도달할 수 있다. 그는 비합리적이고 마술적 방식으로 생각할 것이다. 예를 들면, 때때로 "엄마와 아빠는 내가 여기에 있지 않다면 나를 사랑할 것이다."라는 자살 결정을 할 수 있다. 부모의 사랑을 얻기 위한 작은 교수의 결론은 그 어린 아이가 자기 자신을 죽여야만 한다는 것이다. 어른이 되면서 우리는 우리의 어른 자아 상태로부터 그것이 명백하게 비논리적인 결정이라는 것을 알지만, 그것은 작은 교수가 늘 생각하는 방식이다.

이러한 비논리적인 생각과 더불어, 작은 교수는 두 가지 정보에 기초한 결정을 내린다. 첫 번째는 부모에 의해 보내졌던 메시지에 대한 작은 교수의 이해이고, 두 번째는 그 메시지에 대한 작은 교수의 정서적인 반응에 대한 이해다. 정서적인 반응은 C1 또는 신체적 어린이에 의해서 느껴진다. 그리고 이것은 [그림 4-1]의 과정의 두 번째 단계에서 작은 교수와 의사소통하게 된다. 작은 교수는 부모로부터 오는 메시지를 듣고 메시지에 대한 작은 교수 자신의 감정적인 반응을 듣는다. 그리고는 결정을 내린다.

예를 들어, 한 아이가 부모에게 폭행을 당했다면 슬픈 방식으로 반응하고 울 수 있다. 또 어떤 아이는 화난 방식으로 반응할 수 있고 부모의 등에 대고 소리칠 수 있다. 이러한 아이들은 정서적 반응들이 매우 다르기 때문에 서로 다른 결정을 할 가능성이 높다. 첫 번째 아이의 경우 작은 교수는 맞았다는 것을 인식하고 그에 대해 또한 슬픈 반응을 느낀다. 이 아이는 자신이 가치 없는 존재라는 결론을 내릴 가능성이 좀 더 높다. 두 번째 아이의 경우 작은 교수는 맞았다는 것을 인식하고 그에 대한 반응으로 화가 나고 반항적이 된다. 이 아이는 자신은 괜찮고 부모가 나쁜 사람이라는 결론을 내릴 가능성이 훨씬 높다.

또 다른 경우에는 다른 정서적인 반응들이 같은 결정을 도출해 낼 수도 있다. 그러나 자살 결정의 일곱 가지 형태에서 보았던 것처럼 그 형태는 서로 다르다. 슬픈 아이는 "상황이 더 나빠진다면 나는 자살할 거야." 또는 "나는 사고로 자살할 거야."라는 결정을 내릴 수 있다. 맞은 것에 대해 화난 반응을 가진 아이도 자살 결정을 할 수 있다. 그러나 그것은 다른 형태의 경향을 띨 수 있다. 즉, "당신에게 상처 주기 위해 나는 자살할 거야." 또는 "내가 자살하는 것을 당신에게 보여 주고 말겠어."와 같은 자살 결정을 할 수 있다. 아이의 작은 교수는 자신에게 들어오는 부모의 메시지에 대해 C1 또는 신체적 어린이가 어떻게 느끼는지에 따라 다른 자살 결정들을 하려는 경향이 있을 것이다.

일단 결정이 이루어지면, 그것은 결정 과정의 세 번째 부분으로서 P1 자아 상태에 놓일 것이다. 이러한 결정은 그것이 (CBT에서 말하는) 습관적인 사고 오류가 될 때까지 여러 차례 강화될 것이다. 그리고 그 결정은 대개 그것에 대한 인식도 없이 그 사람이 죽는 날까지 더욱 자주 거기에 자리 잡는다. 인생을 살아가면서 다른 사건들이 일어날 때마다 그가 반응하는 방식은 그때 그가 사용한 결정들에 의존할 것이다. 그 반응은 그 사람이 인식조차 하지 못한 채 전극에서의 결정들이 자동적으로 요청되기 때문에 자동적인 반응처럼 보일 것이다.

조기 결정 이론의 흥미로운 사실 한 가지는 어린이는 단지 그에게 주어진 부모의 메시지들을 축적시키는 수동적인 저장소가 아니라는 것이다. 그는 부모에 의해서 만들어진 요구를 듣는다. 그리고 나서 부모가 말하고 있는 것에서 자신이 인식한 것과 그러한 인식에 대한 자신의 정서적인 반응들에 근거하여 결정을 내린다. 때때로 그러한 결정은 부모가 실제로 말하고 있는 것과는 꽤 상반된 것일 수 있다. 그러나 이런 것들이 그 사람을 자율적인 위치에 있게 한다. 이럴 때 아이는 결정을 내리는 과정의 중요한 주체이지 희생자는 아니다. 〈사례 연구 4-3〉은 조기 결정 과정과 그것이 어떻게 남은 인생에서 자살 행동으로 이어지는지에 대한 예를 제공한다.

### 사례 연구 4-3 조기 결정하기

줄리엣은 엄마와 아빠 그리고 어린 여동생과 함께 살아가는 아동기의 개인사를 보여 준다. 모든 아이처럼 그녀는 엄마와 아빠로부터 인정을 구했지만, 아주 조금만 인정이 주어졌을 뿐이다. 대신에 그녀는 자신이 쓸모없고, 가치 없으며, 아무도 원하지 않는 아이이고, 아무것도 잘하는 것이 없다는 말을 들어 왔다. 그러나 그녀의 어린 여동생은 예쁨을 받았다. 그들이 자라면서 어린 여동생 또한 이러한 것에 기여하기 시작했다. 대부분의 아동기 가정의 상황에서 이렇게 한쪽으로 기울어져 있는 부모들은 좀 더 위장된 방식으로 이러한 것들을 말하려는 경향이 있을 것이다. 즉, 그것들을 암시적으로 표현하거나 심지어는 넌지시 언급한다. 줄리엣의 경우는 이러한 진술들을 위장하려는 어떤 시도도 없는 특이한 경우였다. 그녀의 부모는 분명하고, 공개적으로, 그리고 반복적으로 그런 말을 했기 때문에, 그녀는 부모가 자신을 몹시 불쾌하고, 역겹고, 필요 없고, 쓸모없다고 생각한다는 것에 대해 의심할 여지가 없었다. 부모로부터 줄리엣의 작은 교수 자아 상태로 온 그러한 메시지들은 분명하고 또렷했다.

이러한 경험들에 대한 줄리엣의 정서적인 반응은 일종의 분노였다. 추가적인 조사를 통해 그녀가 이러한 말을 들을 때 항상 분노를 가진 반응을 하려는 경향이 있음을 알 수 있었다. 그녀는 부모에게 동의하지 않고 이러한 점에 대해서 논쟁함으로써 그들과 싸우려 하였다. 이러한 메시지들에 대한 그녀의 첫 번째 정서적 반응들 중의 하나는 분노였다. 그녀의 결정 과정의 두 번째 단계가 정의되었다. 그녀의 신체적 어린이 자아 상태는 분노를 느꼈고, 이것은 또한 작은 교수와 의사소통했다.

이러한 경험으로부터 줄리엣은 "내가 자살하는 것을 당신에게 보여 주고 말겠어."라는 결정을 했다. 그녀는 그녀의 분노 반응과 결탁된 자살 결정을 내렸고, 그것은 반항적인 자살 결정 중 하나였다. 이 결정은 줄리엣의 아동기 전체를 통해 일어났던 유사한 사건들처럼 여러 차례 강화되었다. 그리고 결국 자살 결정은 스트레스에 대한 그녀의 습관적인 반응 중 하나로 전극에 자리 잡았다.

25세 때, 그녀는 매우 친한 친구를 자동차 사고로 갑작스럽게 잃는 고통을 당했다. 그때 그녀는 또한 그녀에게 잘 대해 주는 남자와 교제 중이었고 그와 사랑에 빠졌다. 그러나 그녀의 부모는 끊임없이 그녀와 그녀의 남자친구 그리고 그 교제를 위태롭게 만들었다. 결국 그 위태로움은 희생을 치르게 했고, 관계는 깨져 버렸다. 그녀는 남자친구를 잃은 것과 친한 친구를 잃은 것에 대한 극심한 비통의 상태를 기억했고, 어떻게 해야 할지를 몰랐다고 언급했다. 그녀는 총체적으로 혼란스러웠고 이 모든 것을 납득할 수 없었다. 그녀는 지금까지 처음으로 자신의 분노를 밖으로 표현하는 것을 멈추고 부모와 싸우는 것을 멈추었다고 보고했다. 그녀는 다량의 약물을 구하고 보드카를 사서는 그 지역의 고립된 장소로 갔다. 그녀는 술을 마셨고 약을 먹었다. 2년 동안 약사로 훈련을 받았던 줄리엣은 자신의 생을 마감하기 위해 충분한 양의 약을 확실하게 먹었다고 말했다. 이것은 매우 심각한 자살 시도다. 이러한 일이 일어났을 때 조용하고 외진 곳을 개와 함께 산책하던 한 남자가 그녀를 발견하였고, 그녀는 병원에 실려 가서 살아났다. 그녀는 매우 운이 좋았다.

10년 전의 그때 이후로 줄리엣은 다시는 그녀의 생명에 대해 또 다른 시도를 하지 않았지만, 여러 번 그녀가 그것을 심각하게 고려했을 때가 있었음을 보고했다. 그녀는 두 가지 경우를 묘사했다. 하나는 그녀가 스스로 목을 매달까 생각했던 때였고, 다른 하나는 자신의 머리에 총을 쏠까 생각했던 때였다고 한다. 하지만 그녀는 결코 실제로 시도하지는 않았다.

그녀는 지금도 여전히 그녀의 부모가 그녀를 받아들이고 그녀에게 사랑을 보여 줄 것을 희망하고 있다고 보고한다. 그녀는 여전히 그들과 연락하고 있지만 그리 자주 하는 것은 아니며, 이 연락은 대개 그녀에게 실망과 거부의 감정, 무가치감을 남겨 준다. 그녀에 따르면, 대개 그녀는 처음에 그들과 그들의 반응에 대해 분노의 감정을 느끼지만, 분노가 내면으로 전환된 후에는 자신에게 분노를 느끼고, 그런 다음 무가치함과 쓸모없음의 감정을 느낀다.

---

줄리엣의 사례는 자살 결정이 아동기에 어떻게 결정되고, 그런 다음 그것이 어떻게 그 개인의 마음속에 자리하는지에 대한 좋은 예다. 줄리엣은 누가 진정한 심리적 의미로 자살하려는 경향이 있는 사람인지를 보여 준다. 만약 그녀가 다시 매우 어려운 인생의 환경에 직면하게 된다면 자살 결정은 다시 작동될 수 있고, 그녀는 자살을 문제 해결을 위한 심각한 하나의 선택으로서 고려하기 시작할 것이다. 괴로운 인생의 상황이 나타나지 않는다면 자살에 대한 고려도 거의 없을 것이다.

## 결정 과정의 측면

이제 우리에게는 왜 어떤 아이들은 자살을 결정하고 어떤 아이들은 하지 않는지에 관한 의문이 남겨졌다. 아이들의 삶에서 자살 결정을 야기할 수 있고 그 결정을 강화시킬 수 있는 다섯 가지 주요 요소가 있다.

- 양육자로부터 아이에게 주어진 활용 가능한 정보
- 아이에게 주어지는 합리적인 또는 비합리적인 부모의 요구
- 그러한 요구에 대해 아이가 만들어 내는 해석
- 그러한 해석에 대한 다른 사람들의 지지

• 아이의 개인적인 자원(Goulding & Goulding, 1978)

## 양육자로부터 아이에게 주어진 활용 가능한 정보

상담자로서 나는 내담자들에게 많은 경우에 다음과 같은 질문을 해 왔다. "당신의 어머니가 당신을 때릴 때 당신은 무엇을 생각했나요?" 보편적으로 다음과 같이 반응한다. "나는 아무것도 알지 못했어요. 그녀는 항상 나를 때렸고 나는 그게 당연하다고 생각했었어요." 이런 사람들은 맞는 것이 정상이며, 그래서 대부분의 다른 아이에게도 그런 일이 일어나야 한다고 결론짓는다. 아이는 맞는 것에 대해서, 그리고 부모에 의해서 제공된 정보의 결과로서 그 결정은 특별할 것이 아무것도 없다고 결론짓는다.

부모는 결코 아이에게 "나는 양육에 있어서 육체적인 처벌을 사용한다. 하지만 아이들을 때리지 않고 또 그렇게 하는 것이 무척 나쁘다고 생각하는 많은 사람이 있다."라고 말하지 않는다. 이러한 정보의 부족은 특히 부모가 아이를 고립시키려는 경향이 있을 때 결정 과정에서 영향력이 있다. 아이는 다른 가족들에게 가는 것이 허락되지 않으며, 다른 부모들이 아이들을 때리지 않고 장난꾸러기 아이들에게 어떻게 반응하는지를 볼 수 없다. 또한 이러한 정보의 부족은 가족들이 농장 공동체와 같이 고립된 지역에 살고 있을 때 발생할 수 있다.

이러한 환경은 자살 결정을 더 강하게 만들거나 더 단단하게 하려는 경향이 있을 것이다. 왜냐하면 아이들이 어떤 상반된 정보를 가지고 있지 않기 때문이다. 그래서 아이는 "상황이 더 나빠진다면 나는 자살할 거야."와 같은 결정을 할 수 있다. 왜냐하면 그는 반복적으로 부모에게 맞았기 때문이다. 만약 그가 얻어맞는 그의 사촌들을 본다면 이러한 결정은 더욱 강력한 결정이 될 수 있다. 만약 아이가 육체적인 처벌을 사용하는 부모들만을 유일하게 본다면, 그는 자살 결정을 덜 강하게 할 수 있는 어떤 상반된 정보를 얻지 못할 것이다.

### 사례 연구 4-4 학대와 자살 결정

60세의 한 남성은 어린아이였을 때 어머니로부터 유기되어 영국에 있는 고아원으로 보내졌다. 대략 5세 정도 되었을 때, 그는 영국아동이민계획에 따라 같은 또래의 대규모 집단의 남자아이들과 함께 호주로 보내졌다. 호주에 도착해서 그는 바로 시골 지역에 있는 소년의 집으로 보내졌다. 그 고아원은 학교와 농장을 모두 운영했다. 그는 16세까지 소년의 집에 머물렀고, 결코 그 고아원의 경계 밖으로 나가 보지 못했다. 그는 수년 동안 바깥세상으로부터 고립되어 있었다.

그 소년의 집에서 그와 다른 많은 소년에게 광범위하고 심각한 육체적 · 성적 또는 정서적 학대가 가해졌다. 그는 어른들에게 정기적으로 매를 맞았고, 또한 매 맞는 많은 소년을 보았다. 가끔씩 더 나이 많은 소년이 육체적 · 성적으로 더 어린 소년들을 강간하곤 했다. 모두에게 정서적 따뜻함의 결핍과 철저한 애정 결핍이 있었다. 결국 그는 성적 · 신체적 공격으로부터 싸우고 함께 행동하기 위해 네 명의 소년들로 구성된 패거리를 만들었다.

그는 자신을 돌봐 주어야 했던 그곳의 어른들에 대한 깊은 미움을 키워 나갔다. 또한 자신 안에 철저한 자신감 결여를 보고했고, 자신의 가치나 자신에 대한 어떤 종류의 믿음도 존재하지 않는 감정을 가졌다고 보고했다. 결국 그는 그곳을 떠나 수년 만에 처음으로 바깥세상으로 나갔다. 그는 자라면서 알코올 문제를 일으켰고, 이 농장 저 농장을 떠돌며 수공일을 하면서 농장 일꾼이 되었다.

그는 또한 고성능 차들을 선호했고, 엄청난 속도로 차를 몰곤 했다. 25세쯤에 그는 때때로 자살의 감정을 느꼈다. 그는 최대의 속도로 달릴 수 있는 쭉 뻗은 도로를 발견했다고 진술했다. 그 도로의 직선 코스의 끝부분에는 큰 나무가 있었다. 그때 그는 특히 의기소침해 있었고, 질렸었고, 단지 '그 모든 것으로부터 벗어나길' 원했다고 보고했다. 그는 도로를 따라 엄청난 속도로 운전했다.

그는 나무가 점점 더 가까워지는 것을 보았던 것을 기억했다. 그리고 그는 "어떤 것이 머릿속에 떠올라, 나는 자살을 실행하지 못했습니다."라고 보고했다. 그는 차를 나무에 박지는 않았다. 그는 지금까지도 가끔 자살하려는 성향을 갖고 있다.

---

이 사례 연구는 그를 지배했던 심각한 학대에 대한 반응으로서 자살을 결정했던 한 남성의 예를 제공한다. 이 사례에서 결정은 특히 그의 매우 고립된 아동기 때문에 강하게 있어 왔다. 그는 대부분의 아동기 동안 같은 장소에서 살았고, 사랑으로 잘 대우받는 아이들이 있는 다른 가정을 볼 수 없었다. 그의 환경에서 그는 지속적으로 학대받았고, 그는 학대받는 다른 소년들을 보았으며, 또한 몇몇 나이 많은 소년이 학대자가 되는 것을 보았다. 그리하여 부모의 모습으로부터 그에게 주어진 정보는 매우 변함없었고, 그는 그의 결정을 약화시킬 수 있는 상반된 정보를 보지 못했다. "상황이 더 나빠진다면 나는 자살할 거야." 이 남성을 상담하면서 나는 그의 자살 결정이 강해질 수 있음을 알 수 있었다.

미래에도 그는 심각한 자살 시도를 할 가능성이 꽤 높다. 우리가 아는 것처럼 그가 만들어 낸 자살 결정은 "상황이 더 나빠진다면 나는 자살할 거야."의 유형이다. 우리는 그가 특히 약해질 때가 언제인지 예견함으로써 약간의 통찰력을 가지게 된다. 즉, 자신의 삶의 무게가 점점 어깨를 짓누르고 삶의 환경이 더욱 그를 힘들게 한다고 느낄 때다. 비록 그가 만들어 내는 자살 결정을 다루는 것이 상담의 목표라 하더라도, 그의 심각하게 손상된 성장배경과 강한 자살 결정 때문에 계속되는 자살 모니터링 또한 요구된다.

## 아이에게 주어지는 합리적인 또는 비합리적인 부모의 요구

모든 부모도 한때는 아이였다. 따라서 그들 또한 그들의 조기 결정을 가지고 있다. 또한 그들은 성격에서 신경증적인 측면을 가지고 있다. 예를 들어, 편집증적인 생각을 가진 아버지는 공공연하게 그의 아이에게 다른 사람들은 신뢰할 수 없으며 가족 바깥에 있는 사람들은 항상 숨은 의도를 가지고 있다고 말할 것이다. 그는 자신의 비합리적인 두려움에서 나온 자신의 어린이 자아 상태로부터 요구를 시작한다. 그의 아이들은 다른 사람들을 의심하고, 가족 바깥의 사람들에게는 개인적인 정보를 노출시키지 않기 시작한다.

### 사례 연구 4-5 비합리적인 부모의 행동

24세의 남성은 그의 아버지와 함께 했던 게임을 떠올렸다. 그는 대략 5~6세였고, 그의 아버지는 그를 집 뒤뜰의 옹벽에 세워 놓곤 했다. 그 뒤뜰은 대략 1미터 50센티미터의 높이였다. 아버지는 그에게 자기에게로 뛰어내리면 그가 밑에서 받겠다고 말했다. 그가 뛰어내리자 아버지는 재빨리 뒷걸음치며 그를 잡지 않았다. 그는 잔디로 떨어지곤 했다. 그는 떨어져서 다치지는 않았지만, 놀라고 충격을 받았다.

이 게임은 아이에게 세상에서 신뢰할 수 없는 사람을 조심하고 대부분의 사람은 신뢰받을 수 없다는 것을 가르치고자 했던 아버지에 의해서 사용되었다. 이 게임은 아버지 자신의 비합리적인 불신과 의심으로부터 나왔다. 아버지는 아이였을 때 다른 사람들을 신뢰하지 않도록 배웠고, 이것은 그 자신의 두려움으로부터 가계를 따라 내려가 아이에게 전달되었다. 만약 그가 합리적인 어른 자아 상태였다면, 그는 어떤 사람들은 믿을 만하고 어떤 사람들은 그렇지 않다는 합리적인 정보를 가지고 아이와 소통했을 것이다.

또 다른 예로, 아이였을 때 화난 아버지에게 육체적으로 학대를 받았던 한 어머니를 들 수 있다. 그 결과, 그녀는 화난 사람에 대한 강한 두려움의 반응을 발전시켰다. 그녀는 누군가가 화가 났다고 인식하면 염려하고 즉시 그들을 달래려고 노력하면서 그 상황을 진정시킨다. 물론 모든 아이가 화를 내고, 모든 어머니는 자신의 아이가 분노를 느끼기 시작하면 크게 염려하면서 그를 달래기 위해 주위로 달려간다.

이로부터 어린아이는 분노에 대한 어머니의 강한 반감을 알아채게 되고, 따라서 분노는 좋지 않다고 결정할 수 있다. 그래서 그는 자신의 분노를 거부하거나 억누르기 시작할 수 있다. 그가 성인으로 자랐을 때 조기 결정은 견디는 것이다. 그리고 자신의 분노를 수용하고 표현하는 데 계속해서 어려움을 가지게 된다. 이 모든 것은 부모에 의해 어떤 의식적인 인식 없이 행해질 수 있다. 자녀가 자살 결정을 하는 것을 원하는 부모는 거의 없다. 그러나 비합리적으로 어떤 이들은 그렇게 할 수 있다. 어떤 가정에서는 한 아이가 그의 어머니 또는 아버지의 비합리적인 어린이 자아 상태 신념 때문에 선택될 수 있다. 예를 들면, 남자아이의 모습과 기질이 그의 어머니에게서 그녀의 아버지—그녀에게 잔인했고 그녀가 많은 분노를 품었던—를 생각나게 할 수 있다. 반복적으로 그녀는 어렸을 때 아버지에 대해 가졌던 일부 같은 감정으로 자신의 아들에게 반응하기 시작한다는 것을 발견한다. 그것은 그에 대한 미움을 포함할 수도 있고 그가 죽기를 바라는 바람을 포함할 수도 있다. 그녀는 이를 인식할 수도 있지만, 미움과 혐오의 감정을 비밀로 한다는 것은 어렵다는 것을 알게 된다. 그리하여 어머니는 그녀 자신의 비합리적인 감정과 사고의 결과로 활발하게 자살 결정을 부추김으로써 아들이 자살 결정을 내리도록 상당한 압박을 줄 수 있다.

이러한 아이에 대한 비합리적인 반응은 다른 환경 속에서도 일어날 수 있다. 예를 들면, 부모가 아이에게 사로잡혔다는 감정을 느낄 때다. 어머니는 자신의 아동기의 어려움 때문에 지나치게 어린이 자아 상태일 수 있다. 예를 들면, 아이가 정서적으로 미성숙한 16세의 엄마에게서 태어났을 때, 반복적으로 어머니는 자신이 더 이상 어떤 종류의 삶도 살 수 없다고 느끼기 시작하고, 자신이 아이에게 붙잡힌 것처럼 보기 시작한다. 그녀는 원하지 않는 아이였고 그 아이가 자신의 삶을 파괴했다는 식으로 아이와 소통하기 시작한다. 대개 자신이 그렇게 하고 있다고 인식하지도 못한 채 말이다. 이와 같은 어머니의 정서적 미성숙함은 아이로 하여금 자살을 결정하도록 촉진할 수 있다.

이와 유사한 상황으로는 거부된 낙태의 상황이 있다. 즉, 엄마(또는 아빠)가 태아를 낙태시키는 것에 대해 거부된 경우다. 이것은 낙태가 불법이기 때문이거나, 부모가 아이를 낙태하지 않도록 종교적, 문화적 그리고 혈통적 압력이 부모에게 가해지기 때문일 수 있다. 거부된 낙태의 발전된 영향과 부모에게 그런 의료 과정이 거부되었을 때 아이가 어떤 영향을 받는지에 대한 많은 연구가 있어 왔다. 염려는 부모가 아이를 수용하지 않을 것이라는 것이다. 만약 이런 일이 발생한다면, 아이는 자신이 나쁘거나 가치 없다고 결론 내릴 가능성이 심각하게 증가한다. 그리하여 아이가 자살을 결정할 가능성이 증가한다. 부모에 의한 이러한 거부는 부모들의 인식을 벗어날 수 있고, 그래서 부모에 의한 비합리적인 행동으로 귀결된다.

화이트(White, 1995)는 부모가 낙태를 하려다가 실패하여 마지못해 아이를 낳게 된 사례에 대한 연구 조사에서, 그런 아이들에 대한 부모의 수용에 있어 " '불완전함' '무효라는 것' '싫거나 불쌍하거나 하는 양가감정적인' 심한 정도의 차이만 존재하는 일탈적인 상호작용, 아이의 욕구에 대한 부족한 공감, 아이의 행동 신호에 대한 부족한 이해, 따듯한 정서 교류나 자극이 적은 것 등" (p. 10)을 발견하였다. 아이가 자살 결정을 함으로써 그런 부모의 반응에 반응할 수 있다고 결론짓는 것은 합리적인 것으로 보인다.

또한 발견된 것은 뜨거운 감자의 경우(자신의 손에 쥐고 있는 뜨거운 감자,

즉 자신의 문제를 자녀에게 전달해 주는 경우–역자 주)에 있는 아이가 한 자살 결정이다. 어머니는 그녀가 아이였을 때 했던 자신의 자살 결정을 가지고 있다. 그녀는 자신이 그렇게 하고 있다는 것을 인식하지 못한 채 아이에게 자살 결정을 줌으로써 그 결정을 실행하는 것을 피할 수 있다는 것을 발견한다. 그리하여 그녀는 뜨거운 감자를 전달하고 이것은 그녀가 자신의 자살 충동에 초점을 두지 않도록 해 준다. 그녀는 미묘하게 아이가 위험한 것들을 하게 하고 자기파괴적이 되도록 격려하며, 이를 통해 그녀는 아이를 경계하고 걱정할 수 있게 된다. 아이는 자살 결정을 함으로써 그런 비합리적인 격려에 쉽게 반응할 수 있다.

또 어떤 때에 부모는 그것이 아이에게 주어진 비합리적인 요구가 아니며 자신이 아이를 형편없이 취급하고 있다고 '합리적'으로 충분히 잘 알고 있기도 하다. 안타깝게도 여기에는 아이에게 그가 무익하고 가치 없다고, 그리고 그가 죽으면 뭔가가 더 나을 것이라고 의식적으로 그리고 공공연하게 말하는 작은 성인 집단이 포함된다. 이러한 집단은 어떤 따스함이나 돌봄이 없는 부모이거나 의붓부모일 수 있다. 그들은 종종 매우 열악한 배경, 즉 심각한 알코올이나 약물 사용 또는 매우 심각한 정신 질환 등이 있는 경우다. 또는 어떤 면에서 그들은 정신병에 걸려서 아이들을 위한 어떤 능력이 부족하거나, 아이들에게 감정이입을 하거나 따뜻함을 가질 수 있기를 소망하고 있을 수도 있다. 종종 이런 환경에 있는 아이들은 상당한 신체적 · 성적 학대로 인해 고통당한다. 앞의 〈사례 연구 4–4〉가 이러한 예를 보여 준다. 모든 부모는 어린이 자아 상태를 가지고 있으며, 왜 자살 메시지가 부모로부터 아이에게 전달되는지는 생물학적 부모의 어린이 자아 상태([그림 4–1] 참조)로부터 오는 도식에서 보여 준다. 이렇게 하여 모든 부모는 때로 어린이와 같은 방식으로 행동하고 반응하는 것이다. 대개의 경우에는 이런 것이 자주 일어나지 않고 비교적 양호하다. 그러나 그들의 어린 시절의 결과로 형성된 정서적인 악마를 가지고 있는 부모들이 있다. 그리고 이러한 예들에서 정서적인 문제들은 더 빨리 혹은 더 늦게 그들의 자녀들에게 표현될 것이다. 그러한 환경들 안에서 자살 메시지는 아이에게 전달될 수 있다. 그러므로 모든 내담자와 함께 그들의 부모들이 정서적으로 얼마나 상처받았는지를 진단하는 것은 중요하다. 더 많이 상처받았을수록 자살 결정을 포함한 더욱 잠재적으로 위험한 결정들이 내려질 수 있다.

## 그러한 요구에 대해 아이가 만들어 내는 해석

이것은 이미 조기 결정 과정의 세 단계를 논의하면서 앞에서 언급되었다. 부모는 자신이 좋아하는 어떤 메시지를 그들의 자녀에게 보낼 수 있다. 그러나 결국은 그러한 메시지에 대한 해석이 중요하다. 그것은 아이 속에 있는 작은 교수 자아 상태가 부모로부터의 메시지에 대해서 무엇이 중요한가를 결정하는 것이다.

어머니에게 매 맞은 어린아이는 그런 일들이 정상이며 자신에게 뭔가 잘못된 것이 있다고 결정할 수 있다. 어린아이는 "엄마는 내가 나쁘다고 생각하고, 그러므로 내가 여기에 있지 않는다면 더 좋을 것이다."라고 결론지을 수 있다. 그리하여 아이는 잠재적인 자살 결정을 가진다. 어머니에게 매 맞은 또 다른 아이는 꽤 다른 결정을 할 수 있다. 즉, 자신에게는 잘못이 없고, 어머니의 행동이 옳지 못하다고 결정할 수 있다. 이 사람은 자살 결정을 하지 않을 것이고, 언젠가는 자살을 결정하기보다는 아동의 권리를 위한 운동가가 되기 위해 성장할 수 있다.

부모로부터의 메시지에 대한 아이의 해석은 각각의 아이가 부모가 무엇을 행하고 말하는지에 대한 자신의 독특한 해석을 만드는 데 있어서 두 가지 방식의 과정이 있다. 한 오누이는 나란히 밤마다 곤드레만드레 술에 취하는 아버지를 지켜보면서 꽤나 다른 두 가지 결정을 할 수 있다. 누나는 "인생에서 해야 할 것은 자신을 파괴하는 것이다."라고 결정할 수 있다. 그리하여 그녀는 남은 생애 동안 심각한 흡연자로 인생을 마치는 지점에서 자살 결정을 한다. 그녀 옆에 있던 남동생은 "아빠는 어리석고 나는 결코 그렇게 하지 않을 것이다."라고 결론지을 수 있고, 평생 동안 절대 금주자가 된다.

불행하게도, 그것은 또 다른 방식으로 작용한다. 어떤 아동은 사랑받고 꽤 잘 대우받았던 가정 출신일 수 있다. 그러나 여전히 어떤 자기파괴적인 결정을 한다. 그는 부모로부터 왜곡된 의미를 취하거나, 또는 자신의 인생에서 다소 덜 중요한 사람—예를 들면, 형제—이지만 그가 초점을 맞춘 사람이 있을 수도 있다. 그러한 아이는 항상 전달되는 주된 메시지에 귀 기울이지 않을 것이고, 그리하여 예측 불가능한 자기파괴적인 결론을 내리게 된다.

## 그러한 해석에 대하여 받은 타인의 지지

게슈탈트 치료의 아버지인 프리츠 펄스(Fritz Perls)는 "만약 한 사람이 코끼리라고 부른다면 그는 아마 투사를 한 것이다. 만약 열 사람이 당신을 코끼리라고 부른다면 가서 땅콩을 한 가방 사라."라고 말했다. 이것은 어린 아이가 결정을 하는 데 있어 그 아이의 환경 안에 있는 지지자의 중요성을 서술하고 있다.

예를 들어, 어떤 나라에서 여자들은 2등 시민으로 간주된다. 그것은 임금의 수준, 투표권, 이혼할 수 있는 합법적인 권리 등에 반영될 수 있다. 그런 문화 속에서 자라난 어린 소녀는 덜 압제적인 문화 속에서 자란 소녀와 비교할 때 남자보다 자신이 덜 중요하다고 결정할 가능성이 훨씬 높다. 그녀의 결정은 그러한 사회에서 살아가는 대다수의 사람에 의해서 지지되고 강화된다. 만약 어린 소녀가 자신은 동일하게 중요하다고 결정한다면, 그녀는 마음속에서 끊임없이 그녀를 둘러싼 대부분의 사람, 특히 그녀의 부모의 태도와 행동과 싸워야만 한다. 만약 그녀가 자신은 덜 중요하다고 결정한다면, 그다음에는 그녀의 마음속에서 그렇게 진행되는 심리적인 전쟁이 없을 것이다.

그럼에도 여전히 외부의 압력에 저항하는 작은 여성 집단이 있을 것이다. A1 또는 작은 교수는 여전히 그녀가 동일하게 중요하다고 믿을 것이다. 그러나 일반적으로 말해서 결정이 아이 주변의 사람들로부터 지지를 받으면 받을수록, 그 결정은 더욱더 유지되고 확신 속에서 더욱더 증가할 것이다. 만약 아이가 자살 결정을 하고 가족 안에 있는 다른 사람들이 그 결정을 조장한다면, 결정을 부여잡거나 지속시킬 가능성은 훨씬 높다. 만약 아이가 다른 가족 구성원들이 그에게 그가 살기를 원하고 행복하기를 원한다고 말하는 가정 출신이라면, 자살 결정은 여전히 존재하더라도 덜 굳건할 것이다. 그러므로 자살 결정을 가진 내담자를 상담할 때는 아이의 가까운 환경에 있는 사람들이 아이에게 무엇이라고 말했는지를 찾아낼 필요가 있다. 그들이 그 아이가 살고 인생을 즐기기를 원한다고 말하고 있다면, 그 자살 결정은 상담에서 더 바꾸기 쉬울 것이다.

## 아이의 개인적인 자원

이것은 조기 결정 과정의 매우 영향력 있는 특성 중의 하나다. 굴딩 부부(1978)에 의해서 표현된 결정이 가진 한 가지 문제는 그것이 '양육'의 측면에만 초점을 두고 있다는 것이다. 아이의 '본성'의 측면에는 크게 무게를 두고 있지 않다. 따라서 성격의 이러한 측면에 대해서 덧붙인다.

모든 사람은 어떤 종류의 천성적인 기질을 가지고 태어난다. 어떤 아이들은 강한 의지를 가지고 태어나고, 어떤 아이들은 그렇지 않다. 어떤 아이들은 천성적으로 그들의 권리를 위해 싸우는 반면, 어떤 아이들은 그렇지 않다. 이처럼 매우 어린 나이에도 아이들은 꽤 다른 방식으로 그리고 다른 정도의 힘(vigor)을 가지고 반응한다는 것을 알기 위해서는 어린 유아들을 관찰하는 것이 유일한 방법이다. 1950년대에 토머스, 체스와 버치(Thomas, Chess, & Birch, 1968)에 의한 뉴욕 종단연구라고 불리는 유명한 연구가 있었다. 이 연구자들은 140명의 어린이들을 태어날 때부터 성인이 될 때까지 따라다녔다. 그들의 초기 관심은 유아의 반응이었다. 그러나 연구가 진행되면서 그들은 어린아이들의 기질에서 차이점을 입증하고 있음을 깨닫기 시작했다. 계속해서 그들은 정확하게 여섯 가지 정도의 기질을 정형화할 수 있었으며, 그것들이 아이가 자라는 동안 계속해서 끊임없이 유지되었음을 발견했다.

① 리듬(rhythmicity): 규칙적 또는 불규칙적
② 접근/철수: 긍정적 또는 부정적
③ 적응성: 적응적 또는 비적응적
④ 반응의 강도: 온화한 또는 강한
⑤ 기분의 질: 긍정적 또는 부정적
⑥ 활동 수준: 낮은 혹은 높은

이러한 여섯 가지 기질 중에서 특별히 아이가 만들 수 있는 결정의 종류에 영향을 줄 수 있는 두 가지가 있다. 즉, 적응성과 반응의 강도다. 이들의 공통된 긍정적 · 부정적 특징은 다음과 같다.

**적응성**

이 경우에 아이는 그의 환경에 적응적이거나 아니다.

- 적응적(긍정적): 조화로운, 권위를 수용하는, 융통성 있는, 다방면에 능한(versatile)
- 적응적(부정적): 지나치게 순응하는, 덜 중요한, 시작을 하지 못함, 창

의성의 부족
- 비적응적(긍정적): 단호한, 타고난 지도자, 혁신적인
- 비적응적(부정적): 경직된, 권위 문제, 논쟁적인

**반응의 강도**

이 경우에 아이는 강하고 극렬한 정서적 반응을 가지거나 그렇지 않을 것이다.

- 부드러운(긍정적): 동요하지 않는, 조용한, 스트레스와 위기를 조정하는, 느긋한
- 부드러운(부정적): 감정을 거의 보이지 않는, 알기가 어려운, 얕은
- 강렬한(긍정적): 에너지 넘치는, 활동적인, 거리낌 없이 말하는, 자기 위치를 잘 아는
- 강렬한(부정적): 변덕스러운, 거친, 자제심을 잃은

어떤 아이들은 천성적으로 싸움꾼으로 태어난다. 이러한 아이는 비적응적인 기질을 가질 경향이 있고 반응의 강도가 높을 것이다. 그런 아이가 "너는 나쁘다." "너를 원하지 않는다." "너는 옳은 일을 하지 않는다."와 같은 말을 들으면, 그의 본성적인 반응은 그런 것과 싸우는 것이다. 결과적으로 그는 "나는 나쁘지 않다. 그렇게 말하는 당신이 나쁘다."라는 식으로 결정할 것이다. 따라서 "너는 쓸모없고 나쁘다."라고 아이에게 말하는 부모들의 메시지들은 어떤 면에서 더욱 거부될 것이다. 그것은 어린아이가 자살 결정, '나는 덜 가치롭다'는 결정을 하도록 요구할 확률이 더 적어진다.

어떤 아이들은 더 상냥한 기질을 가지고 태어난다. 이러한 아이는 좀 더 적응적인 기질을 가지려고 하고 반응의 강도가 좀 더 부드러운 경향이 있을 것이다. 그들은 맞거나 거부된다면 자신에게 뭔가 잘못이 있기 때문에

그렇다고 결론지을 가능성이 높다. 그는 전달되는 부모의 메시지와 덜 싸울 것이다. 그는 "나의 부모는 나를 나쁘게 취급하고 있다. 왜냐하면 내가 나쁘기 때문이다."와 같이 결정할 것이다. 그리고 이것은 더욱 자살적인 것과 같은 결정으로 이끌려는 경향이 있을 것이다.

이것은 왜 우울한 사람들이 더욱 자살하기 쉬운지를 설명해 준다. 우울이 사람들을 자살적으로 만들지는 않는다. 우울증이 있는 사람들 중에는 전혀 자살적이지 않은 사람들도 많다. 그러나 우울증이 있는 많은 사람은 자살 결정을 할 경향이 좀 더 높은 슬프고 우울한 개인들이다. 우울은 활동적이고 화나며 다투는 마음의 상태와 반대되는 의기소침한 마음의 상태다. 우울증을 가진 사람들은 적응력과 낮은 정도의 반응의 강도를 본성적인 기질로 가지는 경향이 있을 것이다. 만약 부모들이 그들을 거부로 대했다면, 그들은 본성적으로 그에 적응하려 하고 메시지에 대한 강한 분노를 거부할 경향이 있을 것이다. 따라서 자살 결정을 하면 할수록 아이는 자신에게 뭔가 잘못이 있고 자신이 죽으면 더 나아질 것이라는 부모의 메시지들을 더욱더 수용하게 될 것이다.

그러나 싸우는 반응에 더 기인하는 두 가지 자살 결정들이 있다는 것에 대해 논의할 필요가 있다.

- "당신에게 상처 주기 위해 나는 자살할 거야."
- "내가 자살하는 것을 당신에게 보여 주고 말겠어."

이러한 경우에는 싸우는 위치에서 자살에 접근하고 있다. 그는 자살을 다른 사람을 공격하는 용도로 사용하고 있는데, 이는 좀 더 싸움꾼 타입의 사람들에서 발견되는 높은 정도의 반응의 강도와 비적응적 기질에서 오는 것이다. 이것들은 특별히 성인 자살과 연관성이 있다. 물론 권위에 저항하고 다른 사람들에게 화난 듯이 공격하기 위한 많은 방법이 있다. 그러나 자살 행동이나 진술을 사용하는 것은 그 사람이 자살 결정을 했고, 부분적으로 부모의 메시지에 적응했다는 것을 말해 준다. 이러한 경우에는 순종적이지 않은 기질의 사람들이 자살 결정을 했을 수 있다. 기질에 대한 이러한 진술과 결정의 종류는 상황 속에서 살펴볼 필요가 있다. 그것들은 일반적으로 경험에 근거한 규칙일 뿐이다. 그러나 본성적으로 자신의 권리를 위해 싸우려는 경향이 있는 아이가 자살 결정을 덜 할 것이라는 가정을 하는 것이 적절해 보인다. 본성적으로 더 수동적이고 수용적인 아이가 부모로부터 자신이 가치 없다는 말을 들을 때 자살 결정을 하는 경향이 더 클 것이다.

## 결 론

이 장은 자살 결정의 개념을 상세히 살펴보고, 자살 경향이 있는 개인을 이해하고 다루는 데 있어서 자살 결정의 중요성을 강조했다. 자살 결정은 자살 경향이 있는 사람에게 결정적인 요소다. 자살을 하려 하지만 자살 결정은 하지 않은 몇몇 다른 집단도 있지만, 지금까지 대부분의 경우는 자살 결정을 했다.

물론 그러한 결정의 특징을 이해하는 것이 중요하며, 그것이 이 장의 목적이다. 만약 누군가가 그런 결정을 확인하고 이해할 수 있다면, 자살 위험을 사정할 능력은 강화될 것이다. 만약 누군가가 특정 유형의 자살 결정이 만들어졌다고 확인할 수 있다면, 그 사람에 대한 장기적인 관리가 가능할 것이다. 만약 누군가가 결정 과정의 다섯 가지 측면을 이해한다면, 또한 그 사람에 대한 장기적인 관리는 더욱 효과적일 것이다.

이 조기 결정의 이론은 자살하지 않기 계약에 대해 다룬 14장과 재결정 치료에 대해 다룬 15장에서 다시 논의할 것이다.

제 5 장

# 자살 행동에 대한 모델링

## 모델링과 모방

4장에서는 어린이 자아 상태의 개념과 조기 결정이 어린이 자아 상태에 주는 영향에 대해 알아보았다. 이 장에서는 부모 자아 상태에 대해 알아보고, 모방(imitation)과 모델링(modeling)이 나타나는 과정에 대해 살펴보기로 한다. 여러 문헌에 기록된 대로, 아이들은(어른들도 마찬가지이지만) 그들 주변 사람들을 모델링하고 모방함으로써 행동을 습득한다. 부모의 행동을 관찰한 자녀는 그렇지 않은 아이들에 비해 부모의 행동을 모방할 확률이 더 높아진다. 아이들은 부모가 원하든 원하지 않든, 부모의 행동이 건강하든 건강하지 않든, 그들을 무의식적이고 무비판적으로 모방하게 된다. 부모의 애정 어린 행동을 보고 자란 아이는 부모의 그러한 행동을 모방하게 되고, 불행하게도 부모의 자살을 경험하거나 관찰하게 된 아이는 마찬가지로 자살을 그대로 모방하거나 다른 방식으로 자살을 유도하게 된다.

부모에 대한 자녀의 이러한 모방 과정은 부모 자아 상태라는 교류분석 용어로 설명될 수 있다. 3장에서 살펴본 바와 같이, 부모 자아 상태는 자녀가 전 생애를 통해 부모를 모방하고 모델링한 것들에 대한 기록물이다. 이것은 [그림 5-1]과 같이 나타낼 수 있다.

부모가 자살 행동을 나타낸다면, 자녀는 그대로 부모의 자살 행동을 흡수하게 되고 이를 자신의 성격 일부로 구조화시킨다. 특히 부모의 자살 행동이 자녀와 직접적으로 관계될 때, 모델링은 더욱 강력하게 작용한다. 자녀가 아버지의 자살을 목격할 경우, 자살은 [그림 5-1]과 같이 개인의 부모 자아 상태 중 아버지와 관련된 부분에 기록된다. 다시 말해, 자녀는 자살에 대한 아버지의 결정을 자신의 성격 중 일부로 받아들이게 된다.

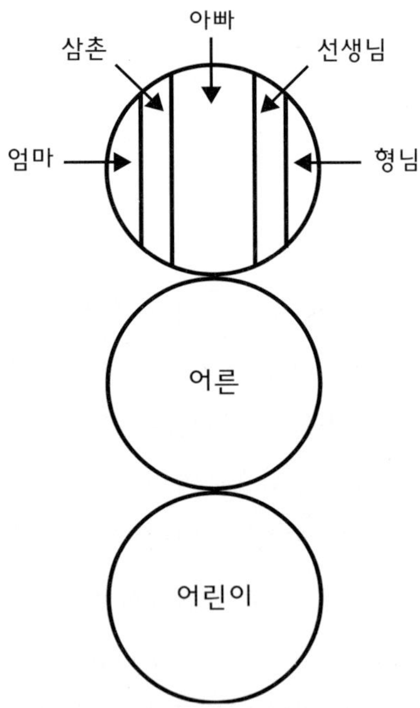


[그림 5-1] 기록의 축적물로서 부모 자아 상태가 구조화되는 방식

**사례 연구 5-1 부모의 자살 행동**

30세의 한 성인 남성은 아동기와 청소년기 내내 어머니의 자살 시도를 여러 번 목격했다. 그러나 어머니의 자살 시도는 늘 실패였고, 그때마다 약과 술에 취해 의자에 쓰러져 있는 어머니를 발견하는 것은 그의 몫이었다. 그때마다 그는 구급차를 불렀고, 구급차가 도착할 때까지 어머니를 흔들어 깨워야 했다. 그의 어머니는 자살을 시도하기 위해 목을 매거나 약을 구하는 방법, 자동차가 자신을 치길 희망하며 트럭 아래에서 잠들었던 경험 등을 그에게 종종 이야기하기도 했다. 언젠가 그는 또 다시 자살을 시도하여 의자에 쓰러져 있는 어머니를 발견했고, 분노에 차 "이번엔 정말 죽어 버렸으면 좋겠어."라고 소리치기도 했다.

여러 질문을 통해 그의 자살 결정이 아동기에 형성된 것은 아니라는 것을 알 수 있었다. 단지 성장과정을 통해 목격된 어머니의 자살을 무의식적으로 모델링하게 되었고, 이것이 그의 성격 중 부모 자아 상태에 기록된 것이다. 이 사례는 [그림 5-2]가 보여 주는 것과 같이, 아이가 자살을 결심하게 되는 두 가지 방식에 대해 설명한다.

아동기에 어린이 자아 상태에 의해 형성된 자살 결정은 성격에 더 큰 영

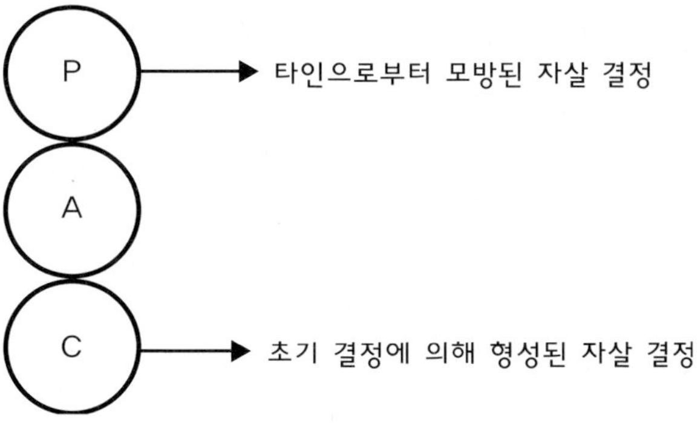


[그림 5-2] 자살 결정에 이르는 두 가지 방식

향을 미치는 것으로 알려져 있다. 이것은 부모 자아 상태에서 획득된 모방 행동보다 더 큰 잠재력과 힘을 갖는다. 그러나 어린이 자아 상태에서 형성된 것이든, 부모 자아 상태에서 형성된 것이든 한 개인의 성격에 영향을 미치고, 이러한 성격이 다양한 행동을 초래하게 된다. 만약 부모가 자살을 시도하거나 자기파괴적 행동을 자녀에게 보여 주지 않았다면, 비록 아동기에 자살 결정을 했을지라도 부모 자아 상태에 의해 이러한 시도는 거의 실행되지 않는다. 부모 자아 상태가 어린이 자아 상태에서 이루어진 조기 결정을 완화시키기 때문이다. 물론 그럼에도 누군가는 자살을 시도할 수 있지만, 여전히 그는 부모 자아 상태에 의해 좀 더 많은 보호를 받게 된다.

그러나 〈사례 연구 5-1〉과 같이 반대 상황도 존재한다. 사례 연구에 등장한 남성은 어린이 자아 상태에서 자살 결정을 한 것이 아니라 어머니의 자살 행동을 모방함으로써 자살 결정을 하게 되었다. 두 자아 상태가 최종 행동에 서로 반대되는 영향을 준다는 것을 다시 한 번 알 수 있다. 이러한 상황에서는 어린이 자아 상태가 더 큰 영향을 미치기 때문에 앞에서 언급된 것보다는 자살 성공률이 훨씬 떨어지게 된다. 실제로 다음 〈사례 연구 5-1〉에서 이것을 알 수있다.

#### 사례 연구 5-1(계속됨) 부모의 자살 행동

그는 자살을 생각해 본 적은 있지만 시도한 적은 없으며, 앞으로도 시도하지 않을 것이라고 말했다. 자살은 자신의 행동 목록 어디에도 존재하지 않는다고 분명히 의사를 밝혔다. 그러나 그는 사고로 죽거나 누군가에게 죽임을 당하도록 하는 행동 단서들을 이야기 속에서 보여 주고 있었다.

예를 들면, 그는 자신의 신중하지 못한 행동을 다음과 같이 묘사했다. "나에 대한 통제가 필요할 때, 나는 그냥 나를 내버려 두었어요. 그런데 그게 정말 최악이었지요. 약을 무모하게 복용하거나, 술에 취해 난폭하게 차를 몬 적도 있거든요." 이때마다 그는 암페타민이라는 각성제를 무분별하게 사용했고, 과다한 복용으로 여러 번 병원에 입원하게 되었다.

그는 부부싸움 신고를 받고 집으로 출동한 경찰에게 칼을 휘두른 경험에 대해서도 말했다. 이땐 경찰이 자신을 거의 죽일 뻔 했다고 말했다. 결과적으로 그는 직접적인 자살 시도를 한 것은 아니지만, 죽음으로 몰아넣을 수 있는 여러 행동을 하고 있는 셈이었다. 그는 자신의 이러한 행동을 자각하기도 했고, 그렇지 못하기도 했다. 어느 때에는 자신의 부주의한 행동들 때문에 죽을 수도 있다는 것을 깨닫기도 했지만, 어느 때에는 전혀 의식하지 못하다가 사건이 일어난 후에야 그 행동으로 죽을 수도 있었다는 것을 알게 되었다.

---

이 사례는 어린이 자아 상태와 부모 자아 상태가 서로 반대로 작용할 때 어떤 일이 발생하는지를 보여 준다. 자아 상태 중 하나는 자살경향성을 무효화하는 효과를 발휘하게 되는데, 이는 그러한 행동이 부모로부터 모방된 것도 아니고 아동기에 결정된 것도 아니기 때문이다. 그러나 어떤 사람은 둘 다로부터 영향을 받기도 한다. 즉, 삶의 초기에 자살 결정을 하고 아동기에 자살을 모방하거나 자살에 대해 이야기를 듣게 된다. 이러한 경우 어린이 자아 상태와 부모 자아 상태의 영향은 동일하고 자살 위험은 증가된다. 이러한 사람은 심각한 수준의 장기적 자살 위험군으로 고려될 수 있다. 그는 삶의 어떤 시점에서 자살을 심각하게 생각하게 될 것이다.

### 사례 연구 5-2 자살 행동에 대한 부모 모델

33세의 한 남성은 아동기와 청소년기 대부분을 농장에서 보냈다. 그는 여러 번 발생했던 아버지의 협박용 자살에 대해 이야기했다. 그는 6~7세 무렵부터 시작하여 그의 가족이 농장을 떠나 도시로 이사를 간 14세 무렵까지 이러한 일이 지속적으로 발생했다고 회상했다. 그의 아버지는 보통 늦은 오후부터 다음 날 새벽까지 술을 마셨다. 아버지는 술에 취하면 매우 침울해했고 죽고 싶다는 말을 하곤 했다. 그런 후에는 캐비닛에서 총을 꺼내 장전하고 의자 옆에 놓은 채 계속 술을 마셔 댔다.

어린 시절 그는 아버지의 이런 모습을 종종 목격할 수 있었다. 그럴 때면 침대에 숨어 아버지가 내는 소리들을 들으며 시간을 보내야 했다. 그렇게 시간이 지나고 나면 혹시 무슨 일이 생긴 것은 아닐까 걱정하며 침대 밖으로 나오곤 했다. 어찌되었든 그는 아버지의 행동에 개입한 것은 아니었다. 어머니는 울부짖으며 남편을 말리고 총을 치우려고 했다. 아버지와 어머니는 그렇게 몇 시간씩 다투었다. 아버지는 결코 자신이 아닌 다른 사람을 총으로 위협하거나 때리지는 않았다. 단지 그는 취할 때마다 총을 옆에 두고 자신의 머리를 겨누었을 뿐이다. 그러나 그는 절대 자신을 쏘지는 않았다.

---

〈사례 연구 5-1〉과 마찬가지로 이 사례의 남성 역시 자살에 대한 모델을 가지게 된다. 그는 자신의 부모 자아 상태에 자살에 대한 시각적 · 청각적 자료를 기록하고 이를 부모 자아 상태의 일부로 만든다. 이러한 기록은 '제거'되지 않기 때문에 계속해서 남아 있게 된다. 그러나 부모 자아 상태에는 다양한 정보가 기록되며 지속적으로 업데이트된다. 즉, 자살에 대한 하나의 모델 때문에 개인이 자살을 선택하는 것은 아니라는 의미다. 자녀는 부모의 복제가 아니다. 그들은 어른 자아 상태에서 결정을 내릴 수 있고, 부모와는 다른 어린이 자아 상태의 조기 결정을 할 수 있다. 그럼에도 자살에 대한 모델은 그의 성격 안에 존재하게 된다.

모델링에 대해 알아야 할 또 한 가지는 모방의 영향력은 개입된 아동이 자살 행동이 이루어지는 순간 부모와 함께 있었느냐 아니냐에 따라 달라진다는 것이다. 〈사례 연구 5-2〉에서 아동은 단순히 관찰자였다. 그는 다른 한쪽에서 아버지와 어머니의 행동을 관찰하고 단순히 그것을 모델링했다. 〈사례 연구 5-1〉에서 아동은 관찰자였을 뿐 아니라 참여자이기도 했다.

그는 어머니의 자살 시도를 목격했고 이를 멈추기 위해 직접적으로 개입했다. 다시 말해, 어머니가 자살을 시도하고 있는 과정의 중간에 직접적으로 개입한 것이다. 뿐만 아니라 그의 어머니는 아들에게 과거의 자살 경험에 대해 직접적으로 언급했고, 이 과정 전체가 그들 관계의 일부가 되었다. 아동은 자살 행동에 대한 관찰자일 뿐 아니라 자살 행동의 직접적 개입자다. 그는 자살에 대한 관찰적 이해가 아닌 경험적 이해를 가지고 있는 것이다. 이러한 방식의 모방은 좀 더 근본적이어서 개인에게 더 큰 영향을 미치게 된다.

## 부모 자아 상태 기록에 대한 수정

자살 모델이 포함된 부모 자아 상태를 다루는 방법 중 하나는 상담을 통해 새로운 부모 자아 상태에 대한 기록—대부분은 상담자나 의미 있는 타인에 대한 것—을 투입시키는 것이다. 두 사람이 함께 시간을 보내게 되면 그들은 무의식적으로 서로를 모방하게 된다. 부모 자아 상태 기록은 현재 이루어지는 관계에 따라 지속적으로 재편되고, 이것은 과거에 기록된 것들이 만들어 내는 결정에 영향을 미치게 된다. 현재의 관계가 중요한 사람일수록 현재의 관계가 부모 자아 상태에 더 많이 기록된다.

때때로 내담자는 "누군가와 이야기를 나누다 불현듯 내가 당신과 비슷하다는 것을 깨닫게 되요."라고 말하기도 하고, 상담자의 행동적 특징, 태도, 옷 입는 스타일을 그대로 받아들이기도 한다. 이러한 경우 내담자는 상담자를 내재화시켜 그를 자신의 부모 자아 상태 기록의 일부로 포함시키기 시작하는 것이다. 즉, 상담자를 내재화하는 과정을 통해 자신에 대한 긍정의 마음을 형성하게 된다. 이렇게 받아들인 새로운 기록이 그의 성격에 더 큰 영향을 미치게 될 때, 이것은 점점 더 내재화되고 앞선 기록인 자살 모

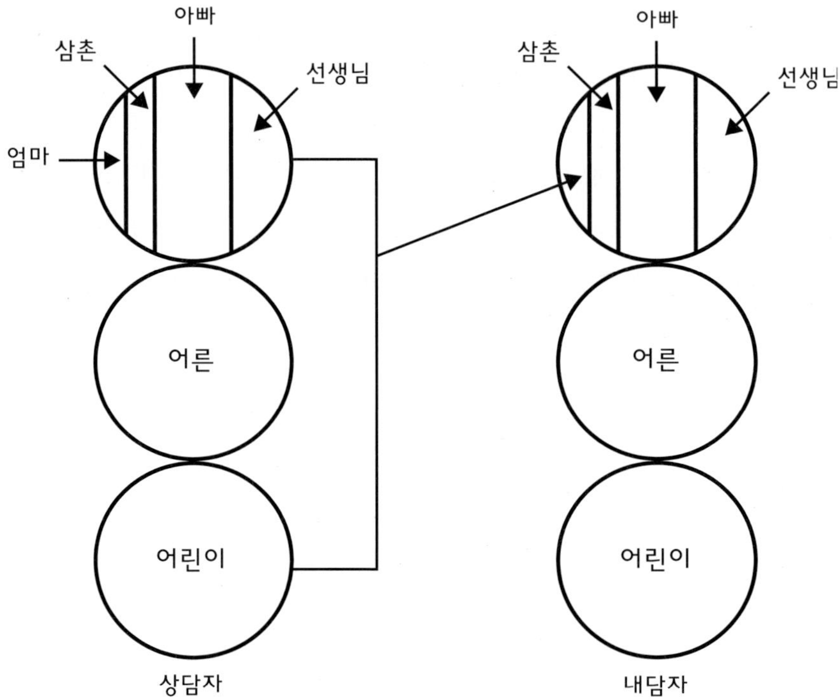


[그림 5-3] 내담자가 비자살적이고 새로운 기록을 수용함으로써 전이되는 과정

델은 점차 덜 중요해진다. 이러한 과정을 '치료'라고 부르기도 한다. [그림 5-3]을 보자.

치료적 관계 혹은 전이를 목적으로 하는 상담에서 이러한 내재화는 천천히 발생하게 된다. 내담자는 상담자의 성격을 서서히 모방하며 자신의 부모 자아 상태의 일부로 기록하게 된다. 상담자의 비자살적이고 건강한 태도는 그대로 내담자 성격의 일부로 자리 잡게 된다. [그림 5-3]에서 보듯이, 아버지로부터 자살 행동과 태도를 모방한 내담자가 상담자의 비자살적 태도를 부모 자아 상태의 일부로 받아들임으로써 자살에 대한 행동을 누그러뜨리고 있는 것을 알 수 있다. 내담자는 두 기록 중 어떤 것을 취할지에 대한 선택권을 갖게 된다.

## 자살 계약과 자살에 대한 지원

미국정신의학회(American Psychiatric Association, 1994)는 DSM-IV에서 정신장애 증상의 동시 발생(folie à deux) 또는 공유된 정신 질환이라고 불리는 것에 대해 언급하고 있다. 이것은 오랫동안 밀접한 관계에 있는 두 사람이 유사한 망상적 믿음 체계를 발달시키는 것을 의미한다. 정부가 전화를 도청한다는 망상이나 외계인의 지구 침공, 종말 등에 대한 믿음이 여기에 포함된다. 이러한 믿음에는 종종 지배적 집단과 망상을 갖는 복종적 집단이 존재하는 경향이 있다. 복종적 집단이 서로 유사한 망상적 믿음을 갖는 경우에는 좀 더 복종적인 집단이 망상에 빠지게 된다.

[그림 5-3]은 이것이 발생하는 과정을 설명한다. 부부관계에서는 좀 더 복종적인 쪽이 그렇지 않은 쪽에 동화될 것이고, 그 또는 그녀의 부모 자아 상태에 있는 망상적 믿음도 더불어 취하게 될 것이다. 관계가 끝이 나도 복종적인 쪽은 계속해서 망상에 빠져 있는데, 이때에는 부모 자아 상태 기록에 의해 강화되는 것이 아니라 다른 기록들의 작용에 의해 망상이 유지된다. 복종적 집단이 그러한 믿음 체계를 유지하게 될 때 그들은 서로에게 영향을 미칠 짝꿍을 갖게 된다. 대화를 통해 그들은 정부에 대한 생각이 서로 동일하다는 것을 알게 되고, 이러한 것이 그들이 믿는 것을 좀 더 진짜인 것처럼 보이게 한다. 사실 이것은 그들 중 좀 더 지배적 집단이 좀 더 복종적 집단의 모델이 될 것이고, 따라서 복종적 집단의 부모 자아 상태에는 지배적 집단의 기록이 남게 되는 것으로도 설명될 수 있다. 보통 이런 경우, 두 집단 모두가 그들이 믿고 있는 것을 지지함으로써 그 믿음을 좀 더 믿을 만한 것으로 만드는데 이러한 방식으로 영향력을 증폭시키게 된다.

어찌되었든, 정신장애 증상의 동시 발생에는 늘 짝이 존재한다. 중요한 애착으로 이루어진 모든 관계 속에는 두 집단에 의해 혼합된 부모 자아 상태 기록이 존재하게 되는데 이것은 자연스럽고 불가피한 일이다. 이러한 과정 때문에 부부는 정치적 견해, 종교적 관점, 삶에 대한 관점 등에 있어 유사한 믿음 체계를 발달시키게 된다. 다만 그들이 정신병적 망상을 갖고 있지 않고 그들의 유사한 믿음이 일상에 방해가 되지 않기 때문에 주목되지 않을 뿐, 분명 일어나고 있는 현상인 것이다. 물론, 대부분의 부부는 각자 다른 어른 자아 상태와 어린이 자아 상태를 가지고 있기 때문에 서로 완전히 동일하지는 않다. 그러나 좀 더 깊이 살펴보면, 이러한 내재화 과정에 기초하여 형성된 부부의 유사한 시각들을 발견할 수 있고, 이것 역시 부부가 함께 그 관점을 지지함으로써 그 영향력을 증폭시키게 된다는 것을 알 수 있다.

이것은 자살에 대해서도 동일하게 작용할 수 있다. 좀 더 지배적인 쪽이 문제에 대한 합리적 해결로 자살을 고려한다면, 복종적인 집단에서도 그러한 방식을 점진적으로 내재화시킨다. 자살에 대한 대화에서 그들은 자신이 믿고 있는 방법이 진리라는 것을 서로 확신시켜 주고, 이러한 동의가 그들의 믿음을 증폭시킨다. 극단적 환경에서 이것은 두 명 이상의 사람들이 함께 자살을 시도하고자 하는 동반자살 합의를 초래할 수 있다. 먼저 그들은 자살에 대한 믿음을 증폭하는 과정을 통해 그 믿음을 내재화한다. 십대 청소년들은 부모 자아 상태가 아직 미성숙하기 때문에 특히 민감하게 반응하게 된다. 청소년기는 실제로 다양한 기록을 통합해 가는 과정이기 때문에 성인기에 비해 부모 자아 상태가 계속적으로 성장하는 시기다. 바꾸어 말하면, 두 명의 십대 청소년 사이에 발생하는 정신장애 증상의 동시 발생 과정에서는 자살을 실제로 실행할 확률이 더욱 높아진다. 인터넷에서 이러한 십대의 동반자살 합의에 대한 글들을 어렵지 않게 찾을 수 있다.

9장에서는 자살 위험에 대한 수량적 사정과 자살 위험에 대한 보호 요인에 대해 알아볼 것이다. 보호 요인이란 가족 지원이나 정서적 의료 서비스 등을 의미한다. 자신의 주변에서 가족을 느끼는 사람들은 소속감을 통해

지지받는다는 느낌 때문에 쉽게 자살하지 않는다. 그러나 최근의 연구에 의하면, 가족의 질에 따라 그 결과가 다르다는 것을 알 수 있다. 실제로 자살 시도에 대한 가족의 반응이 무엇이냐에 따라 자살 행동을 지지하게 되는 결과를 초래할 수도 있다. 자살에 대한 망상이 공유되는 경우, 앞에서 언급한 것과 같이 시간이 흐르면서 자살 망상을 발달시키고, 이어 그 영향력이 증폭될 수 있기 때문이다. 결국, 자살을 시도하는 사람은 가까운 가족으로부터 자살에 대한 지지를 받게 되고, 이러한 과정을 통해 자살 시도는 단지 한 사람이 했지만 그 행동은 그와 가까운 가족에 의해 지지되며 동반자살 합의라는 파생물을 낳게 된다.

동반자살 합의에 대한 또 다른 전래는 내재화 과정보다는 한 개인의 절망으로부터 나온다. 이러한 예는 〈사례 연구 5-1〉에서 본 바와 같이, 어머니의 반복적 자살 시도에 의해 삶이 지옥이 된 젊은 남성의 사례에서 찾아볼 수 있다. 이것은 특히 타인을 조종하거나 타인의 관심을 얻기 위한 방법으로 자살을 이용하는 허위 자살자에게서 나타난다. 시간이 흐를수록 가족들은 그러한 행동에 절망하게 되며 그들의 삶이 불행하고 고통스럽다고 느끼게 된다. 끊임없이 자살을 시도하는 사람과 함께 사는 것은 정서적으로 매우 부담스럽고 진 빠지는 일이다. 〈사례 연구 5-1〉에서 언급된 "이번엔 정말 죽어 버렸으면 좋겠어."라는 남성의 외침을 통해 그 고통을 엿볼 수 있다. 그는 너무나 절망해서 어머니가 자살에 성공하기를 바랐다. 가까운 가족의 자살 시도는 이후 남성의 자살을 지지하며 자살 계약 현상의 또 다른 이면으로 작용한다.

## 결 론

서로에 대한 사람들의 모방은 심리학을 이루는 기본적 핵심이다. 특히 아동기와 청소년기에는 모방이 더욱 심하게 이루어진다. 불가피하게 일어난 사건들에 대한 모방도 무의식적이고 무비판적으로 이루어진다. 자녀는 부모의 자살 행동과 자살에 대한 언급을 포함하여 부모가 보이는 모든 건강하지 못한 행동을 따라 하게 되고, 이것이 자녀가 부모를 모방하여 자살 결정을 하게 되는 과정을 설명한다.

교류분석 용어에서 조기 결정은 부모 자아 상태의 일부를 이루며 성격으로 내재화된다. 모방을 통해 이루어진 자살 결정은 어린이 자아 상태로부터 결정한 초기의 자살 결정만큼 잠재적이지는 않다고 한다. 그러나 내재화된 자살 결정은 여전히 성격에 영향을 미치고 후에 이루어지는 자살 시도에 중요한 역할을 한다. 모방뿐 아니라, 어린이 자아 상태로부터 결정한 자살 결정을 모두 갖는 개인의 경우에는 자살에 대한 고위험자로 분류될 수 있다. 자살에 대한 위험에 즉각적으로 노출되어 있지 않을지라도, 장기적 수준에서는 높은 자살 위험 요인을 지닌다.

내재화 과정은 관계가 자살에 대한 사고와 행동에 어떻게 영향을 미치는지를 설명한다. 사람들은 서로를 모방하며 자살에 대한 유사한 사고 패턴을 발달시키는데 이는 동반자살에 대한 합의를 초래하기도 한다. 이것은 비자살자가 사랑하는 사람의 자살을 지지할 때 발생하게 된다. 비자살자는 자살자가 자살을 내재화한 것과 동일한 과정으로 자살을 경험하게 된다.

제 6 장

# 과도한 스트레스에 대한 반응

## 퇴 행

스트레스를 받으면 아동기의 문제해결 방식으로 돌아간다는 것은 익히 알려진 사실이다. 이것을 퇴행(regression)이라 부른다. [그림 6-1]에서 보여 주는 것과 같이 퇴행은 부모 자아 상태나 어른 자아 상태에서 어린이 자아 상태로 움직여 가는 것을 의미한다. 실제적으로 사람들은 발달의 초기 단계로 되돌아가 아이였을 때처럼 생각하고 느끼며 행동하기 시작한다.

[그림 6-1]의 a는 스트레스가 점점 더 커질 경우, 자신의 아동기로 되돌아가 아이처럼 생각하고 느끼며 행동하게 되는 성격의 구조를 보여 준다. 어린아이처럼 생각하고 행동할수록 조기 결정은 더욱 분명하게 나타나게 되고, 결국 [그림 6-1]의 b에서처럼 어른 자아 상태와 부모 자아 상태의 사용보다 어린이 자아 상태의 사용이 더욱 빈번하게 이루어진다. 이러한 이론은 존스턴(Johnston, 2009)이 언급했다시피, 신경심리학 분야의 연구들

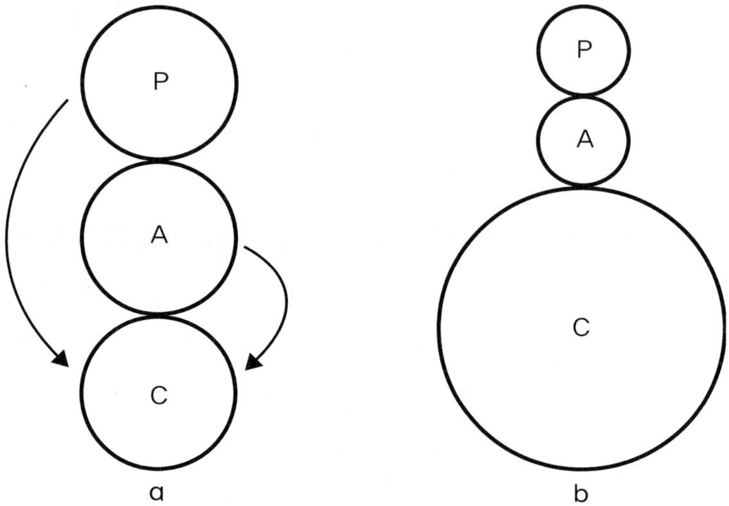


[그림 6-1] 퇴행을 경험하고 있는 사람의 성격 구조

을 통해 입증되고 있다. 인간의 뇌는 스트레스를 경험하게 되면 문제를 해결하고 상황을 판단하며 스트레스를 관리하는 전두엽의 대뇌피질 기능(어른 자아 상태)이 현저히 떨어지게 된다. 대신 편도체에 있는 뇌의 원시적 기능(어린이 자아 상태)이 좀 더 활성화된다.

이러한 경우, 생각과 느낌에 대한 어린 시절의 조기 결정이 좀 더 빈번히 나타난다. 조기 결정은 현재의 결정에 있어 부모 자아 상태나 어른 자아 상태보다 더 큰 영향을 미치게 되는데 이러한 이유로 상황에 맞지 않는 결정(quite out of character)이 되기 쉽다. 타인이 볼 때에도 이러한 결정은 이성적인 어른 자아 상태가 아닌 머릿속에 가득 차 있는 아이 같은 생각에 의해 이루어지기 때문에 매우 이상하고 기괴하게 보일 수 있다.

## 스트레스에 대한 세 가지 반응

과도한 스트레스에 대한 대처 방식은 보통 세 가지로 나뉜다. 1915년, 미국의 생리학자 월터 캐논(Walter Cannon)은 투쟁 반응과 도주 반응(fight or flight response)에 대해 설명했다. 이것은 위협이나 공격에 대한 기본 반응으로 공격자에게 투쟁하거나 공격자를 피해 도망가는 방식으로 반응하는 것을 의미한다. 스트레스에 대한 또 다른 반응은 동결이다. 이것은 투쟁하지도 도망가지도 않은 채, 그 자리에 얼어붙어 아무것도 하지 못하는 것을 의미한다. 동결(freeze) 반응은 일명 '죽은 척하기'라고 불리기도 한다. 동물들은 때때로 공격자를 속이기 위해 죽은 척한다. 공격자는 자신이 공격한 동물이 죽은 것처럼 보이면 지루함을 느끼고 결국 그 자리를 떠난다. 고양이에게 잡힌 쥐가 좋은 예다. 쥐는 고양이가 자신에게 싫증을 느끼고 다른 것으로 주의를 돌리기를 바라며 죽은 척한다.

스트레스를 받게 되면 사람들은 이 세 가지 반응 중 한 가지를 보이는데, 아주 높은 수준의 위협을 받거나 과도한 스트레스를 받을 때에는 기본적으로 나타나는 한 가지 반응이 있다. 이러한 반응은 위에서 언급한 세 가지 반응을 모두 시도한 뒤에 나타나는 최후의 보루라고 볼 수 있다. 스트레스에 대한 가장 근본적인 대응은 자신의 기질을 그대로 드러내며 어린아이였을 때처럼 행동하는 것이다. 사람의 기질은 결정에 중요한 영향을 미친다. 스트레스나 문제가 발생했을 때, 이에 대한 해결 방식으로 투쟁할 것이냐, 도주할 것이냐, 동결할 것이냐에 대한 선택에도 영향을 미치게 된다. 다음은 위협에 대한 반응으로 위에서 언급한 세 가지 방식이 각각 어떻게 나타나는지를 보여 주는 예다.

## 투 쟁

자신에 대한 보호 수단으로 상대를 신체적으로 혹은 언어적으로 공격하거나 고소·고발하는 방식으로 대응하는 사람이 있다. 이러한 사람은 아동기에 자신에 대한 방어 수단으로 공격하고 소리 지르는 것을 선택했다. 이 과정에서 아마도 물건을 파손하거나 다른 사람에게 상해를 입혔을지도 모른다. 누군가의 위협에 대해 그가 최초로 시도한 반응이 투쟁이었던 것이다. 이후에도 스트레스가 커질 때마다 그는 신체적으로 혹은 언어적으로 다른 사람을 공격했다. 어린 시절 그는 부모에게 말로 불만을 표현하거나 화를 내며 상황이 바뀌기를 요구했을지도 모른다. 이때 부모가 투쟁하는 방식으로 반응했다면 그 역시 투쟁하는 방식으로 문제를 해결하게 되었을 것이다.

## 도 주

이러한 문제해결 방식은 술, 마약, 처방약의 사용과 밀접한 관계가 있다. 이러한 것들은 문제로부터 도피하기 위한 수단으로 사용된다. 직장을 그만두거나 여기저기 떠돌아다니는 사람들 역시 도피하는 방식으로 문제를 해결하는 것이다. 마음을 어지럽히는 문제를 해결하기 위해 이러한 사람들은 이사를 가거나 문제를 다른 한쪽으로 방치해 놓는다. 아마도 이러한 사람들은 아동기에 스트레스에 대한 반응으로 집을 나가거나 침대 밑에 숨는 행동을 했을 것이다. 투쟁하는 방식으로 문제를 해결하는 경우와 달리, 이러한 경우에는 불만을 드러내서 상황을 변화시키려는 노력이 없다. 대신, 문제로부터 도피한 뒤 상황이 진정되기를 기다리는 것이다. 그는 레이더 아래로 숨기를 원하는 것이다. 투쟁 반응에 비해 도주 반응이 좀 더 수동적이기는 하지만 도주 반응 역시 분노 감정을 포함하고 있다. 이때의 분노는 타인을 향하기보다는 자신을 향해 분출된다.

### 동 결

최근에는 이런 사람들을 신경쇠약으로 진단한다. 이들은 자신을 붕괴시키고 무기력 상태로 들어간다. 그는 주저앉아 침대로 들어가 마치 엄마 배 속의 태아처럼 웅크린다. 스트레스에 빠져 일을 팽개치거나 병원에 입원하게 되기도 한다. 어떤 사람들은 공황발작(panic attacks)이나 광장공포증(agoraphobia)을 경험하기도 하는데, 둘 다 아무것도 할 수 없는 무기력 상태를 초래한다. 아동기에 이들은 얼어붙은 채 어떻게 반응해야 할지를 알 수 없었을 것이다. 극단적인 경우 이들은 오줌을 싸거나 설사를 하기도 한다. 투쟁을 분노 반응이라 한다면, 동결은 불안 반응이라고 볼 수 있다.

## 자살은 보통 도주 반응이다

도주를 통해 문제를 해결하는 경우가 있는데, 자살은 바로 그러한 도주에 포함된다. 흥미롭게도, 자살한 사람들의 개인사를 살펴보면 아동기의 가출 경험이 빈번하게 관찰된다. 아동들은 종종 가출하고 싶다는 이야기를 하는데, 막상 가출해서 어디로 갈 것이냐는 질문을 받으면 대답하지 못한다. 핵심은 아동들이 문제를 해결하기 위해서가 아니라 잊기 위해 도망치려 한다는 것이다.

자살 충동을 느끼는 사람들은 상당한 고통을 느끼고 있고 종종 어려운 문제에 직면하게 된다. 그것이 현재에 닥친 상황이든 점진적으로 다가오는 불안이나 우울, 괴로움이든 그러한 상황은 시간이 지날수록 더욱 커져 간다. 이러한 이유로 그들은 앞에서 언급한 것과 같이 아이였을 때 사용했던 방식으로 퇴행 행동을 하게 된다. 내담자가 스트레스를 다루는 주된 방식으로 도주를 언급한다면, 이것은 자살 위험을 감지할 수 있는 중요한 순간인 것이다.

그러나 모든 사람이 자살에 대한 충동에 맞서 어느 정도는 투쟁하고 있다. 전혀 투쟁하고 있지 않은 사람이라면 머지않아 진짜 자살을 하게 된다. 초기의 도주 반응을 가지고 있는 사람이라면 갈등하는 것을 포기하고 해결책으로 자살을 선택하게 될 것이다. 만일 강력한 투쟁 반응을 가지고 있는 사람이라면 우리가 알다시피, 쉽게 포기하거나 쉽게 자살하지 않는다. 자살하지 않기 계약은 이런 종류의 사람들에게 특히 더 유용하다. 이러한 사람들은 자살하지 않기 계약을 투쟁 반응의 기제로 사용할 수 있기 때문이다.

## 스트레스 반응에 대한 상담

상담은 보통 투쟁 반응이라고 볼 수 있다. 상담을 원하는 사람들은 문제를 도주하기보다 문제에 직면하여 그 원인을 찾아 해결하기를 바라는 사람들이다. 투쟁 반응을 가지고 있는 사람들은 상담을 통해 문제를 해결하고자 한다. 앞에서 언급했던 것처럼 모든 사람은 자살 충동에 대한 어느 정도의 투쟁을 가지고 있다. 상담은 이러한 충동에 대한 최초의 투쟁이라고 볼 수 있다.

그러나 상담이 언제나 문제에 대한 투쟁 반응으로 사용되는 것은 아니다. 어떤 사람들은 문제를 확인하고 그 문제로부터 도주하기 위해 상담을 이용하기도 한다. 예를 들면, 내담자가 투쟁 반응을 가지고 있으면서 엄마와의 관계에 문제가 있는 경우, 그는 스스로를 변화시키거나 타협함으로써 관계를 바꾸려고 시도할 것이다. 도주 반응을 가지고 있는 사람은 관계를 바꾸기 위해 노력하기보다 엄마를 다시는 보지 않음으로써 그 문제를 해결하려는 경향이 있다. 어떤 사람들은 이러한 방식의 도주를 위해 상담을 하는 경우도 있다. 이들은 상담자의 허락을 구하고 엄마와의 관계를 끝내겠다는 결정을 내리기 위해 상담을 한다.

도주 반응을 가진 사람들은 자살 충동에 대해 약물에 의존하는 경향이 있다. 우울할 때 약을 복용하는 것이 이러한 예다. 이러한 사람들은 상담에는 거의 관심이 없다. 물론 드물게는 약이 문제를 해결하는 데 도움이 되지 않는다고 말하는 사람도 있기는 하다. 이들은 약을 찾는 대신 이러한 문제의 원인을 찾고 이를 개선하기 위해 노력한다. 이것이 바로 투쟁 해법(fight solution)이다.

때때로 투쟁 반응은 그 자체로 문제가 되기도 한다. 엄마와 사이가 좋지 않고 이러한 상황으로 고통을 받는 사람이 엄마와의 관계를 바꾸고 싶다고 생각할 수 있다. 관계를 바꾼다는 것은 두 당사자 모두의 변화를 필요로 한다. 그런데 만일 엄마가 이러한 변화를 거부한다면 그가 할 수 있는 일은 거의 없다. 투쟁 반응을 가진 사람이라면 계속해서 이 관계를 바꾸려고 노력하겠지만 세상에는 우리가 바꿀 수 없는 것이 존재하기도 하는 법이다. 이들은 이러한 사실에 직면해야 하는 문제를 갖게 되고 변하지 않는 것을 바꾸고자 노력하는 덫에 빠지게 된다. 이러한 상황에서 상담치료의 목적은 그를 포기시키는 것인데 이것은 대단히 어려운 일이다.

## 결 론

작은 교수 자아 상태(Little Professor ego state)에서 이루어지는 타고난 기질과 비논리적 결정의 결합은 삶에 대해 투쟁하거나 도주하거나 동결하는 반응을 초래한다. 일단 이러한 반응을 선택하게 되면 이것은 평생 우리에게 남게 된다. 어른이 되어 높은 스트레스에 놓이게 되면 어느 정도씩은 퇴행을 경험하게 된다. 이때에는 부모 자아 상태와 어른 자아 상태는 결정에 거의 영향을 미치지 못하고 어린이 자아 상태에서 결정이 이루어진다. 이러한 상태에서는 문제해결 방식이 자살과 같은 취약한 방식으로 나타나기도 한다.

도주 방식으로 반응하는 사람들은 문제에 대한 해결로 자살을 좀 더 쉽게 고려하기도 한다. 이것은 고통스러운 삶을 해결하기 위해 '멀리 도망가 버리는 것'이기도 하다. 물론 투쟁이나 동결로 반응하는 사람들도 자살할 수 있다. 그러나 이러한 방식은 인생 초기에 그들이 선택한 스트레스 반응과 어긋나는 일이기 때문에 실제로는 거의 일어나지 않는다. 자살에 대한 위험도를 사정할 때 이러한 사정 방식이 중요한 요소가 될 수 있다.

제 7 장

# 자살과 자해

자살과 자해의 관계에 대해 상당한 오해가 있다. 일반적으로 자해는 자살 의도 없이 스스로 자신의 몸에 신체적 상해를 의도적으로 가하는 것으로 정의할 수 있다. 자해의 일반적 유형은 자상, 화상, 상처 덧내기, 치기, 후비기, 바늘로 찌르기 등이다. 자해하는 사람은 자살하기 쉽다고 생각하는 경우가 상당히 많다. 표면적으로는 이렇게 생각할 수도 있지만 좀 더 자세히 살펴보면 사실은 전혀 다르다.

## 자해와 자살은 다르다

자해와 자살은 완전히 다른 심리적 상태다. 자해와 자살은 서로 동기도 다르고 심리적 과정도 다른 별개의 행동이다. 이와 같은 특성에 의해 자살, 자해하는 사람들을 세 집단으로 나눌 수 있다.

- 자해를 하지만 자살 충동은 없는 집단
- 자살 충동을 가지고 있지만 자해 충동은 없는 집단
- 자살 충동과 자해 충동을 모두 가진 집단

스스로 사지를 절단하거나 자살 충동을 가진 사람들을 상담하고 치료할 때는 그들이 어떤 집단에 해당하는지 살펴보는 것이 도움이 된다. 각 집단별 경계가 분명한 경우도 있지만 그렇지 않은 경우도 있다. 자해하는 자녀를 둔 부모들은 너무 당황스러운 나머지 종종 자녀가 자살 충동이 있다고 확신한다. 충분히 그렇게 생각할 수 있지만, 그렇게 단순하지 않은 경우도 있다. 실제로 자해자 스스로도 같은 혼란을 느낄 수 있는데, 이때 그 혼란은 문제를 더 심각하게 만들기만 한다. 자해를 한다고 해서 자살 충동이 있는 것은 아니라고 알려 주면 자해 당사자들이 매우 안심할 수 있다. 〈사례 연구 7-1〉은 자해자가 자살 충동을 가지는 것은 아님을 분명히 알고 있는 자해자의 예다. 자살은 한 사람의 죽음에 대한 것이다. 자해는 죽음이 아니라 뒤에서 기술할 여덟 가지 동기에 의해 이루어지는 것이다.

### 사례 연구 7-1 자살 충동 없는 자해자

자해자의 보고: "나는 최근에 내 팔을 스스로 베는 행동을 시작했는데, 그만 두고 싶지만 피가 흐르는 것을 보는 순간 모든 것이 사라지는 것같이 느껴진다. 이런 나를 이해할 수 있는 사람은 아무도 없는 것 같다. 팔을 베는 자해는 나에게 안 좋다는 것을 나 스스로도 잘 알고 있고, 나 자신이 나쁘게 느껴진다. 자해에 대해서 아무에게도 말할 수가 없다. 나는 내가 원하는 모든 것을 가지고 있고, 나의 인생은 완벽하기 때문에 왜 내가 이런 행동을 하는지 나 스스로도 알 수가 없다. 나는 온갖 나쁜 것에 대한 생각만 계속 하게 되고, 그런 나쁜 생각들은 계속해서 내 머릿속으로 들어온다. 나 자신이 나를 아주 심하게 해칠 것 같아 두렵다. 나는 자살 충동을 느끼지도 않고 절대로 자살하지도 않을 것이다.

## 신체 절단의 맥락적 이해

자해에 대한 이해는 광범위한 맥락에서 이루어지는 것이 유익하다. 신체 절단은 별로 드문 일이 아니다. 스스로 자신의 몸을 절단하는 것은 역사 이래 지속되어 온 일이다. 할례는 성기 절단의 분명한 예다. 오스트레일리아 원주민은 요도를 절개하는 할례를 행한다. 그들은 음경의 아래쪽 요도의 이면을 절개한다. 음경의 윗부분부터 음낭까지 절개하는 경우도 있다. 관습적인 단고환증(monorchy)은 알제리, 이집트, 에티오피아, 남아프리카 그리고 몇몇 원주민 사이에서 이루어져 왔다. 양측고환제거(bilateral castratio)는 이슬람 하렘에서 시중드는 일을 하는 거세자를 양산하기 위해, 그리고 수세기 동안 로마 가톨릭 교회에서 성가를 부르는 카스트라티(castrati)라고 불리는 남자 소프라노 또는 콘트랄토를 배출하기 위해 흔히 이루어져 왔던 일이다. 여성의 성기 거세는 문화적으로 오랫동안 허용되어 왔다. 클리토리스, 음순, 치구 등의 성기 전체나 부분 적출을 포함해서 여성의 신체 변형이 이루어진 증거는 아프리카, 고대 이집트, 인도, 말레이시아, 오스트레일리아에 상당히 많이 존재한다.

이러한 맥락에서 볼 때 인간의 신체 절단 행위는 전혀 이상한 일이라고 할 수 없다. 이 외에도 문신, 난절, 발치, 치아를 날카롭게 갈기, 목 길게 하기, 중국의 전족처럼 손과 발을 작게 하기 위해 묶는 것과 같은 많은 예가 오늘날 대부분의 국가에서 이루어지는 미용외과적 수술과 유사하다. 대부분의 신체 절단은 자발적으로 이루어지며, 인간이 진화한 이래 수많은 문화에서 나타나고 있다. 그러나 신체 절단자를 대하는 대부분의 사람들은 그 행위의 '비정상성'으로 인해 많은 혼란을 겪게 된다. 중요한 핵심은 타인에 의한 또는 자기 스스로의 신체 절단은 비정상적인 행동이 아니라는 것이다.

## 자해의 여덟 가지 동기

신체 절단의 동기를 살펴보면 자해 행동과의 차이점이 나타난다. 어떤 여성은 자기가 속한 문화권 내에서 가슴을 확대하는 것이 자신을 더 매력적으로 보일 수 있게 한다고 믿는다. 또 어떤 원주민은 자기가 속한 사회에서 자신의 지위가 상승했음을 나타내 주는 표시로서 가슴에 긴 흉터를 만드는 상처를 낸다. 다른 한편으로는 위장의 마비를 풀기 위한 유일한 방법으로 위 절개를 실시하는 사람도 있는데, 이러한 사람은 앞서의 두 가지 예시에 비해 훨씬 더 절실한 동기에서 자해 행위를 하는 것이다.

자해를 하는 주된 이유는 여덟 가지를 들 수 있다. 자해하는 이유를 살펴보면 어렸을 때 내린 자살 결정으로 인해 자살이 동기화된 사람과 자해자의 차이점을 알 수 있다. 자해의 여덟 가지 동기는 다음과 같다.

① 범죄자들이 하는 문신 형태의 자해
② 실존감을 느끼게 해 주는 자해(해리의 경우)
③ 무엇인가를 느끼게 해 주는 자해
④ 긴장 완화, 감정 완화 수단으로서의 자해
⑤ 정서적 고통의 신체적 표현으로서의 자해(고통의 구체적 증거 제공)
⑥ 자기돌봄의 수단으로서의 자해(뮌하우젠 증후군처럼 다른 사람의 돌봄을 허가하기 위해서)
⑦ 자신을 벌하거나 자기혐오의 표현으로서의 자해
⑧ 다른 사람을 조종하거나 도움을 요청하는 수단으로서의 자해

(이 내용은 American Psychiatric Association, 1994; Favazza & Rosenthal, 1993; Gratz & Chapman, 2009; Miller et al., 2005; 그리고 자해자들에 대한 저자의 관찰 자료로 이루어짐)

## 1. 범죄 행동과 문신 형태의 자해

특히 십대 청소년들은 범죄자들이나 또래 집단이 하는 자해를 모방하기 쉽다. 자해의 흉터는 그 집단에 속한다는 상징이 되고, 자해는 다른 사람들, 특히 부모와 그들을 분리시켜 주는 비밀 의식이 된다. 인터넷에서 읽었던 내용을 실제로 해 보는 것은 흥분되고 위험한 일이다. 이런 일은 같은 일원임을 나타내는 표시로서 문신을 하는 모터사이클 클럽의 회원과 비슷하다. 십대 청소년이 이러한 유형의 자해를 한다고 해서 심각한 정서적 어려움을 겪는 경우는 별로 없다. 자해의 고통이 너무 크기 때문에 이와 같은 자해는 경미하거나 일시적으로 나타나는 경우가 많다.

**사례 연구 7-2** 또래 집단에서의 자해

자기 다리의 안쪽을 베는 식으로 자해한 15세 딸과 함께 그 어머니가 내원했다. 많은 대화를 나눈 결과, 딸이 다니는 학교의 또래 집단 중 상당수가 같은 방식으로 자해했음이 밝혀졌다. 같이 모여서 자해를 한 적도 있었다. 또래 집단에서 자해는 중요한 문제였고, 서로가 자신의 흉터를 보여 주기도 했다. 자해를 위험하고 자극적인 것으로 보는 십대 청소년들은 또래 집단의 친구들에게 특별한 존재가 되고 부모가 모르는 큰 비밀을 가진 셈이 된다.

## 2. 실존감을 느끼게 해 주는 자해

인격 상실 또는 현실감 상실의 문제가 있는 사람들은 해리 장애를 겪기 쉬우며, 〈사례 연구 7-2〉에서 기술한 자해와는 다른 정서적 문제에 의해 자해를 하게 된다. 그들은 자기 자신과 현실 사이에 또는 자신과 자신에 대한 자각 사이에 어떤 간극을 느낀다. 즉, 자신으로부터 분리된 것처럼 느낀다. 베거나 화상을 입히는 행동을 하고 그에 따른 고통을 경험하면서 피가

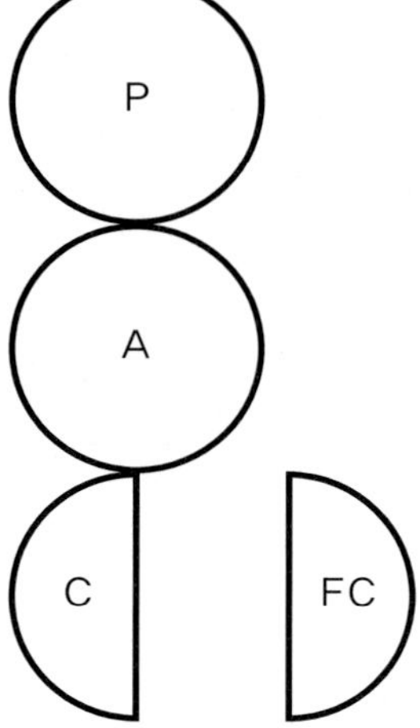


[그림 7-1] 성격 중 자유로운 어린이 자아가 분리된 해리

나는 것을 보는 것은 얼마 동안 그 간격을 없애 줌으로써 자해자가 정상성을 다시 회복하는 느낌을 갖게 해 준다. 이것은 대개 [그림 7-1]에서 보는 것처럼 자유로운 어린이 자아 상태가 여타의 성격과 분리되기 때문에 일어난다. 그 사람은 그 측면의 성격과 분리감을 느낀다.

이러한 사람은 성격의 자유로운 어린이 자아 상태 측면에서 발견되는 것처럼 자아의 민감한 측면을 분리함으로써 어린 시절의 안 좋은 경험을 해결한다. 그것은 본질적으로 그 어린이가 그의 트라우마를 짧은 기간에 그의 민감한 반응과 분리하여 더 이상 공격당하지 않도록 할 수 있는 지독한 형태의 둔감화 방법이다. 그러나 이 방법은 단기적으로는 효과가 있지만 장기적으로는 별로 효과적이지 않다. 정상적인 심리적 기능을 유지하기 위해서는 성격의 민감한 부분, 즉 어린이 자아 상태를 이용할 필요가 있다. 만약 그렇게 하지 못하면 비인격화와 같은 증상 등이 더 심해지면서 실존감을 느끼고 싶은 충동을 더 강하게 느끼게 된다. 과식증 환자에게서도 이와 같은 일이 자주 일어난다. 하제를 써서 이물을 제거하는 동안 뒤로 물러

서서 변기에 토하는 낯선 사람을 쳐다보는 것 같은 느낌, 자기 몸과 분리된 것 같은 느낌을 경험하게 된다. 이와 같이 소수의 과식증 환자도 역시 자해자가 될 수 있음을 알 수 있다.

[그림 7-1]에 제시된 바와 같이, 해리된 사람은 '자신이 누구인가?'에 대한 인식이 없다. 그들은 경험적 감각으로 이 질문에 대한 대답을 하기 힘들어한다. 어른 자아의 기능에 의해 나이, 성 등의 특성으로 자신이 누구인지 설명할 수 있지만 자신의 경험이나 느낌에 대해서는 설명하지 못한다. 자해하면서 짧은 시간 동안이나마 자유로운 어린이 자아가 성격과 재연결되어 좀 더 나은 기분을 느끼고 현실감을 가질 수 있다. 치료적 관점에서 보면 이러한 사람들은 자아 상태의 간극을 좁힐 수 있어야 하고, 자유로운 어린이 자아를 재경험할 수 있어야 한다. 이렇게 할 수 있게 되면 자기의 신체를 절단하는 행동은 더 이상 하지 않게 된다.

### 3. 뭔가를 느끼게 해 주는 자해

자해의 두 번째 동기와 유사하지만 현실과의 분리감이 아니라 감정이 거의 없는 문제가 자해의 동기로 작용하는 경우다. 이러한 사람은 거의 감정을 느끼지 못하는 것처럼 정서적으로 마비된 것 같다는 어려움을 호소한다. 실제로 정상인보다 고통을 덜 느끼기 때문에 스스로 베거나 화상을 입히는 자해를 한다. 하지만 자해하는 동안 고통을 느끼게 되면서 마비감과 무감정이 일시적으로나마 없어지는 것 같은 경험을 하게 된다. 이 경우는 [그림 7-2]에 제시된 어린이 자아 상태의 배제처럼 그 기능을 차단하는 것이다.

[그림 7-1]에서는 자아의 일부분을 분리시킴으로써 미래의 공격으로부터 보호하고, 정서적 고통과 일정한 거리를 유지함으로써 정서적 트라우마를 해결하는 방법을 보여 준다. [그림 7-2]에서는 어린이 자아 상태의 느낌

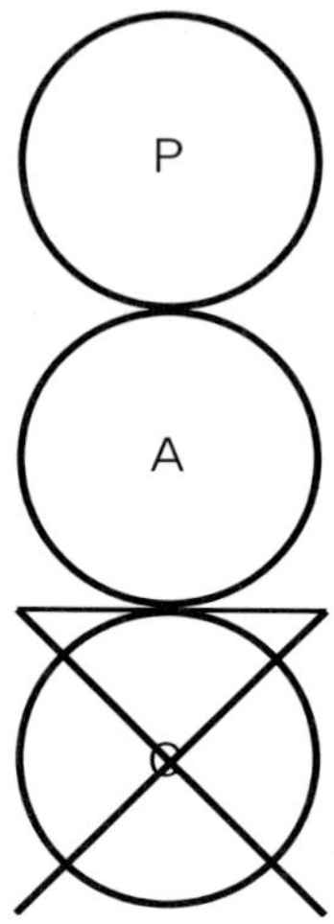


[그림 7-2] 배제된 어린이 자아 상태

이 억압되었기 때문에 마치 마비된 것처럼 감정을 느낄 수 없고, 예상되는 트라우마의 영향력은 많이 감소된다.

두 번째와 세 번째 자해 동기의 어린이 자아 상태는 그 기능이 정지되어 있기 때문에 기능을 다시 사용하기 시작할 때 어린이 자아 상태를 정지한 이유가 분명하게 드러난다. 학대나 트라우마로 고생하거나, 살면서 반복적으로 트라우마를 겪은 사람들은 어린이 자아가 다시 기능할 때 학대와 관련된 감정이 다시 수면 위에 드러나는 것을 겪게 된다. 이 일은 상당한 정서적 고통을 수반하기 때문에 이에 대항하느라 자해를 그만두게 된다. 두 번째와 세 번째 자해 동기는 자해자들이 중독성 때문에 자해를 그만두기 어렵다고 말하는 현상을 설명해 준다. 만약 자해를 함으로써 심리적 이득—어떤 느낌을 경험하고 해리 현상을 줄이는 것—을 얻을 수 없다면 결국 그들은 심리적으로 좌절하게 된다. 이렇게 무능력해지면서 스스로 자신을 돌볼 수 없게 되면 자신을 돌봐 줄 사람들이 있는 병원에 입원하게 된다.

## 4. 긴장, 스트레스 완화를 위한 자해

이 동기로 인해 자해하는 사람들은 스트레스를 해결할 수 있는 성숙하고 효과적인 방법을 잘 알지 못한다. 대부분의 사람이 알고 있는 일상적인 스트레스 대처 방법에 대해 잘 알지 못하는 것이다. 대부분의 사람은 스트레스를 느낄 때 다른 사람들에게 그 일에 대해 말하면서 '마음의 짐을 덜어내고', 타인의 지지를 받으며 긴장 완화에 도움이 되는 다른 종류의 일을 하는 등의 방법을 활용한다. 이런 과정들은 스트레스 수준을 줄여서 문제를 해결하게 해 준다. 이와 같은 기술을 쓰지 않는 사람들 중 일부는 스스로를 베어 상처를 내면서 긴장과 스트레스를 줄이는 자해를 하게 된다. 내적으로 느끼게 되는 억압을 줄이는 방법을 발견하게 되는데 그 방법이 바로 자해다. 자해를 하면 일시적으로 스트레스 수준이 줄어든다. 트레이시 올더먼(Tracy Alderman, 1997)은 자해하면서 느끼게 된 정서의 완화 효과는 빠르게 나타나지만 일시적이라고 말한다. 이 경우 자해는 강렬한 정서를 다루는 신속하고 효과적인 방법이 될 수 있지만 일시적이다.

성인다운 방식으로 자신의 감정을 인식하고 표현하는 것을 배우지 못한 사람은, 자신의 감정을 느끼고 표현하는 방법을 배우지 못했기 때문에 결국 강력하지만 억제된 감정을 느끼게 된다. 이때 자해는 일시적으로 스트레스가 줄어드는 느낌을 주기 때문에 중독성을 가지게 된다. 그린(Green, 2009)은 다음과 같이 말한다. "내 몸을 베면서 자해하면 훨씬 편해지는 것 같이 느껴지고, 자해의 고통에만 집중하게 되면서 나를 힘들게 하던 모든 사소한 일이 갑자기 아주 하찮은 일이 되어 버린다. 나는 소리 지르거나 비명을 지르는 사람이 아니기 때문에 자해가 유일한 탈출구다. 이 모든 일은 상당히 논리적으로 이루어진다."(17문단)

이와 같은 자해 유형에 대한 상담 계획은 분명하다. 스트레스, 이완, 정서 인식과 표현의 기본 방법에 대해 배워야 한다. 또한 스트레스를 줄이고 자기가 느끼는 감정을 다룰 수 있는 비자해적인 방법을 익혀야 한다. 물론 비자해적인 방법으로 스트레스를 줄이고 감정을 다루는 방법을 배워야 한다고 말하는 것은 실제로 실천하는 것보다 훨씬 수월하다. 자해하는 대신 일반적인 스트레스 해소 방법을 활용하지 않았던 것은 관련된 정보의 부족보다는 심층적인 이유가 있는 경우가 많으므로 치료를 시작할 때 그 이유를 확인하는 것도 중요하다.

예를 들어, 자기혐오감이 있는 이들에게 자해는 스트레스를 줄여 주고 자기혐오를 행동으로 나타내는 수단으로서 두 가지 목적을 달성시켜 주는 기능을 한다. 만약 고통스럽지 않은 스트레스 경감 방법을 쓰게 되면 그 자체가 자신은 가치 있는 존재라는 의미를 주게 되는데, 이는 그 당시에 본인이 느끼거나 믿는 것과는 거리가 멀기 때문에 마음이 편치 않게 된다.

## 5. 정서적 고통의 신체적 표현으로서의 자해

이 유형의 자해 동기를 가지는 사람들은 수줍음, 불안, 우울, 절망과 같은 정서적 고통을 느끼며 어려움을 겪는 경우가 많다. 정서적 고통과 심리적 고통은 보거나 만져 볼 수 없는 무형의 것이다. 그 결과, 어떤 사람들은 자기가 내적으로 경험하는 고통을 축소하거나 의심하는 경향이 있고, 마치 자신이 그 고통을 만들어 내거나 스트레스를 과장하는 것처럼 느끼게 된다. 자해는 정서적 고통을 신체적으로 표현함으로써 고통의 구체적인 증거를 제공해 줄 수 있다. 자해로 인한 상처와 흉터를 자신이 내적으로 느끼는 고통을 실체화할 수 있는 방법인 것처럼 말하기도 한다. 자해하면서 자기 스스로 상처를 내어 고통을 눈으로 볼 수 있게 하고 그렇게 하면서 스스로 치유하는 것이다.

## 6. 자기돌봄으로서의 자해

자해는 자기돌봄의 요소를 가질 수 있다. 자기 스스로 상처를 내고 나서 자신을 돌보는 행동을 하게 할 수 있기 때문이다. 실제로 다쳐서 진짜 상처가 있기 때문에 돌봐 줄 필요가 있다는 생각을 하게 해 준다. 또는 스스로를 닦달하면서 잠시도 쉴 틈을 주지 않았던 사람은 자해를 함으로써 어떤 식으로든 다쳤기 때문에 당분간 일을 하지 않거나 좀 천천히 해도 된다고 느낄 수 있도록 해 준다. 자해는 한동안만이라도 자기 자신에게 잘해 주는 것을 허가해 주는 기능을 한다.

DSM-IV(American Psychiatric Association, 1994)에서 허위성 장애라고 알려진 뮌하우젠 증후군은 자기돌봄으로서의 자해에서 비롯된 것이다. 뮌하우젠 증후군을 겪는 사람은 아픈 사람의 역할을 하기 위해 자해한다. 아픈 역할을 해서 다른 사람의 보살핌을 받으려는 동기를 갖는 것은 병원에서 자주 일어난다. 각종 검사를 하면서 관심과 보살핌을 받으며 간호를 받게 된다. 일상적인 삶에서는 받아 보기 어려웠던 이와 같은 보살핌과 관심을 갈구하게 되는데, 자해를 통해 이와 같은 욕구를 쉽게 충족시킬 수 있게 된다. 이 점에서 꾀병 부리기 위한 자해, 재정적 도움과 같은 어떤 목적을 달성하기 위한 자해, 책임이나 일을 회피하기 위한 자해의 경우와 구분된다. 뮌하우젠 증후군을 겪는 사람이 자해를 하는 목적은 아프게 보여서 다른 사람의 보살핌을 받는 것이다.

## 7. 자기징벌, 자기혐오의 표현으로서의 자해

자기혐오의 느낌이나 자기징벌의 형태로 자해를 하는 경우가 있다. 아동기 경험의 결과로 어떤 사람들은 자기를 싫어하게 된다. 부모나 부모와 같은 역할을 했던 사람들로부터 쓸모없고 가치 없으며 원하지 않았던 아이라는 말을 들으며 미움받고 싫은 대접을 받았던 것이 그 원인이 될 수 있다. 또는 신체적 학대나 성적 학대를 받았기 때문일 수도 있다. 이런 일을 겪게 되면 아이들은 그들의 작은 교수 자아 상태가 뭔가 자신이 잘못해서 학대를 받게 된 것이라고 믿는 마술적 사고를 하게 된다. 타고난 자신의 못된 성질로 인해 부모로부터 신체적 학대를 받게 되었다고 생각한다. 아이들은 자기 잘못이라고 생각하면서 자기혐오의 감정을 갖게 되고, 그 혐오는 점점 더 커지게 된다. 자기혐오성이 있다 하더라도 그것이 자살할 가능성이 있음을 의미하지는 않는다. 자살 결정을 하고, 자살을 실현 가능한 문제해결 방법으로 생각할 때 자살을 하게 된다. 기본적으로 자기를 싫어하면서도 자살을 문제 해결의 수단으로 보지 않는 사람도 많다.

자기지각 수준이 낮은 사람은 일반적이지 않은 방법으로 자해하는 경우가 많다. 절상, 화상, 자상의 방법 대신에 자기 삶의 양식을 통해 자해하는 경우가 있다. 예를 들어, 스스로 자신을 미워한다는 이유로 매춘 행위를 하는 여자는 삶의 양식을 통해 자해하는 유형에 해당한다. 자기혐오를 하는 사람은 신체적으로 또는 심리적으로 자신에게 나쁜 방식으로 생활할 수 있다. 예를 들어, 약물중독자는 신체적으로 해가 될 정도로 많은 약물을 복용한다. 위험 요인이 높은 다른 사람들과 함께 불결한 주사기를 함께 쓰거나 정맥이 상하게 될 만큼 많은 양의 약물을 투여하기도 한다. 대부분의 약물중독자는 자신이 중독되었다는 사실로 인해 자기 자신을 혐오한다. 약물중독자들도 사회에서 그들을 가장 수준이 낮은 계층으로 본다는 사실을 알고 있다. 또한 자신을 사회의 쓰레기로 보는 일단의 사람이 있다는 것도 알고 있으며, 스스로도 자신을 비슷한 방식으로 보기도 한다. 이로 인해 심리적인 자해를 하게 된다. 약물중독자들은 자신을 싫어하게 되고, 이는 신체적 · 심리적 자해로 표현된다.

하지만 자기혐오나 자기경멸을 자상, 화상 등의 좀 더 일반적인 방법으로 표현하는 자해자들도 있다. 자기혐오의 생각이나 느낌을 표현하기 위해 스스로 자기 몸을 베어 상처를 내고, 자신의 악함을 없애는 방법으로 피가 나게 만든다. 그들은 피가 흘러나오면서 자신의 타고난 악함도 같이 흘러나와 없어진다고 생각한다.

### 사례 연구 7-3 자해와 자기혐오

22세의 여자는 처음에는 14세 때 얼굴에 난 여드름으로 고생했다. 여드름 때문에 고민을 많이 하면서 여드름 때문에 자기 얼굴이 못생겨 보인다고 생각하게 된 이 여자는 다른 사람들이 자신의 그런 얼굴을 보는 것이 싫었다. 그래서 화장을 하면서 여드름을 감추려고 했다. 이 시기에 손가락으로 얼굴을 강박적으로 '후비는' 행동이 시작되어 현재까지 계속되어 왔다. 매일 거울 앞에 앉아 여드름 자국과 뾰루지를 후비면서 얼굴에 상처를 냈다. 후비는 동안은 기분이 좋아지지만 다 하고 나서는 얼굴이 더 안 좋아 보여서 기분이 많이 안 좋아진다고 말했다. 이로 인해 사춘기 때 그녀는 다른 사람이 자신을 보지 못하게 하려고 자기 방에서 숨어 지냈다. 어른이 되어서도 자신이 못생겼다고 생각하기 때문에 일하러 가거나 외출하는 것도 꺼리면서 자기 방에 숨어 버리는 일이 종종 생겼다.

16~17세 때에는 얼굴을 후비는 행동이 심해져서 거의 대부분의 시간 동안 자기 방에서 숨어 지냈고 가끔씩 학교를 빼먹으면서 학교와 멀어졌다. 이 무렵에 2년 동안 다리에 발모벽이 생겼다. 다리에 난 털을 강박적으로 뽑는 행동은 그녀가 어떻게 해서든 가려야 할 보기 흉한 흉터를 남겼다.

이로 인한 심리적 결과는 자기혐오와 자기경멸, 자신이 보기 흉하고 못생겼다는 느낌을 갖게 되었고, 그래서 숨어 버려야 한다는 것이었다. 이로 인해 그녀는 점점 소외되었는데, 이는 그녀에게 매우 중요한 것이었고 오랫동안 갈구한 것이었다. 눈썹 뽑는 시간을 바꾸거나 집 안에 있는 거울을 없애는 등의 여러 가지 방법을 써 봤지만 10년 동안 계속해서 자해를 하게 된다며 자해의 중독성에 대해서도 말하였다.

이 사례 연구는 자기혐오로 인해 자해하는 사람의 예다. 하지만 한 가지 이상의 이유로 자해할 수도 있음을 알려 주는 예이기도 하다. 이 여성은 자해한 후에 혼자 있는 시간, 학교에서 벗어날 수 있는 시간, 일반적인 세상과 일로부터 벗어날 수 있는 시간을 갖는 타임아웃의 시간을 가졌다. 이것이 자기돌봄을 목적으로 하는 자해다.

## 8. 조종이나 관심 얻기를 목적으로 한 자해

자기절단은 충격을 주는 효과가 있다. 대부분의 사람은 스스로 자기 몸에 낸 상처의 흉터를 보면 충격을 받을 것이다. 대부분의 경우 매우 극적인 효과를 가지며 사람들의 이목을 집중시키게 된다. 병원에 입원하거나 건강관리체계의 도움을 받으려면 담당자에게 자기절단의 결과를 보여 주기만 하면 된다. 자기절단은 많은 관심을 받기 때문에 지역병원의 응급병동에서 이미 유명인사가 된 자해자들도 꽤 많다. 실제로 그들이 뮌하우젠 증후군으로 진단받는 경우도 종종 있다.

어떤 관점에서 보면 이와 같은 일에 대해 논의하는 것은 정치적으로 바람직하지 않고, 많은 자해자를 위한 지지집단은 자해자들이 관심을 얻고 사람들을 조종하기 위해 자해를 한다는 것에 대해 적극적으로 부인할 것이다. 자해자들은 자신의 상처를 감추기 위해 많은 노력을 기울이기 때문에 자해는 매우 비밀스러운 활동이라고 주장할 수 있다. 그러나 불행하게도 이 문제는 그렇게 단순한 것이 아니다. 자신의 자해를 철저히 비밀에 부치는 사람도 있지만 그렇지 않은 사람들도 많이 있다. 다른 사람들의 관심을 얻기 위해 또는 다른 이면적 이득을 기대하며 자해한 것을 공개적으로 인정하는 사람들도 있다.

게다가 인터넷의 도움으로 현재는 자해하는 것을 온 세상에 공개할 수도 있고, 실제로 많은 자해자가 그렇게 실행하고 있다. 인터넷에서 자해에 대한 내용을 찾는 데는 3분밖에 걸리지 않았다. www.flickr.com과 같은 사진 공유 사이트에 가서 '자해'라는 검색어로 검색만 하면 수만 장의 자해 사진을 볼 수 있다. 두 번째로 클릭한 사진은 자기 이마와 얼굴에 자해로 상처를 낸 어떤 여자의 것이었다.

자해를 위조한 가짜를 배제하더라도 쉽게 자신에게 접근할 수 있도록 자발적으로 자기 얼굴을 인터넷에 올리고 신상 정보와 자해한 사진을 공적인 전시 공간에 올리려는 수천 명의 자해자들이 있다고 볼 수 있다. 분명한 것은 자해가 비밀스러운 활동이 아닌 사람들이 많다는 점이다. 자해자들을 상대할 때는 그들이 자해 사실을 감추는지 혹은 이차적 이득을 위해 자해를 이용하는지 분명히 확인해야 한다. 이를 통해서 문제를 해결하는 데 많은 도움을 얻을 수 있다.

이런 유형의 자해는 자해자에 대한 편견을 강조한다. 관심을 추구하고 사람들을 조종하기 위해서 자해하는 사람들이 불쌍하고 도덕관념이 없다고 생각하는 경우도 있지만, 대부분은 병원 자원과 의학적 자원을 낭비하는 사람들이라고 보는 경우가 많다. 그 결과, 자해자를 위한 지지집단은 이와 같은 유형의 자해자들을 상당히 경시하는 풍조를 낳게 되었다. 당연히 자해자를 위한 지지집단은 사회가 자해자들을 좀 더 긍정적인 관점에서 봐주기를 원한다. 그래서 관심을 얻기 위해 자해하는 사람들이 있음을 부정하거나 그 수를 상당히 줄이는 경우도 많이 있다.

하지만 이것은 취약한 집단인 자해자들에게 해로운 부작용을 끼칠 수도 있다. 관심을 얻기 위해 자해하는 사람들도 있기 때문이다. 만약 지지집단이 그들의 존재를 부정한다면 결국 이 유형의 자해자들은 자신에 대해 하는 인식이 틀렸다고 말하는 셈이 된다. 자해자들은 "당신이 진실이고 현실이라고 지각하고 있는 것은 진실이거나 실제가 아니다."라는 말을 듣게 되는데, 현실적으로 이것은 실제적인 사실이다. 자신에게 도움을 주는 사람들이라고 생각하는 바로 그 집단으로부터 이와 같은 대우를 받게 되면서 자해자들은 더욱 혼란을 느끼게 되고 자신의 지각에 대해 불안해하게 된다.

최종 분석에서 이 유형의 자해자들은 다른 유형의 자해자들과 다른 점이 없었다. 모든 자해자는 현실감을 느끼기 위해서, 스트레스와 긴장을 완화하기 위해서, 그리고 관심을 얻기 위해서와 같은 심리적 이득을 위해서 자해를 한다. 그러므로 각 자해자들이 원하는 심리적 이득이 무엇인지 확인한 후 그 이득을 자해가 아닌 다른 방법으로 얻을 수 있도록 도와주어야 한다. 이 점에서는 스트레스를 줄이기 위해 자해를 하는 사람과 관심을 얻기 위해 자해를 하는 사람 사이에 차이점이 없다.

## 복합적 동기를 가진 자해

자해하는 동기를 명확하게 파악할 수도 있지만, 어떤 자해의 경우에는 〈사례 연구 7-3〉에서 제시된 바와 같이 몇 가지 동기가 작용하기도 한다. 〈사례 연구 7-4〉에 제시된 것처럼 자해의 동기가 상호 배타적이지 않은 경우도 있다.

### 사례 연구 7-4 자해의 복합적 동기

스톤(Stone, 2009)은 "나는 십대 중반부터 고의적으로 자해를 했어요……. 대학교 마지막 학년이 되었을 때는 완전히 자해에 중독이 되어 머릿속이 온통 자해에 대한 생각으로 가득 차 도저히 참을 수 없을 것 같은 감정에 휩싸이게 됐어요. 학업 스트레스를 많이 받았는데 그 스트레스가 바로 자해를 하게 되는 주범이에요. 그렇지만 다른 사람들이 내가 실제로 자해를 한다는 것을 아는 것에 대해서는 직면할 수가 없었어요."(11-12문단)라고 말했다.

개별 추후면담은 인터넷을 통해 이루어졌다(Stone, 2010). 'T'는 저자이고

'S'는 피면담자다.

T: 당신이 한 자해의 유형에 대해 설명해 주실래요? 자해하는 데 어떤 의식 같은 것이 포함되었나요?

S: 아니요. 내가 계속 지킨 어떤 의식 같은 건 없습니다. 스트레스가 쌓여 자해로 이어지기까지 몇 주 혹은 수개월의 간격이 있었기 때문에 각각의 자해는 모두 별개의 것이었어요. 매번 아주 특별한 종류의 심경을 느끼게 되지만 그것을 인식하기까지는 몇 년이 걸렸습니다. 어떤 전형적인 방식으로 자해하지는 않았어요. 나는 한 번도 그 용어를 들어본 적도 없고 비슷한 방식으로 자해한 사람이 있다는 이야기도 들어본 적이 없습니다. 나는 칼날 같은 것으로 자해를 했는데 늘 빗나갔어요. 지금 다시 생각해 보니 머리빗처럼 무딘 도구 또는 가구의 조각이나 한 면을 이용해 뚫거나 고통을 가하는 것은 내가 원하는 방식과는 거리가 멀었던 것 같아요. 그렇게 하면 베어 내기보다는 멍만 들게 됐는데도 이 방식이 더 쉽게 느껴졌어요. 이런 방법으로 두 번 기절했고, 그런 나를 다른 사람들이 발견했죠. 사람들이 진심으로 나를 걱정해 주고 관심을 보여 주었기 때문에 기분이 좋았어요. 일부러 멍들게 하고 나서 맞아서 멍이 생겼다는 식으로 거짓말한 적도 있어요.

T: 안도감은 언제 느끼나요? 자해하기 전인가요, 자해하는 도중인가요, 아니면 자해가 끝난 후에 느끼게 되나요? 그리고 자해하는 그 순간에 당신은 자해에 대한 생각을 하고 있나요? 생각을 한다면 어떤 생각을 하게 되나요?

S: 멍을 들게 할 때 처음에는 아팠지만 곧 괜찮아졌어요. 마치 내가 고통에 익숙해지고 막을 수 있게 된 것 같은 느낌이었어요. 그래서 그 후 오랫동안 자해를 계속하게 됐어요. 그런 식으로 자해하는 것은 실제로 기분 좋게 느껴졌고, 자해하면서 일종의 안도감을 느꼈지만 자해가 좋은 것이 아님을 알고 있기 때문에 느껴지는 죄책감이 훨씬 더 강했어요. 하지만 자해에 대

해 안 좋게 느끼게 하는 그 어떤 감정보다 자해하고 싶은 '욕구'가 훨씬 더 강했죠. 자해하고 나서 다른 사람들에게 이에 대해 말할 때가 좋았는데, 물론 거의 거짓말이었지만 내 말을 들은 사람들이 보여 주는 연민이 나를 기분 좋게 해 줘서 나는 점점 더 많은 사람에게 내가 한 자해에 대해 말하게 됐어요. 분명히 나는 '목적이 수단을 정당화한다'는 의견에 전면적으로 동의하는 것은 아니지만 이 경우는 전혀 해당이 되지 않아요. 나는 매번 자해를 할 때마다 철저하게 냉철하고 계산된 결정을 합니다. 나는 나 자신에게 그리고 다른 사람에게 하는 속임수가 장기적 효과가 있는지 또는 자해가 장기적인 문제 해결이 되는지의 여부에 대해서 생각하지 않습니다. 자해에 대한 생각은 마치 내가 다른 어떤 것도 생각하지 않으려고 하는 것처럼 내 머릿속에서 빙빙 맴돕니다(10-13문단).

T: 요즘에는 자해를 하지 않는 것으로 생각되는데, 무슨 변화가 있었나요?

S: 더 이상 자해할 필요가 없어졌어요. 뭔가로 스트레스를 받게 되면 그 일이 더 커지기 전에 남편이나 엄마, 언니, 가까운 친구에게 말해요. 문제를 최대한 객관적으로 보려고 노력하고 다른 사람들의 의견을 물어보고, 따져보기도 하고, 신에게 기도를 하면서 그것을 행동으로 옮겨요. 해결해야 할 필요가 있는 일이면 내가 생각하기에 가장 좋은 방식으로 행동하지만, 그냥 한번 웃어 버리고 참아야 할 일이거나 언젠가 끝이 날 일이면 그냥 지내기도 해요. 그래도 여전히 스트레스를 받게 되면 대화, 초콜릿 먹기, 목욕, 운동과 같은 방법을 써 보는데, 무엇을 하든 그저 가만히 앉아서 애태우는 것보다 도움이 돼요!(15, 17문단)

---

이 사례 연구는 흥미로운 임상 특징을 보여 준다. 가장 흔한 자해 방법은 자상, 화상, 상처 간섭이다. 이 사례는 타박상이 생길 정도로 때리는 경우였다. 다른 유형에서 나타난 것과 같은 자해의 중독성이 나타나는 이유는

어린이 자아 상태가 자해로 인해 중요한 심리적 이득을 얻기 때문이다. 이 사례자는 네 번째 자해 동기인 안도감을 심리적 이득으로 설명하였다. 그녀는 긴장 완화 수단으로서 자해를 이용한다.

이 사례자는 자해를 하기 전에 어떤 특별한 심정을 갖게 된다는 보고도 하였다. 이와 같은 심정은 상담의 관점에서 볼 때 자해를 하기 전에 준비하는 시기를 알려 주는 지표로서 매우 중요하고, 자해의 특성을 파악하는 방법으로서 의미를 가진다. 자해하기 전에 갖는 심리적 특성에 대해 명확하게 알게 되면 이를 일종의 경계 체계로 사용해서 자해를 피하기 위해 다른 대안을 발달시키는 데 도움이 될 수 있다. 대안은 긴장과 스트레스를 완화시킬 수 있는 또 다른 방법이다. 사례자는 고통을 차단할 수 있다고 보고하였는데, 이는 [그림 7-2]에 제시된 바와 같이 어린이 자아 상태를 배제하는 것이다. 치료는 어린이 자아 상태의 느낌을 다시 가질 수 있도록 개방하는 노력이 포함되어야 할 것이다. 하지만 한동안 심리적인 이유로 인해 감정을 억압했던 자해자들은 상담치료를 통해 감정을 다시 느끼게 되면서 매우 고통스러운 감정을 경험하게 될 수도 있다.

이 사례 연구는 자해의 여러 동기가 상호 배타적으로 작용하는 것이 아님을 보여 준다. 이미 지적한 바와 같이, 여성 사례자는 긴장 완화의 수단으로, 그리고 다른 사람의 관심을 받기 위한 행동으로 자해를 했다. 또한 보살핌을 받기 위한 수단으로 자해를 하기도 했다. 사례자는 다른 사람들이 보여 주는 관심과 연민이 좋아서 규칙적으로 이와 같은 반응을 찾게 되었다고 보고하였다.

이를 통해 자해가 뮌하우젠 증후군으로 발달할 가능성이 있음을 알 수 있다. 자해를 통해 아프거나 다친 부상자의 역할을 하면서 다른 사람들의 보살핌과 연민을 받을 수 있게 된다. 성장하면서 계속해서 타인의 연민과 돌봄을 받을 수 있는 다른 수단을 찾아 개발시키는데, 만약 이렇게 하기 어려워지면 뮌하우젠 증후군을 나타낼 가능성이 많아진다. 마지막 회기에 사례자는 자해 이외의 다른 방법으로 스트레스를 다룰 수 있게 됐다고 보고 했다. 가족, 친구와 대화하고 그들로부터 지지를 받는 것처럼 심리적으로 더 건강한 방식으로 스트레스를 다룰 수 있기 때문에 이 사례자는 뮌하우젠 증후군으로 발달할 가능성이 없어졌다.

## 자해 손상 정도의 최소화

신체적인 해를 입히는 약물중독자 집단과 상담치료를 하게 되었다. 이 일로 인해 자해자들의 자해 정도를 최소화하는 방법에 대해 관심을 갖게 되었다. 자해 행동으로 인한 신체적 손상을 줄이기 위해 자해자들이 활용할 수 있는 정보는 무엇일까? 이와 같은 정보는 자해의 동기에 따라 그 유용성의 수준이 달라진다. 또래 압박 때문에 자기 팔을 베었던 십대 소녀는 또래 집단의 소속감을 느끼기 위해 자해를 한 경우다. 이 경우는 자해의 목적이 또래 집단에 소속되는 것이고 신체적 손상이 심하지 않았기 때문에 손상을 최소화하는 정보가 도움이 될 수 있다.

긴장과 스트레스의 완화, 그리고 현실감을 느끼기 위한 자해의 경우(자해 동기 2, 3, 4에 해당)에도 신체적 손상을 최소화하는 정보가 유용할 수 있다. 뮌하우젠 증후군, 자기혐오, 타인의 관심 추구를 위한 자해의 경우 신체 손상을 줄여 주는 정보는 오히려 부정적으로 이용될 수도 있다. 이 유형의 자해자들은 신체적 손상을 더 심하게 하는 방법을 찾고자 하므로 신체적 손상을 줄이는 정보가 악용될 수 있다. 하지만 관련 정보는 도서관이나 인터넷을 통해 자유롭게 접할 수 있고 쉽게 찾을 수 있다. 그러므로 자해로 인한 손상을 최소화하는 방법을 알아보는 것은 불필요하게 자신을 다치게 할 수 있는 자해자들을 위해 필요한 작업이다.

자해로 인한 손상을 최소화하기 위해서는 기초 해부학에 대한 지식이 필요하다. 즉, 동맥, 정맥, 신경, 근육, 인대의 위치에 대해서 알아야 한다. 이와 같은 정보는 자해의 의도에 따라 달라지는 신체적 손상의 결과를 파악하는 데 도움이 된다. 담배, 라이터로 인한 화상은 주로 피부의 미용, 성형적 변화를 유발한다. 자상에 의한 신경 손상과 비교하면 그 손상 정도가 심각하지 않다. 자해로 인한 신체적 손상을 최소화하기 원하는 자해자라면 동맥이나 정맥 그리고 근육을 부분적으로 절단하는 방식을 택할 것이다. 심하지 않은 손상이 장기간 지속되기를 원한다면 감각신경을 자해하거나 인대를 부분적으로 베는 방법을 쓸 수 있다. 운동신경이나 인대를 자해하면 심각한 장기적 손상을 입게 되지만 대부분의 신체적 손상은 회복된다.

피부를 베는 방식으로 자해하는 많은 사람에게 랑게르 열선은 매우 중요하다. 해부학자인 카를 랑게르(Carl Langer)가 기술한 랑게르 열선은 피부

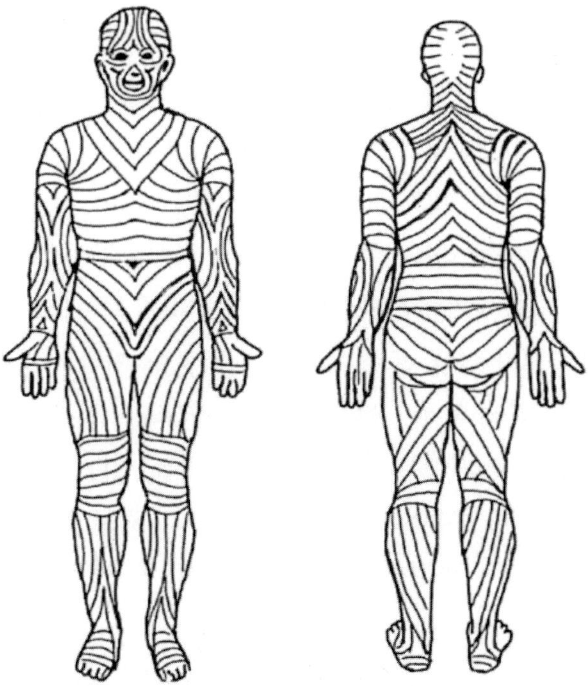

[그림 7-3] 피부의 랑게르 열선

섬유조직의 구조적 방향성에 의해 자연분할을 하면서 몸 전체에 분포하게 되지만 손바닥 주름과 같은 특정 부위에서만 관찰할 수 있다. 이 열선은 수술할 때 특히 중요하다. 수술 후 흉터를 최소화하기 위해 이 열선들과 평행한 방향으로 절개를 한다([그림 7-3] 참조).

무릎과 팔꿈치는 구부리는 동작을 많이 하면서 피부가 늘어나기 때문에 예외적으로 랑게르 열선과 직각 방향으로 절개한다. 회복하는 동안 피부의 자연적인 늘어남에 의해 보다 효과적인 치료가 가능하기 때문이다.

## 결 론

자살과 자해는 서로 다르며 심리적 과정도 동일하지 않지만, 자살에 관련된 저서에 자해 관련 내용을 포함시키는 것은 매우 중요하다. 자해의 여덟 가지 동기에 대해 기술했지만 이 동기 중 어느 것도 자살 동기에 해당하지는 않는다. 자살 행동을 실행하는 사람은 죽고 싶은 동기를 최소한이라도 어느 정도는 가지고 있는데, 바로 그 동기가 죽는 것을 목표로 하는 자살과 죽는 것을 목표로 하지 않는 자해 사이의 차이점을 설명해 준다.

그러나 일반인에게 자해와 자살은 매우 유사하게 보이므로 그 차이점을 분명히 밝힐 필요가 있다. 또한 자해는 자살 충동, 자살 생각과 관련하여 부수적으로 발생하는 문제가 될 수도 있다. 자살을 시도하는 사람들 중에 어떤 사람은 자해를 하지만 그렇지 않은 사람들도 있다. 자해하는 사람들 중에 자살을 시도하는 사람도 있고 그렇지 않은 사람도 있다. 자살 충동을 가진 사람들과 상담하기 위해서는 그들을 정확하게 진단하고 그에 적절한 치료와 처치 방법을 적용해야 한다.

자해는 그 자체로 이미 많이 논의되어 온 현안이다. 어떤 이들은 자해를 사람들의 관심을 좇는 마음 약한 이들이 하는 행동이라고 보기도 한다. 실제로 자해자들을 돕는 전문가들 사이에도 이와 같은 생각을 하면서 자해자를 경멸하는 경우가 존재한다. 이렇게 오해받는 자해자들의 권리를 보호하기 위해 자해자를 위한 지지집단이 생기게 되었다. 자해자들을 위한 효과적인 치료에 도움이 될 수도 있지만 방해 작용을 할 수도 있는 정치적 논쟁으로 이 장을 마무리한다. 그것은 (신체적 · 정신적) 손상을 최소화하는 방식으로 신체를 자해하는 방법을 자해자들에게 교육하는 것의 문제다.

Working with Suicidal Individuals:
A Guide to Providing Understanding,
Assessment and Support

# 제 2 부 자살 위험 사정하기

제 8 장

# 자살 위험 사정의 양적 측정

## 자살 위험을 사정하는 방법

쿠퍼와 카푸르(Cooper & Kapur, 2004)의 말에 의하면, "자살 위험 사정은 부정확한 과학이다." (p. 20) 하지만 동시에 매우 중요한 분야이면서 이 분야에 대한 방대한 문헌이 존재한다. 불행히도 자살 위험 사정의 분야는 역사적으로 접근 방법에 있어서 일차원적이었던 경향이 있으며, 본질적으로는 수학적 방법만 사용해 왔다. 즉, 자살 위험도와 관련된 요소들을 식별한 후에 개인이 얼마나 많은 요소에 해당하는지 확인하여 개수를 가산한다. 해당 요소가 많을수록 자살 위험이 높은 것이다. 이것이 양적 측정 방법이며 이 장에서 깊이 다뤄질 것이다. 9장에서는 단순히 위험 요소들을 가산하는 양적 측정 방법이 아니라, 자살 징후에서 결정적인 요소인 자살 결정을 사정하는 질적 측정 방법에 대하여 설명할 것이다.

양적 사정의 문제점은 자살 위험 요소의 통계적 분석에 기반을 둔 것이기는 하지만 앞에 앉아 있는 개개인에 대한 정확한 사정을 할 수 없다는 것이다. 한 개인이 속하는 범주의 자살률을 계산할 수는 있겠지만, 그 개인이 실제로 자살 위험이 있는지는 알 수 없다. 이 접근 방법에 대해서 대표적으로 보트레(Beautrais, 2001)는 청년들의 자살 위험 요소에 대하여 논하면서 다음과 같은 결론을 내린다.

> 현재 연구에 따르면 청년 자살의 가장 큰 요인으로는 정신장애(특히 정서장애 및 약물 남용)와 정신치료 병력(病歷)이 있다. 따라서 청년 자살을 감소시키기 위해서는 우선적으로 정신장애를 앓고 있는 청년들에 대한 인지, 진료 및 관리를 개선시켜야 한다(5문단).

이 결론의 문제점은 약물 남용을 하거나 정서장애를 가지고 있는 청년들 중 자살 위험이 없는 경우가 많다는 것이다. 추가적으로 호주심리학회(Australian Psychological Society, 2010)는 다음과 같이 말한다.

> 자살은 개인적 · 사회적 요소 및 상황들이 복합적으로 개인에게 영향을 미치면서 발생한다. 하나의 특정 사건이 자살을 '야기'한 것처럼 보일 수도 있지만, 사실은 여러 가지 문제와 어릴 적부터 겪어 온 다양한 어려움이 원인인 경우가 많다. 아래에 전형적으로 자살에 부정적인 영향을 끼치는 상황 및 사건들을 열거하였다.
>
> 상황:
>
> - 개인이나 부모 또는 보호자의 우울증 및 기타 정신 질환 경험 여부
> - 신체적 · 정신적 · 성적 가정 폭력 및 학대
> - 성 주체성 및 기타 성 관련 갈등
> - 알코올 또는 기타 약물의 오용

- 의사소통 문제 및 고립

사건(예상했거나 실질적인 상실, 실망 또는 굴욕을 포함):

- 사망, 이혼 또는 이사에 따른 상실
- 애인과 헤어짐
- 학교나 직장에서의 실패
- 의도하지 않은 실직
- 당국과의 문제
- 갑작스러운 장애 또는 심각한 질병
- 임신에 대한 두려움(4문단)

이러한 상황 및 사건들은 상기 언급한 것과 동일한 이론에 기초한 것들이다. 이러한 요소들을 충족하는 사람들 중 일부는 자살할 위험성이 더 높을 것이다. 하지만 애인과 헤어졌거나 공부를 못하거나 우울증을 겪은 사람이라도 단 한 번도 자살을 심각하게 고려해 본 적이 없는 사람도 많다. 이러한 요소들로는 특정 인물이 자살을 할 것인지 알 수가 없다. 우울증을 경험한 사람들과 같이 한 집단에 소속된 사람에 대하여 자살을 할 것인지 예상은 할 수 있다. 자살 위험을 사정하는 데 있어서 양적인 요소들이 도움이 된다고 할 수는 있겠으나, 자살을 예언하는 데 있어서는 한계가 있으므로 질적인 사정과 병행하여 사용해야 한다.

## 자살 생각

문헌을 읽다 보면 '자살 관념화(ideation)'라는 용어를 종종 접할 것이다. 그러므로 자살 관념화와 자살 생각(thoughts)을 구분할 필요가 있다. 전문적으로 자살 관념화란 어느 정도 자살할 의향이 있는 사람에게 해당하는 것이다. 자살 관념화를 가지고 있는 사람은 당장 자살할 위험은 없지만 단순히 자살 생각을 가지고 있는 이와 비교를 하면 좀 더 심각한 경우다. 세상 사람들 대부분이 한 번쯤은 자살 생각을 해 본 적이 있을 것이다. 자살하는 것이 어떨 것 같고 실제로 자살할 수 있을지 생각해 보거나, 특별히 기분이 안 좋은 날에는 절벽에서 뛰어내리고 싶다고 느낄 수 있다.

그러므로 스틸과 맥레넌(Steele & McLennan, 1995)이 주장하는 바와 같이 자살 생각이라는 개념을 확립하는 것이 중요하다. 그들의 조사에서는 호주 국민의 66%가 한 번은 자살에 대해서 생각해 봤고, 그중 32%는 자살을 심각하게 고려해 본 적이 있다고 답하였다. 스틸과 맥레넌(1995)의 연구를 분석하면 호주 인구의 6%가 실제로 자살을 시도한다는 것을 알 수 있다.

인구의 66%가 자살에 대해서 생각해 봤다는 것은 그것이 통계학적으로 정상적인 행동이라는 것이다. 다행히도, 대부분의 경우는 그저 생각에서 머물러서 행동으로 실천되지 않는다. 그러므로 환자가 자살 생각을 했다고 하면 그 생각이 자살 관념화로 발전하였는지, 따라서 추가로 자살 위험을 사정할 필요가 있는지 사정하는 것이 중요하다. 누가 자살 생각을 하였다고 해서 당황하거나 당장 우려할 필요가 없다는 것이다.

## 질적 접근

이 장과 9장에서는 자살 위험 사정의 양적 및 질적 방법에 대해서 자세히 설명할 것이다. 앞서 말한 바와 같이, 양적 방법은 자살 위험을 사정하기 위하여 수학적으로 접근하여 개개인의 자살 위험 요소를 합산하는 것이다. 자살 위험 사정의 질적 방법은 양적 방법보다 덜 흔한 방법으로 개인에게 자살 결정이 존재하는지 식별하는 것이다. 두 방법을 동시에 사용한다면 자살 위험도를 더 확실하고 다차원적으로 사정할 수 있다.

이미 언급한 것처럼 연구 결과로 확인된 위험 요소들을 사용하는 것이 한 가지 방법이며, 이를 자살 위험 사정의 양적 측정이라 부른다. 오랜 연구 결과 자살 위험이 높은 사람들의 성향이 확인되었다. 예를 들어, 호주심리학회(1999)는 "모시키(Moscicki, 1995)의 연구 결과 약물 오용, 특히 여러 차례에 걸친 약물 오용이 다수의 자살과 연관되어 있으며, 청년 자살의 거의 절반이 알코올 등 약물에 취한 상태에서 발생한 것으로 밝혀졌다."(p. 12)라고 말했다. 그러므로 누가 약물을 오용한 경험이 있다면 그가 자살 위험이 높은 집단에 속하며 자살 위험도를 높이는 요소 중 하나를 가지고 있다고 결론 내릴 수 있다. 자살 위험이 높은 집단에 많이 속하면 속할수록 자살할 확률이 높다는 이론이다.

## 자살 생각 및 행동에 대한 환자 정보의 정확성

양적 측정은 자살 위험을 사정할 때 자살 결정의 존재 여부를 사정하는 심리학적 부분보다는 실용적인 요인들에 초점을 맞춘 것이다. 자살할 가능성이 있는 사람들에게 질문을 할 때는 그 답변이 모두 사실이라고 단정해서는 안 된다. 자살 성향이 있는 사람들이 병적으로 거짓말쟁이라는 것이 아니라, 그들이 매우 불행한 결과 나쁜 결정을 내릴 수 있다는 것이다. 쿠퍼와 카푸르(2004)에 따르면, "자살 위험을 사정할 때에는 그 사람의 성별을 고려해야 한다. 남성은 여성에 비하여 자살 위험을 경시하는 경향이 있다."(p. 29) 즉, 남성들은 창피하거나 직장을 잃을 두려움 때문에 자신의 자살 위험을 축소하는 것이다. 어떤 이들은 자신의 자살 위험을 과장하여 환자를 '돌봐야 할 의무'를 지닌 전문가로부터 더 집중된 관심과 보호를 얻으려고 할 수도 있다. 거기에는 입원을 하거나, 법에 관련된 내용, 또는 전문 단체에 해당하는 기타 조사 등이 포함된다.

자신의 자살 위험을 격하시켜 보고하는 사람들의 경우 소량의 약물을 가지고 있다고 해 놓고 실제로는 다량을 축적해 놓았거나, 자살에 대한 생각이 가끔 스쳐 지나간다고 말했지만 사실은 자살할 생각으로 가득 차 있을 수 있다. 다음에서 논의하는 영역에서 환자 정보를 획득한 후에는 이러한 상황들을 고려해야 한다. 자살할 위험이 있는 사람들의 정서 상태와 자살이라는 화제의 민감성 때문에 환자가 그릇된 정보를 제공할 가능성이 매우 높기 때문이다.

자살 위험을 사정하는 사람에게 사실을 적극적으로 말해 주지 않는 사람들도 있다. 특히 타인에게 자신의 자살 비밀을 누설하지 않는 이들이 해당되는데, 10장에서 자세히 설명할 고의적 자살 위험(deliberate suicide risk: DSR)이 한 예다. 나는 교도소에서 공개적으로 자살 감시를 받지 않기 위해서 어떤 말을 해야 하는지 알고 있다는 수감자들을 여럿 만났다. 이처럼 누군가 자살하겠다는 결정을 내린다면 타인의 감시가 없어야 성공할 확률이 높아진다. 실제로 자살자 중 20~30%가 자살할 의도가 있는지 물어보았을 때 없다고 부정한다.

그러나 더 흔한 것은 자기 자신을 속이는 것이다. 인간은 이것을 매우 잘한다. 억압, 부정, 축소, 주지화 등 다양한 방법으로 자신을 속인다. 이 모든 경우는 두렵거나 불쾌한 감정을 느끼거나 그러한 생각을 할 때 발생한다. 이에 대처하기 위하여 어떠한 형태의 방어기제를 통하여 그 감정이나 생각을 기피하는 것이다. 예를 들어, 자살에 대한 생각은 공포스러운 것이기 때문에 이를 축소하여 자신을 속일 수 있다. 잠시 지나가는 생각일 뿐, 모든 사람이 종종 같은 생각을 하므로 괜찮을 것이라고 자신을 설득하는 것이다. 또는 승화를 통하여 용납하기 어려운 자신의 자살 충동을 차단하고 절망하거나 자살하려는 사람들을 돕는 상담자가 될 수 있다. 이로써 자신의 자살 위험은 무시하고 타인의 위험에 집중하는 것이다.

우리는 매일 이러한 방어기제를 사용하지만 대부분의 경우 그리 중요하지 않다. 하지만 자살 충동의 경우 방어를 통하여 인지를 못하거나 상당한 축소를 할 수 있기 때문에 위험하다. 자신의 자살 충동을 인지하고 있지 않다면, 자살할 생각이 있냐고 물어봤을 때 당연히 없다고 하거나 위험을 최소화하여 대답할 것이다. 그러므로 자살 가능성이 있는 사람들의 말은 신뢰성이 낮다는 것을 알고 절대로 획득한 정보가 모두 정확할 것이라고 생각해서는 안 된다.

## 양적 측정 방법

### 1. 퇴행의 성향 및 정도

퇴행이란 현재 발달 단계보다 이전의 상태나 행동 양식으로 돌아가는 심리학적 과정을 말한다. 어른처럼 생각하고 느끼고 행동하던 사람이 어린이 같은 생각과 행동을 하게 되는 것이다. 6장에서 설명했듯이, 퇴행을 겪은 사람은 어린이처럼 행동할 뿐만 아니라 생각도 어린이처럼 하게 된다. 퇴행한 사람의 경우 두뇌에서 문제 해결, 결정 및 스트레스 관리와 같이 더 진화된 기능과 관련된 전두엽 피질로의 접근(어른 자아 상태)이 어려워진다. 대신 두뇌의 더 원시적인 부분인 편도선을 사용하게 된다(어린이 자아 상태). [그림 8-1]의 a와 b에서 볼 수 있듯이 개인의 성격에서 부모와 어른 자아의 영향력이 줄어든다.

퇴행은 자살 위험의 판단에 있어서 크게 두 가지 결과를 초래한다. 첫째, 어른 자아 상태에서 생각을 하지 못하고 어린이처럼 논리적이지 않은 사고를 하게 된다. 어린이가 죽음이라는 것이 돌이킬 수 없다는 것을 깨닫는 것

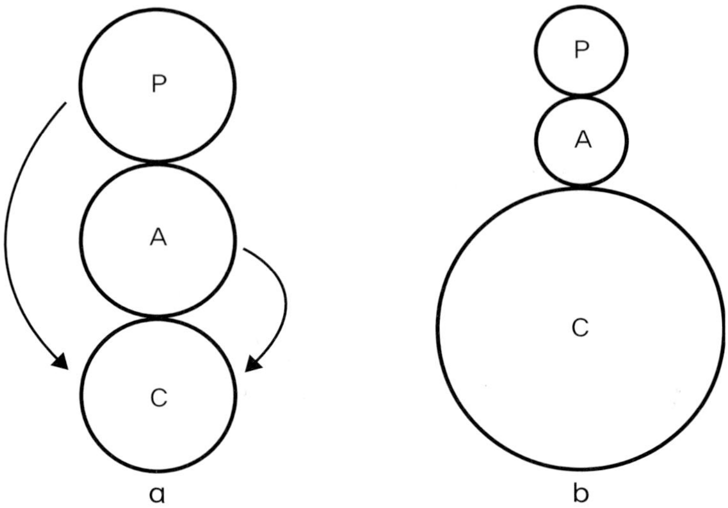


[그림 8-1] 퇴행한 사람의 성격 구조

은 8세가 되어서다. 그 전에는 죽음과 죽음의 의미에 대하여 그릇된 생각을 가지고 있다. 따라서 퇴행이 깊게 진행됐을 경우 이처럼 죽음에 대해서 어린이 같은 생각을 하게 될 수도 있다. 어른 자아 상태가 제대로 작동하지 않으면서 죽음에 대한 마술적 사고를 가지게 되는 것이다. 예를 들어, 죽음을 돌이킬 수 있다거나, 죽은 후에도 다른 사람들을 보고 관찰할 수 있다거나, 천국에 가서 다른 사람들을 만날 수 있다는 생각을 할 수 있다.

죽음에 대한 이런 믿음과 생각은 자살 확률을 높이므로 퇴행한 사람의 경우 위험 수준이 증가한다고 할 수 있다.

### 보호 요인의 감소

퇴행한 사람의 또 다른 특징은 보호 요인의 영향력이 감소한다는 것이다. 보호 요인이란 자살로부터 사람을 보호하는 것들을 말한다. 쿠퍼와 카푸르(2004)는 다음 네 가지 예시를 열거한다.

- 희망
- 정신건강 보호와 지원 받기
- 자녀에 대한 책임감
- 사회나 가족의 강력한 지지(p. 44)

예를 들어, 자살을 하려고 하는 사람은 '내가 죽으면, 내 자식들이 매우 아파하고 상처받을 거야.' 또는 '내가 죽으면 그것을 막지 못했다는 생각에 어머니께서 죄책감을 느낄 거야.'와 같은 생각을 할 수 있다. 이러한 생각과 앞서 열거한 보호 요인들은 모두 부모와 어른 자아 상태의 기능이다. 퇴행의 경우 어린이 자아 상태가 지배하므로 나머지 두 자아 상태가 개인의 결정에 미치는 영향이 미미하다. 그리하여 보호 요인들에 대한 고려 및 비중이 줄어들어 보호 능력이 떨어지는 것이다. 이런 면에서 보면 자살은 자살자 주변의 많은 사람에게 상처를 주는 이기적인 행동이라 할 수 있다. 실제로 자살은 주변 사람들에게 수개월, 심지어는 수년에 걸쳐서 정신적인 고통을 남긴다. 퇴행한 사람은 퇴행하지 않은 사람보다 타인의 행복에 대한 관심이 현저히 적다.

어떤 사람들은 퇴행이라는 방어기제를 사용함과 동시에 단순히 퇴행을 경험할 수 있다. 이는 히스테리적이고 남에게 의존적이며 경계선적인 성격 유형의 사람들에게 더 빈번히 발생한다. 그들은 평균적인 사람과 비교하였을 때 선천적으로 대처 수단으로서 퇴행을 하는 경향이 있다. 그러나 퇴행은 다른 경로를 통해 발생할 수 있으며, 특히 정신분열증과 같은 심각한 정신 질환을 겪는 사람이나 마약 및 알코올 중독자들이 이에 해당한다. 이 두 가지 경우는 차후에 더 자세히 설명하겠다. 여기서 요점은 퇴행한 사람이 그렇지 않은 사람보다 자살할 위험도가 높으며, 따라서 퇴행이 자살 위험을 사정할 때 고려해야 하는 한 가지 요인이라는 것이다.

이러한 이유로 자살 위험을 사정할 때 사람의 퇴행성을 조사하는 것은 매우 유용하다. 퇴행 후 죽음에 대한 생각이나 어린이의 죽음에 대한 마술적 사고(죽음을 돌이킬 수 있다는 생각 등)를 사정하는 것이 좋을 것이다. 그 사람에게 직접 질문을 하거나 그의 어린이 자아 상태에서의 죽음에 대한 생각과 믿음을 알아볼 수 있다.

퇴행의 배경이 되는 이론은 사람의 심리학적 발달이 억제되었다는 것이다. 유년 시절에 특정 발달 단계가 성공적으로 완료되지 않은 것이다. 따라서 그 발달 단계에 고착된 것이다. 아동 발달에 대한 이론은 프로이트(Freud)의 심리성적 발달 단계, 에릭 에릭슨(Erik Erikson)의 인간 생애 8단계, 존 볼비(John Bowlby)의 엄마와 아이 사이의 애착발달 이론 등 다양하다.

이 모든 학설에 의하면, 어린이는 발육을 위하여 각 단계에서 몇 가지 과업을 완수해야 하는데 그러지 못했을 경우 심리학적으로 다음 단계로 넘어가지 못하고 이전 단계에 고착된다. 성인이 되어서 퇴행이 발생하면 정서적으로 그 고착 시점으로 돌아가게 된다. 그 시점이 빠를수록 퇴행 후 그 사람의 생각과 감정, 행동은 더 아이 같아진다. 그러면 죽음에 대한 그의 생각은 더 환상적으로 변하며, 보호 요인들의 영향력은 작아진다.

### 비논리적이고 마술적인 사고의 증가

퇴행을 겪은 사람에게 물어보면 대개 자신이 몇 살인 것처럼 느껴지는지 답할 수 있다. 자살 위험 사정의 관점에서 보면 대답한 나이가 어릴수록 자살 위험이 높은 것이며, 8세 이하이면 특히 심각하다. 피아제와 인헬더(Piaget & Inhelder, 1969)가 밝혔듯이, 8세 이전까지 어린이는 자기중심적이고 비논리적이며 마술적인 사고를 지닌다. 이는 죽음을 돌이킬 수 있다는 것처럼 죽음에 대하여 논리적이지 못하고 그릇된 생각을 가지게 되며, 그에 따라 자살할 위험이 더 높아진다는 것을 의미한다.

사람이 퇴행할 경우 어린이처럼 연기를 하는 것이 아니라 실제로 그 나이의 생각과 정서 등을 다시 경험하는 것이라는 것에 주목해야 한다. 이것이 어린이 자아 상태라는 것이다. 어린이 자아 상태의 사람은 6세 아이 때를 기억하여 연기를 하는 것이 아니다. 그가 6세였을 때를 재경험하고 재생하는 것이다. 자살 행위 직전의 많은 사람은 상당히 퇴행하게 되고, 따라서 어린이 같은 심리학적 정서 상태에 있게 된다.

## 2. 고(高)위험 행동 병력

위험한 상황에 자신을 반복적으로 놓이게 하는 것도 자살 의도의 한 형태를 나타내는 것일 수 있다. 2장에 설명한 것처럼, 이 경우 사고와 자살 사이의 경계선이 불분명해질 수 있으며, 주요 자살 결정은 "나는 사고로 자살할 거야." 혹은 "당신이 나를 죽이도록 내가 만들 거야."다. 이런 자살 결정을 하는 이들 중 일부는 자신의 자살 의도를 인정하겠지만, 다수는 자살할 생각이 없고 자신은 행복하며 살아가야 할 이유가 많다고 강력히 주장할 것이다. 따라서 이런 양상의 자살 위험 사정은 다소 독특하다. 어떤 사람이 행복하며 살아야 할 이유가 많다고 하더라도 어느 정도의 자살 위험을 추정해 낼 수 있다.

### 사례 연구 8-1 고위험 행동

30세의 남자는 그간 자살에 대한 생각은 했지만 실제로 한 적은 없다고 이야기했다. 그전에 자살 시도를 한 적은 없었다는 것이다. 대신에 그는 자신의 무모한 행동에 대해 이렇게 설명했다. "내가 가진 모든 통제력을 그저 놓아 버리고 내가 하고 싶은 대로 했던 안 좋았던 시간들이 있었지요. 내가 약물 복용을 할 때는 무모한 행동을 하고 완전히 취해서 차를 운전하기도 했어요." 이런 생각들을 하던 시기에 그는 정맥에 주사하는 암페타민을 과용량 사용하여 여러 차례 입원을 할 만큼 무모했다.

이 남자는 스스로 자신의 삶을 앗아간다는 것은 상상조차 할 수 없는 것이며, 그것이 자신의 행동 레퍼토리에 부합하지 않는 것이라고 말한다. 그러나 실제로 그는 자살 결정을 내린 것이며 자살을 자기 문제의 해결책으로 여기고 있다. 이 경우 자살 결정은 타인이 자신을 죽이게끔 상황을 조성하거나 위험한 행동을 통하여 치명적인 사고를 일으키게 하는 것이다.

### 행동의 위험 수준 사정

이 범주의 위험 사정을 돕기 위해서 리버풀 존 무어스 대학교(Liverpool John Moores University) 응용심리학센터의 연구원인 뉴컴과 우즈(Newcombe & Woods, 2010)가 위험 사정 모형을 개발하였다. 이는 1990년대 영국에서 수집한 다양한 종류의 약물 복용과 기타 행동에 따른 연간 사망률을 분석한 것을 토대로 한다. 그들은 공식적인 사망 원인들을 이용하여 여러 가지 행동과 그것이 수반하는 위험 목록을 만들었다. 다음은 그들의 위험 사정 모형을 요약한 것이다.

- 매우 위험: 흡연, 메타돈, 주사 약물 투여, 베이스 점핑(BASE jumping), 그랑프리 자동차 경주, 암, 심장병, 우주여행
- 상당한 위험: 헤로인, 모르핀, 바비튜레이트 약제, 알코올, 행글라이딩, 패러글라이딩, 오토바이 경주, 유아 돌연사, 광업 종사, 석면 중독, 발작, 전립선암, 아기 흔들기, 근해 석유업
- 중간 위험: 용제, 벤조디아제핀, 모터 스포츠, 수상 스포츠, 카누, 당뇨병, 피부암, 독감, 자살, 출산, 헬리콥터 탑승, 지방 흡입, 농업 종사, 경찰 구금, 건축업 종사
- 상당히 낮은 위험: 엑스터시, MDMA, 각성제, 코카인, 피임약, GBH, 격투 스포츠, 설상 스포츠, 축구, 럭비, 천식, AIDS, 수막염, 자궁암, 식중독, 비행기 탑승, 살인, 음식에 의한 질식, 감전, 익사, 간접 흡

연, 공장 노동

- 매우 낮은 위험: LSD, 환각 버섯, 비아그라, 놀이공원 기구, 수영, 승마, 음식 알레르기, 매독, 말라리아, 맹장염, 보행 중 횡단, 옷 점화, 침대에서 떨어짐, 백신, 낙태, 폭풍, 테러리즘
- 극도로 낮은 위험: 마리화나, 마리화나 수진, 실내 스포츠, 놀이터, 땅콩 알레르기, 홍역, 벌레에게 물림, 성교, 기아, 개, 번개, 핵 방사능, 경찰의 사격
- 무시해도 좋은 위험: 카페인, 아산화질소, 케타민, 컴퓨터 게임, 자위, 천연두, 나병, 상어, 고양이, 운석, 사형, 화산

### 정확한 행동 위험성 사정에 대한 실패

반복적으로 매우 위험한 행동을 취하는 사람들뿐만 아니라 어떤 행동의 위험성을 제대로 사정하지 못하는 사람들도 주시해야 한다. 가장 분명한 예로 청소년을 들 수 있다. 청소년들은 종종 위험 감수자들로 잘못 분류된다. 위험을 무릅쓰는 것이 청소년들의 공통적인 성격 특징이라고 여겨지지만, 이것은 사실이 아니다. 청소년들은 위험 감수자들이 아니라 위험 사정을 잘 못하는 것이다. 모험을 하는 것이 아니라 자신들의 행동이 상당히 위험하다는 것을 모르는 것이다. 애초에 자신의 행동이 위험하다는 것을 모른다면 위험 감수자라 할 수 없다.

한 예로, HIV와 AIDS에 대한 청소년들의 태도에 관한 콜린스(Collins, 1991)의 연구를 들 수 있다. 대부분의 청소년이 AIDS와 그 전염 경로에 대하여 잘 알지만, AIDS의 영향에 대해서 배운 이후 여성의 68%, 남성의 63%는 자신의 성적 행동을 바꾸지 않았다. 이것은 청소년들이 AIDS를 자신과는 상관없는 남들의 걱정거리라고 믿고 있다는 것을 보여 준다. 자신들은 AIDS에 걸릴 확률이 매우 낮다고 가정하는 것은 청소년들의 특성인 자기중심주의를 잘 반영하는 것이다.

청소년들은 대개 자기중심적이고, 자신이 전능하고 불멸하다고 느끼며, 자기도취증에 빠져서 특별한 능력을 가지고 있다고 믿는 것으로 묘사된다. 청소년이 고속으로 차를 운전할 때는 자신이 특별한 운전 능력을 지니고 있다고 믿고 있으며, 위험에 빠졌을 때는 헤쳐 나올 원동력이 있다고 믿고 있다. 행동의 위험성을 정확히 사정하지 못했기 때문에 실제로는 매우 위험한 행동일지라도 청소년의 머릿속에서는 높은 위험을 감수하는 것이 아니다.

이것이 자살 위험 사정을 할 때 고려해야 할 점이다. 그 사람은 방금 묘사한 것과 같이 청소년처럼 생각하는가? 자신이 전능하고 불멸하기 때문에 다칠 수 없다고 생각하는가? 자신의 행동의 위험성을 정확히 사정하고 있는가? 때로는 이것을 확인하는 것이 어려울 수 있다. 나는 한 번도 베이스 점핑을 해 본 적이 없고 앞으로도 하지 않을 것이라 확신하므로 어떤 사람이 베이스 점핑을 안전하게 하는지 사정하기가 어렵다. 이럴 경우 베이스 점핑을 하는 사람에게 베이스 점핑의 위험성에 대한 견해를 물어볼 수 있다. 그 밖에도 앞서 묘사한 것처럼 그 사람이 청소년처럼 사고하는지 알아봐야 한다. 만약 그렇다면 그 사람은 어느 시점에 비현실적으로 높은 위험을 감수하며 자신의 생명을 상당한 위험에 빠뜨릴 것이라고 단정할 수 있다. "나는 사고로 자살할 거야."라는 자살 결정을 내린다면 그는 증가된 자살 위험 상태에 있다고 사정할 수 있다.

## 3. 약물 복용 병력

이 영역은 자살 위험 사정 계획에서 흔히 접하게 되지만, 나의 견해로는 잘 이루어지지 않고 있다. 예를 들어, 교도소 수감자들을 사정할 때 쓰이는 위험 관리 시스템에서는 약물 복용 병력이 있는지 물어본다. 이것은 무엇을 뜻하는가? 만약 어떤 수감자가 5년 동안 다량의 마리화나를 사용하였다면 심각한 약물 복용 병력자라고 할 수 있다. 하지만 최근 4년 동안 마리화나를 사용하지 않았다면 위험을 사정할 때 상당한 변화가 생긴다. 단순한 약물 복용 **병력** 여부보다는 더 자세한 정보가 필요하다. 약물의 형태는 매우 다양하고, 투여 방법도 가지각색이며, 치명성과 복용 이유도 아주 많다. 그러므로 자살 위험을 사정할 때에는 단순히 과거에 약물을 사용했는지의 여부만 알아보는 것이 아니라 여러 가지 요인을 모두 고려해야 한다.

### 약물 복용의 시점

우선 약물 복용 패턴을 확립해야 한다. 첫째, 아직도 약물을 복용하고 있는지, 아니라면 언제 중단했는지 알아야 한다. 헤로인을 사용해 본 적이 있는 사람은 치명적인 약물 복용 병력이 있는 것이다. 하지만 10년 전에 헤로인을 끊었다면 현재 복용하고 있는 것보다는 자살 위험 지표가 되기에는 약하다. 약물을 복용한 기간이 오래되었을수록 자살 위험을 양적으로 측정할 때 그 유용성이 적어진다. 지난 10년 동안 심각한 약물 복용을 하지 않았다면 자살 위험을 사정할 때 약물 복용 병력자에 해당하지 않는다고 할 수 있다. 사실 5년의 공백 기간도 상당한 시간이라서 한 번도 약물 복용을 한 적이 없는 것에 근접하다고 사정할 수 있다.

### 약물 복용의 치명성

앞서 설명한 뉴컴과 우즈(2010)의 위험 사정 모형은 다양한 약물의 각기 다른 위험 수준을 잘 보여 준다. 예를 들어, 치사율만 놓고 본다면 마리화나는 과잉 투여가 실질적으로 불가능하여 매우 안전하다고 할 수 있으나, 헤로인이나 바비튜레이트는 상당히 치명적인 약물이다. 앞에서 설명한 것처럼 이는 행동의 위험성이 높다는 것이며, 특히 "나는 사고로 자살할 거야."라는 자살 결정을 내린 사람에게는 더욱 그렇다. 호주심리학회(1999)는 이에 대해서 다음과 같이 밝혔다. "헤로인 중독과 높은 자살률이 상관관계가 있다는 증거는 있지만, 자살과 우발적인 과잉 투여를 구별하는 것

이 어려울 수도 있다."(p. 12)

치명적인 약물은 자살을 시도할 때 쓰는 간편하고 비교적 쉬운 수단이다. 뉴컴과 우즈(2010)가 보여 주듯이, 치명적인 약물의 사용은 매우 중요한 자살 위험 지표가 될 수 있다. 추가적으로, 죽음에 얼마나 가까이 갈 준비가 되어 있는지 사정할 필요가 있다. 누군가 과잉 투여를 여러 차례 경험했으며 아직도 약물을 사용한다면 자살 위험이 더 높다고 사정할 수 있다.

### 약물 복용의 방법

약물을 복용하는 방법도 약물의 치사율과 연관이 있다. 헤로인을 정맥 주사로 투여하는 것은 헤로인을 흡연하는 것보다 더 치명적이다. 뉴컴과 우즈(2010)가 개발한 모형에 따르면, 약물의 주사 투여는 매우 높은 위험에 속한다. 헤로인이나 암페타민을 주사 투여하는 사람은 암페타민을 입으로 복용하거나 헤로인을 흡연하는 사람보다 더 위험하다.

젊은 남성이나 여성들이 즐겨하는 술 마시기 게임 또한 일반적인 음주와 비교했을 때 더 위험한 음주 방법이라 할 수 있다. 예를 들어, 상대편보다 많은 양의 술을 더 빨리 마셔야 '이기는' 게임도 있고, 입에 깔때기를 꽂아서 술을 붓는 게임 또한 흔하다. 음주 경험이 많지 않을 경우, 이는 매우 단시간에 사람을 술에 취하게 하며 의식을 잃게 만들기도 한다. 따라서 구토를 하거나 자신의 구토에 질식할 위험이 높아진다. 지미 헨드릭스(Jimi Hendrix)나 AC/DC의 원년 리드 보컬 본 스콧(Bon Scott)과 같은 유명 인사들이 이런 식으로 죽음을 맞이했다.

### 약물 복용의 이유

자살 위험을 사정할 때는 약물 복용 여부보다는 약물 복용의 방법 및 이유가 더 중요하다. 약물 복용을 했다는 자체보다는 어떤 사람이 약물에 쉽게 유인되는지가 더 중요한 것이다. 사람들은 다양한 이유 때문에 약물을 복용하는데, 호주의 보건복지부(Commonwealth Department of Human Services and Health, 1994)는 가장 흔한 네 가지 이유를 제시한다.

- 실험적 사용: 약물의 효과를 경험하거나 진행 중인 사용법을 지속할지 결정하기 위하여 약물을 시도해 봄
- 사회적 · 오락적 사용: 사회적 관계 개선 수단이나 여가 활동으로서의 약물 복용
- 징후적 사용: 불쾌한 느낌 및 경험을 억제하거나 힘든 상황 또는 의무를 기피하기 위한 약물 복용
- 의존적 사용: 강박관념에 따른 약물 복용으로, 자신의 의무를 소홀히 하게 되고 해를 유발함(p. 7).

현재까지는 오락적 사용자들이 가장 큰 부분을 차지하는데, 이들 사용자는 약물 복용으로 인한 자살 위험이 가장 낮다. 오락적 사용은 자살 가능성을 높이지 않는다. 단순히 즐기기 위해서, 사회적 관계를 개선하기 위해서 약물을 복용하는 것이다. 이는 징후적 사용자와 매우 다르다. 징후적 사용자들은 상당한 정서적 고통을 겪으며, 고통을 완화하기 위해서 약물을 복용한다. 이런 관점에서 보면 정신을 마비시키는 우울증이나 격심한 걱정을 진정시키기 위해서 헤로인을 사용하는 사람과 항우울 · 항불안성 처방약을 복용하는 사람은 별 차이가 없다. 전자는 불법이고 후자는 합법적이긴 하지만, 두 경우 모두 정서적 고통을 줄이기 위해서 약물치료를 하는 것이다.

여기서 요점은 이러한 사람들이 고통, 어떤 경우에는 상당한 정서적 고통을 느끼며 학대나 정신적 외상이 존재하는 환경 출신이라는 것이다. 자살 결정을 내린 사람은 이런 문제를 해결하는 데 자살이 적합하다고 본다. 수년 동안 약물로 고통을 없애려 해 본 결과, 자신의 삶이 나아지지 않고 있다는 것을 느끼고 그 해결책으로 자살을 선택하는 것이다. 합법적인 처

방약이든 불법적인 약물이든 정서적 고통을 없애기 위해서 약물을 복용하는 사람은 평균보다 자살할 위험이 높다.

마지막으로, 전형적인 마약중독자라고 할 수 있는 의존적 약물 사용자들이 있다. 이 사람들은 장기간 동안 자신이 선택한 약물을 끊기 매우 어려워한다. 그들은 정서적 고통과 자기분석, 자신과의 갈등으로 채워진 비극적인 삶을 살아가며 계속 약물을 복용한다. 삶이 무질서한 경향이 있으며, 상당한 법적, 건강, 재정적, 가족 및 사회적 문제를 지니고 산다. 의존적 약물 사용자들은 종종 절망하여 삶을 포기하게 되기 때문에 자살을 시도할 위험이 크다. 자멸적인 생활 방식으로 살아가고 스스로를 깎아내리기 때문에 자살 시도라는 다음 단계로 넘어가는 것이 그리 어렵지 않다. 여기에 자살 결정까지 내린다면 언젠가 자살을 시도할 위험이 매우 실질적이게 된다.

### 약물 복용과 퇴행

많은 기분 전환 약물은 사람이 심리학적으로 퇴행하도록 한다. 교류분석의 용어를 사용한다면, 이러한 약물들은 처음에 부모 자아 상태와 어른 자아 상태를 차례로 해제하여 어린이 자아 상태만 작동하게 한다. 시간이 흐르면서 이런 진행은 알코올의 경우 가장 두드러지며, 마리화나나 헤로인 같은 약물의 경우는 부모와 어른 자아 상태를 더 신속하게 해제한다. [그림 8-2]는 시간의 흐름에 따른 알코올의 영향을 보여 준다.

음주를 시작한 후 최초로 나타나는 작용은 부모 자아 상태의 해제다. [그림 8-2]의 a가 보여 주듯이 욕망의 억제력이 없어진다. 부모 자아 상태가 어린이 자아 상태의 욕구와 감정을 통제하고 억제하기 때문에, 어떻게 행동해야 하는지와 옳고 그름을 가르쳐 주는 내재된 부모의 영향력이 줄어들어 사람이 '느슨해진다'. 이에 따라서 더 사교적으로 변하고 내재된 비평가가 사라지므로 욕망의 억제를 덜 받게 된다. 디너 파티를 여는 사람이라면 누구나 파티의 성공을 위해서 손님들에게서 이러한 변화를 원할 것이다.

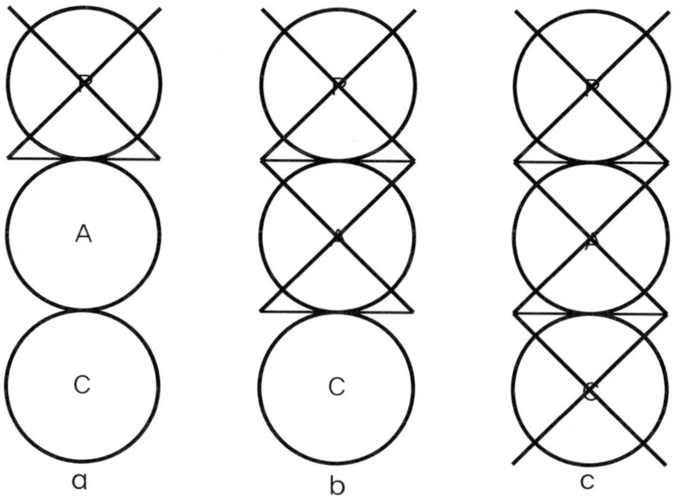


[그림 8-2] 음주 중 퇴행 진행 과정

그래야 그들이 욕망의 억제를 덜 받고 더 재미있는 시간을 보낼 수 있기 때문이다.

음주를 지속한다면 결국 어른 자아 상태 또한 해제되어 평소에는 하지 않을 잘못된 결정을 내리게 되며, 이는 [그림 8-2]의 b에 나타나고 있다. 개인은 욕망 억제가 이루어지지 않아 그릇된 어른 결정을 하게 되며, 성적인 행동이나 폭력적인 행동을 보이게 된다. 결과적으로 남성들은 싸움을 하게 되고 여성은 성적인 행동을 취하게 된다. 술을 더 마시면 결국 어린이 자아 상태도 해제되어 기절을 하거나 의식을 잃게 된다([그림 8-2]의 c).

[그림 8-2]의 b처럼 어린이 자아 상태만 작동하는 경우 어린이의 욕구나 감정이 구속되지 않은 상태에서 자유롭게 방랑한다. 어린이같이 행동함에 따라 퇴행 상태에 있는 것이다. 우리는 사람마다 술에 취했을 때 기쁘거나, 화가 나거나, 슬퍼하는 것을 볼 수 있다. 이는 사람에 따라 기본적으로 행복, 화, 또는 슬픔이 마음속 밑에 깔려져 있다는 의미다. 검열이나 억제를 하는 부모와 어른 자아 상태가 사라지면, 그 사람의 가장 심오한 감정만이

남아서 밖으로 표출된다. 이 또한 자살적인 사람과 관계가 있다.

일상적인 사고를 제거하면 보호 요인들의 영향력이 줄어들 때가 있다. 예를 들어, 어떤 사람은 자신이 죽으면 자녀들이 슬퍼할 것이라는 것을 알고 있기 때문에 자살 충동을 실천으로 옮기지 않을 수 있다. 이것이 보호 요인이다. 하지만 약물로 인해 퇴행을 한다면, 이 보호 요인이 부모 및 어른 자아 상태 기능을 하기 때문에 보호 효과가 덜 할 수 있다. 알코올은 타인에게뿐만 아니라 자신에 대한 폭력적 행동의 억제도 사라지게 한다. 결과적으로 퇴행한 사람들은 자신에 대한 폭력적 충동의 억제가 없으므로 자살 생각을 실천으로 옮길 가능성이 크다.

### 사례 연구 8-2 알코올의 영향

33세의 한 남성은 아동기와 청소년기 대부분을 농장에서 보냈다. 그는 여러 번 발생했던 아버지의 협박용 자살에 대해 이야기했다. 그는 6~7세 무렵부터 시자하여 그의 가족이 농장을 떠나 도시로 이사를 간 14세 무렵까지 이러한 일이 지속적으로 발생했다고 회상했다. 그의 아버지는 보통 늦은 오후부터 다음 날 새벽까지 술을 마셨다. 아버지는 술에 취하면 매우 침울해했고 죽고 싶다는 말을 하곤 했다. 그런 후에는 캐비닛에서 총을 꺼내 장전하고 의자 옆에 놓은 채 계속 술을 마셔 댔다.

어머니는 울부짖으며 남편을 말리고 총을 치우려고 했다. 아버지는 반복적으로 자기 머리에 총을 발사하겠다고 협박하면서 장전된 총을 옆에 두고 더욱더 취해 갔다. 하지만 자신의 협박을 실제로 행동에 옮기지는 않았다.

〈사례 연구 8-2〉에서는 아버지가 술을 마시면 마실수록 알코올의 작용으로 인해 어린이 자아 상태에 접어들어 자신을 죽이려는 충동이 더 확연해지는 것을 알 수 있다. 부모 및 어른 자아 상태의 영향력이 줄면서 퇴행이 더 진행되고, 자살에 관한 말과 행동이 표출된다. 호주심리학회(1999)는 다음과 같이 밝혔다. "청년 자살의 거의 절반이 알코올 등 약물에 취한 상태에서 발생한 것으로 밝혀졌다……. 약물에 취할 경우 평소에는 자살 생각이나 충동에 저항하게 해 주는 보호 요인들이 붕괴된다."(p. 12)

자살 위험을 사정할 때는 약물이 작용되었을 때 그 사람의 마술적 사고에 주목해야 한다. 과거에 약물 복용으로 인하여 퇴행하였을 때 어떤 반응을 보였는지 물어봐야 한다. 특히 부모 및 어른 자아 상태가 제대로 작동하지 않을 때 어떻게 행동하는가를 알아야 한다. 사실 앞서 언급한 바 있듯이 상담 중에 퇴행 기술을 사용해서 그 사람을 퇴행시킬 수 있다. 이는 그 사람이 퇴행된 상태에서 어떻게 생각하고 느끼며 행동하는지에 대하여 더 깊이 이해할 수 있게 해 주므로, 약물 복용 때문에 그 사람이 퇴행할 경우 자살을 할 위험이 얼마나 큰지 판단하는 데 도움을 준다. 이와 같이 약물 영역의 자살 위험 사정에서는 단순한 약물 복용 병력을 확인하는 데 그쳐는 안 된다.

## 4. 정신병력

자살 위험에 대한 측정을 위해 정신병을 검토할 때는 단순한 '정신병력'보다 더 상세한 면에서 정신병을 보는 것이 필요하다. 이 측정은 주로 정신분열증, 조울증 그리고 경계선 성격에서 대부분 두드러지게 나타나는 정신병적인 또는 정신병 전조 증상의 병력을 가진 사람들과 연관되어 있다.

### 자아 상태와 정신병

자아 상태의 관점에서 정신병, 특히 정신분열증은 [그림 8-3]과 같이 나타낼 수 있다.

어떤 정신병에서나 핵심적인 특징은 어른 자아 상태의 기능이 아주 빈약하다는 것이다. 『치료 지침서(*Management of Mental Disorders*)』(Treatment Protocol Project, 2004)에 따르면, "정신분열증은 생각과 지각의 왜곡, 사고와 행동의 혼란, 인지장애, 상호 의사소통장애, 사회적 장애, 기능적 장애가 특징인 심각한 정신 질환이다."(p. 287) 정신병 진단을 내리기 위해서는 현실 지각, 사고 능력, 사고의 조직, 인지 능력 등 어른 자아 상태의 기능이 심각하게 붕괴되어 있어야 한다.

[그림 8-3]의 a에서는 어떤 이유에서든 어른 자아 상태가 빈약하게 기능하므로 혼란스러운 사고나 인지장애 등을 포함한 정신병적 증상들이 생긴다. 대신에 [그림 8-3]의 b에서는 어른 자아 상태가 오염된 것을 볼 수 있는데, 망상이나 환각이 나타날 수 있다. 만일 어떤 사람이 정부가 물에 독약을 넣었다는 믿음을 갖고 그것이 진실이라고 추정한다면, 그 사람은 사실에 대해 잘못된 견해를 가지게 된다. 부모 자아 상태는 어른 자아 상태를 실상으로 오인한다. 그래서 부모 자아 상태는 어른 자아 상태의 경계를 오염시킨다.

만일 어떤 사람이 이상한 냄새에 대해 어린이 자아 상태의 감각으로 실

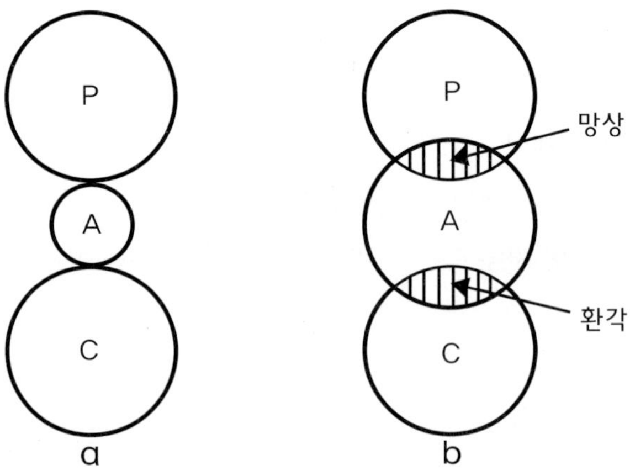


[그림 8-3] 정신병적 환자의 두 가지 성격 구조

제 냄새라고 판단하면, 어린이 자아 상태가 어른 자아 상태를 왜곡하게 된다. 개인적 감각 경험은 다른 모든 사람이 마찬가지로 경험하는 실제 사건으로 여겨지고, 이에 따라 어린이 자아 상태는 어른 자아 상태를 오염시키는 것으로 보인다. 이런 망상과 환각이 더 심해지면서 어른 자아 상태의 기능은 나빠지고, 결국에는 정신분열병 진단을 받을 정도로 심각한 경지에 이르게 된다.

### 퇴행

여기서 주된 요점은 어른 자아 상태의 기능이 감소하면서 사람은 점점 더 퇴행한다는 것이다. 실제 DSM-IV에서는 퇴행이 정신분열병의 진단적 특징으로 기술되고 있다. 예를 들어, 미국정신의학회(American Psychiatric Association, 1994)는 정신분열병에서 나타날 수 있는 사회적 · 직업적 장애에 대한 논의에서 다음과 같이 진술하고 있다. "장애가 시작된 뒤로 중요한 시기에 일, 대인관계, 자가간호의 영역에서 하나 또는 그 이상의 주요 기능이 장애가 시작되기 전에 성취했던 수준 이하로 눈에 띄게 떨어진다." (p. 285) 달리 말하면, 이전에 성취한 높은 수준의 일상 기능에서 퇴행하는 것이다.

앞에서 언급한 바와 같이, 퇴행으로 인한 죽음에 대해 어린이와 같은 방식으로 생각하게 되고, 보호 요인의 영향은 감소될 수 있다. 자살 위험 사정에서 만일 정신병적 또는 정신병 전조 증상들을 보이는 사람과 교류하려면, 퇴행 수준을 명확하게 사정할 필요가 있다. 만일 현저한 퇴행이 나타나면, 죽음에 대한 어린이 자아 상태의 마술적 사고에서 퇴행이 의미하는 것이 무엇인지, 어떻게 보호 요인들이 위태롭게 되는지에 대한 정보를 수집한다. 만일 두 가지가 모두 있으면 의미 있는 자살 시도의 가능성은 증가한다.

### 자살 시기

정신병 기간은 자살 위험 사정에 더 많은 정보를 줄 수 있다. 미국정신의학회(1994)와 『치료지침서』(Treatment Protocol Project, 2004)에 의하면, 정신분열증으로 고통받는 환자의 약 10%가 자살을 하는데, 자살 위험이 가장 높은 시기는 처음 5년이나 10년이라고 한다. 대부분의 자살은 비교적 급성 증상에서 벗어나 음성 단계에서 발생하는데, 이때 완전한 자살을 위해서는 계획 단계가 필요하다. 정신병의 양성 단계에서는 어른 자아 상태의 계획 기능이 사실상 없기 때문이다.

나의 경험상, 정신분열증과 같은 만성 정신병을 가진 사람들은 인생의 후반에 민감해진다. 정신분열증 환자들의 이야기를 경청해 보면, 그들은 일반적으로 삶이나 생활이 그냥 피곤한 사람들이다. 정신병은 살아가는 데 아주 불쾌한 것이 되며, 만일 만성이라면 더욱 그렇다. 약물 복용은 아주 나쁜 부작용을 가져올 수 있는데, 망상과 환각은 일상생활을 고통스럽고 불쾌하게 만든다. 이런 타격으로 시간이 지나면서 자살이 만성적인 고통에 대한 해결 방안이 될 것이다. 이 경우 절망감은 점점 더 커진다. 불행히도 나는 만성 정신분열증으로 고통받는 많은 사람이 자살을 했다고 들었는데, 아마도 방금 기술한 상황 때문일 것이다. 위험 사정의 관점에서 보면, 그런 만성적인 고통을 당하는 사람을 대할 때는 특히 절망감과 그 사람이 그것을 어떻게 다루는지에 초점을 맞출 필요가 있다.

### 명령 환각

자살 위험 사정에서는 환자가 명령 환각을 경험하는 것을 발견할 수 있다. 명령 환각이란 자신에게 자살을 명령하는 환각을 말한다. 『치료지침서』(Treatment Protocol Project, 2004)는 "자살 관념은 특별히 그 사람이 자살을 명령하는 목소리를 듣는 것과 같다. 이러한 생각의 강도와 그 사람의 수행 능력이 반드시 사정되어야 한다."(p. 291)라고 기술하고 있다. 〈사례 연구 8-3〉은 자살 시도 후에 내가 잘 알게 된 한 남성의 예다.

### 사례 연구 8-3 자살과 명령 환각

35세의 남자가 목의 동맥을 끊음으로써 생을 마감하려는 시도를 하였다. 그는 면도칼을 사용하였고 거의 죽음에 이르렀지만, 마지막 순간에 발견되어 살아났다. 이후 그와 나눈 이야기에 따르면, 그는 만성적인 정신분열로 고생하고 있었고 항정신병 약을 복용하고 있었다. 자살 시도 한 달 전에 그는 약 복용을 중단했는데, 그 이유는 자신이 잘 지내고 있었고 더 이상 약이 필요 없다고 생각하였기 때문이다. 약을 중단한 후 그는 환각과 심한 망상에 시달리게 되었다. 망상 중 하나는 하느님과 이야기를 하는 것이었다. 하느님은 그를 원하니 와서 같이 있자고 하였다. 그래서 그는 하늘나라로 가야만 했다고 하였다. 하늘나라로 가기 위해 그는 자살을 시도한 것이다.

이런 환청이 나타났을 때는 그 목소리가 말하는 것을 발견할 필요가 있다. 사정자는 반드시 자신을 죽이라거나 하느님과 함께 있으라는 것 등을 지시하는 어떤 목소리가 있었는지를 발견해야 한다. 또한 그 사람이 아무에게도 말하지 않고 약물 복용을 중단한 적이 있다면 특히 지속적으로 지켜보는 것이 좋으며, 이 시점에서 들리는 목소리가 얼마나 생생한지 알아보아야 한다. 만일 환청이 증가한다면, 그 사람이 치료 약물을 정확하게 복용하고 있지 않거나 전혀 복용하지 않기 때문이다. 이 경우 명령 환각의 급속한 증가의 결과로 자살 위험이 급속하게 증가할 수 있다.

#### 경계선 인격

정신병과 자살 관련 문헌에서는 성격장애 중 특히 경계선 인격과 관련된 자살률에 대한 통계 인용을 볼 수 있다(Moscicki, 1995). 불행히도, 이 영역에서는 무엇이 자살 행위이고 무엇이 자살 행위가 아닌지가 불명확할 수 있다. 예를 들면 〈사례 연구 8-4〉와 같다.

### 사례 연구 8-4 자살과 경계선 인격

경계선 성격의 진단을 받은 25세의 남성은 심각한 자살 시도 후 나에게 상담을 받으러 왔다. 그는 여자친구와 매우 불안정하며 변덕스러운 관계를 오랫동안 맺어 왔다. 어느 날 그는 공중전화로 여자친구에게 전화를 하고 있었다. 주변에는 몇몇 사람이 있었다. 통화 중에 그녀가 관계를 끝내자고 하며 전화를 끊었다. 그는 그의 인생에서 또 다른 여자가 자신을 버렸다는 것에 격분하였다. 훗날 그는 그때 분노로 정신을 잃을 지경이라고 말하였다.

그는 낚시광이었기 때문에 항상 낚시 도구를 가지고 있었다. 전화가 끝난 후, 그는 자신의 가방에서 낚시 칼을 꺼내서 스스로 목을 두세 차례 찔러 대동맥을 끊었다. 그런 후에 가게의 작은 유리창에 일격을 가하여 창문을 부수었으며, 그 과정에서 그의 손과 팔뚝에 작은 상처를 남겼다. 그는 목에서 많은 피가 나왔고, 바닥에 주저앉았다. 이 모든 일은 약 45초 만에 일어났다.

이때 무슨 일이 일어났는지 보러 온 주위 사람들이 그를 발견하였다. 그는 과다 출혈로 인해 상태가 빠르게 악화되었다. 우연히 그를 돕기 위해 다가온 사람들이 목에서 흐르는 피를 지혈하는 방법을 알고 있었고, 그 덕분에 그는 살 수 있었다. 아무런 도움이 없었다면, 그는 틀림없이 순식간에 사망했을 것이다.

이것은 자살 시도였는가? 아마 아닐 것이다. 만일 그가 죽었다면 자살로 기록되었을까? 아마도 그럴 것이다. 원칙적으로 그가 자신을 죽이려고 하는 의도가 없었기 때문에 그것은 하나의 사고였다. 2장에서 언급한 바와 같이, 자살로 간주되는 행동은 개인이 반드시 자신을 죽이려는 의도를 가지고 있어야만 한다. 그는 한번도 '내가 나 자신을 죽여야겠다.'는 생각이 없었다. 대신 그는 버림받은 것에 분개하였고, 단순히 화를 내며 스스로 칼로 베었다. 그는 화를 내며 유리문을 부수었고, 목을 베어 자신을 공격했다. 만일 여자친구가 거기에 있었다면 그녀를 무섭게 공격했을 가능성이 높다. 이것은 단지 분노의 단순한 표현일 뿐 일반적 개념으로는 자살 시도가 아니다.

결과적으로 경계선 인격과 개인의 다른 충동적, 행동화 유형에서 나타나는 자살의 통계치는 이러한 맥락에서 고려되어야 할 필요성이 있다. 『치료지침서』(Treatment Protocol Project, 2004)는 그런 개인의 특성에 대해 기술하고 있다. "행동의 결과를 고려하지 않고 충동적으로 행동하는 경향이 있다. 많은 사례에서 충동적인 행동은 개인에게 잠재적으로 해를 끼치는 원인이다."(p. 558) 만일 사망이 발생하면, 그것은 자살로 인한 것이라기보다는 사고로 인한 것이다. 〈사례 연구 8-4〉에서 만일 남성이 자신을 죽이려고 했다면 한적한 곳으로 가서 경동맥을 끊었을 것이고, 그 결과로 그는 아주 갑자기 죽었을 것이다. 물론 이런 과정은 어떤 계획이 필요하지만, 충동적인 자살 시도는 그러한 계획 없이 시도되는 것이다.

사고든 또는 자살이든, 개인은 결국 사망에 처하게 된다. 그러므로 자살에 대한 위험 사정은 반드시 치밀하게 수행되어야 할 필요가 있다. 〈사례 연구 8-4〉에서처럼 순식간에 행동이 일어날 수 있고, 약한 자살 충동에서 강한 자살 충동으로 변하는 데 시간이 걸리기 때문에 자살하려는 사람을 사정하는 것은 쉽지 않다. 대신에 자살을 유발하는 요인을 찾고, 그 요인의 발생을 사정한다. 이 사례의 경우 자살 행위의 촉발 요인은 버림받았다는 지각 또는 여자친구와의 관계가 깨진 것이다. 이 경우에는 남성의 현재 관계가 어떤 상태인지 파악해야 할 것이다. 만약에 둘 사이에 사소한 불협화음이 없고 좋아 보이면, 자살 위험은 낮게 사정될 것이다. 만일 중요한 관계에서 불안정 상태가 증가하면, 자율적인 자살 시도의 위험은 증가할 것이다.

이런 충동적인 사람들과 함께할 때는 자살 시도로 이끄는 촉발 요인을 찾아 인식해야 하고, 그런 촉발 요인이 발생하는지를 지켜보아야 한다. 또한 상담의 관점에서 그 사람이 스스로 촉발 요인을 인식하도록 권하고, 스스로 예방 행위를 취하게 할 수 있다. 만일 촉발 요인이 발생할 것 같다고 느끼면, 그는 이를 다른 사람에게 보고할 수 있다.

## 5. 이차적 이득의 결핍

경계선 인격과 같은 인성은 때때로 조작적일 수 있다. 만일 자살 시도나 자살 진술이 이차적 이득을 얻는 데 부족하면 후속적인 자살 행위의 위험이 증가하는데, 이러한 행위는 특히 잘 계획되어 이루어진다. 어떤 사람은 죽고 싶어서 자살을 시도하지만, 어떤 사람은 죽고 싶지 않으나 자살 시도를 한다. 후자의 경우는 조작이나 '도움을 요청하는 외침'과 같은 자살 진술을 통해 이차적 이득을 구한다. 이차적 이득이 적을수록 자살이 문제 해결에 대한 가능한 선택 조건이라고 더 많이 생각하게 되므로 완전한 자살 시도가 증가한다. 〈사례 연구 8-5〉는 남자친구가 자신에 대한 사랑을 보여 주게 하기 위한 수단으로 자살 시도를 사용한 경계선 인격을 가진 여성

### 사례 연구 8-5 자살과 이차적 이득

이전에 나의 내담자였던 23세의 한 여성은 여러 번 자살 생각을 명료하게 표현했다. 그녀의 보편적인 패턴은 약을 먹고 나서 남자친구에게 메일을 보내서 의료적인 지원을 받을 수 있도록 자신에게 와 달라고 말하는 것이었다. 이번 경우에도 그녀는 남자친구에게 그가 기꺼이 와 줄 것이라는 것을 알고 있다는 메일을 보냈다. 그가 메일을 확인하지 않을 가능성은 백 번 중에 한 번 정도였다. 이미 밝혀졌듯이, 그는 메일을 확인하지 않았고, 그녀는 결국 약물 과다복용으로 사망했다.

의 사례다.

이 사례 연구는 명확하게 자살 진술과 자살 시늉을 통해 이차적 이득을 얻는 것을 보여 준다. 이것은 그녀에게 완전한 자살 위험이 적었음을 의미한다. 그러나 때로 개인은 이 사례에서와 같이 죽기를 원하지 않은 자살 시도를 했어도 상황이 여의치 않아 죽게 될 수 있다. 일반적으로 이것은 사고로 인한 사망이지 자살은 아니다. 이런 상황에서는 사망의 위험을 사정하기 위해 특히 자살 시늉의 위험성에 대한 정보를 구해야 한다. 만일 자살 시늉이 전혀 위험하지 않다면 자살 위험은 낮다. 그러나 〈사례 연구 8-5〉의 여성은 명백하게 치명적인 시늉을 했다. 따라서 사망 위험이 증가했으며, 사고와 자살 경계가 불분명하다.

감옥 시스템에서 일하는 동안, 나는 수감자들이 이차적 이득을 얻기 위해 자살 시늉을 하는 것을 많이 보았다. 수감자들은 비교적 자살 시늉 할 수 있는 상황에 무방비로 노출되어 있었다. 수감자가 자살 시늉을 한 후에는 소정의 절차가 진행되는데, 직원들은 모두 그것이 '절벽 같은' 아주 위험한 과정이라고 인식하고 있었다. 수감자들은 자살 진술을 하거나 자신을 가볍게 칼로 그음으로써 다른 감방으로 이동하게 되고, 따라서 그것은 감방을 옮겨 다닐 수 있는 한 방법이 되었다.

이런 위험 사정에서 만일 이차적 이득이 증명되면, 대상자에게서 얻은 정보는 신뢰할 만한 정보라 할 수 없다. 이 경우에는 자살 위험을 너무 과장하거나 긍정적인 위험 사정을 틀리게 만드는 경향이 있다. 물론 틀린 **부정적** 위험 사정보다는 틀린 **긍정적** 위험 사정이 더 낫지만, 반드시 오류가 있다는 것을 주의해야 한다. 여러 차례 허위 자살 진술을 하고, 위험하지 않은 자살을 여러 번 시도한 사람을 다루는 경우에는 성가시고 피곤은 하지만 만족감을 얻기는 쉽다. 물론 〈사례 연구 8-5〉에서 본 바와 같이 자살 위험 사정자의 해결 방안을 시험하기도 한다. 사고로 인한 사망이 일어날 수 있으며, 많은 충동적인 자살 진술 중에 심각한 것이 있을 수 있다.

## 6. 고위험 집단으로서 수감자

여러 연구에서 감금된 사람은 보통 사람보다 자살 위험이 높다고 밝힌 통계 결과를 볼 수 있다. 예를 들어, 맥아서, 카밀레리와 웹(McArthur, Camilleri, & Webb, 1999)은 호주 감옥에서 자살이 사망의 주요 원인이며, 전체 사망의 약 50%를 차지한다고 보고하였다. 템비(Temby, 1990)는 감옥에서의 자살률은 일반 인구의 경우보다 2.5~10배가량 더 높다고 기술하였다. 또한 돌턴(Dalton, 1999) 역시 호주 감옥에서의 자살률은 일반 인구의 경우보다 약 10배 높다고 기술했다. 이런 통계는 명확하고 설득력이 있으나, 내 생각으로는 잘못된 설명을 하고 있는 것 같다.

나는 약 750명의 남성 수감자가 있는 감옥 시스템에서 일하면서 아주 다양한 개별 집단을 볼 수 있었다. 예를 들어, 수감자들의 죄에 따라 단순절도나 신용카드 사기와 같은 경범죄에서 가장 악랄한 중범죄까지 다양하게 범주를 나눌 수 있다. 또는 수감자들은 충동 조절이 약하거나 지적 수준이 낮은 사람들이다. 나는 만일 자살 위험 사정에서 이런 양적인 측정을 사용하려면, 감옥에서 발견할 수 있는 다양한 인격을 감안하여 그 사람들을 더 자세하게 살펴보아야 한다고 생각한다.

### 세 집단의 수감자

예를 들어, 감옥에는 뚜렷한 세 집단의 사람들이 발견된다. 첫째, 반사회적 인격을 가졌거나 범죄자의 삶을 살아온 범죄적 인격이다. 이 사람들은 법을 어기는 것에 대해 거의 문제의식이 없다. 그들은 양심의 결핍, 공감에 대한 무능력, 권위 거부, 근심 결여, 고위험 행위, 약물 복용, 난잡함, 다른 사람과의 친밀감 부족 등을 포함한 인성 특질의 패턴을 보인다(Midgley, 1993에서 수정).

우리는 수감자들의 위험 사정을 어디서부터 시작해야 할지에 대한 지침을 가지고 있다. 이 집단의 수감자의 경우에는 앞의 양적 측정 방법 3에서 기술한 약물 복용 병력을 사정해 볼 수 있다. 여기에는 최근의 약물 복용, 복용 약물의 위험성, 섭취 방법, 약물 복용과 퇴행, 그리고 왜 약물을 복용하게 되는지의 사정이 포함된다.

이런 인격 유형에는 매우 위태로운 운전이나 무장 강도질 등과 같이 일상생활에서나 범죄에서 위험도가 아주 큰 것을 선택하는 사람들이 포함될 수 있다. 인격에 대한 연구에서는 사춘기 인격과 범죄적 인격 간에 어느 정도 유사성이 있다고 보고하고 있다. 앞에서 말한 바와 같이, 사춘기의 십대들은 실수로 고위험군으로 분류되기도 한다. 더 정확하게 말하면, 사춘기 청소년들은 그들의 특성인 불멸성과 전능성에 대한 감각 때문에 위기 사정에서 약한 고위험 집단으로 간주된다. 범죄적 인격을 가진 사람도 마찬가지다. 범죄적 인격을 가진 사람은 위험 사정을 정확하게 하지 못하므로 자신이 하는 행동의 위험을 평가절하하는 경향이 있다. 뉴컴과 우즈(Newcombe & Woods, 2010)가 기술한 위험 사정 범주는 그런 수감자에 대한 자살 사정을 도울 수 있다.

두 번째 수감자 집단은 약물 복용자다. 이 사람들은 앞서 기술한 바와 같은 반사회적 인격이 아니다. 그들은 약물 복용을 위한 돈이 필요하여 법을 어긴다. 만약 이 사람이 청결하고 급히 돈이 필요하지 않으면 범죄로부터 자유롭게 벗어날 가능성이 있다. 그는 범죄적 생활을 유지하지 않거나, 적어도 징역형을 받는 법을 반복적으로 어기지는 않는다. 사실 그는 '범죄자'가 아닌 의존적인 약물 복용자다. 그래서 자살 위험 사정은 최근의 약물 복용, 약물 복용 이유, 섭취 방법 등의 요인들을 사정해야 한다.

세 번째 수감자 집단은 보통 정신병적 증상을 보이는 심각한 정신 질환을 가진 사람들이다. 1960년대와 1970년대에 서구 국가들은 정신과 병동을 비우기 시작했다. 다양한 수준의 치료 보조와 함께 새로운 약물이 더 많은 환자로 하여금 지역사회에서 살 수 있도록 허용했기 때문이다. 그러나 불행하게도 어떤 사람들은 그들이 원하는 치료 보조를 받지 못했고, 의료 체계의 사각지대에 놓인 채 거리에서 살거나 아주 가난하게 살게 되었다. 그들은 적절하게 약물 복용을 중단하더라도 망상적인 믿음 체계나 환각이 발생하였다. 여러 가지 이유에서 그들은 범죄를 저질렀고, 결국 병원이 아닌 감옥에서 보살핌을 받게 되었다. 약물 복용자와 같이 이 사람들도 범죄적 인격이 아니며, 적절하게 관리하면 대부분 법을 습관적으로 어기지 않는 이성적인 사람이 된다.

이 범주에서는, 정신 질환자를 사정하는 기준을 가지고 수감자의 자살 위험을 사정한다. 이러한 기준은 명령 환각, 정신병에 의한 퇴행 수준 등을 포함한다. 여기서 주의할 점은 단지 감옥에 있다는 이유로 자살 위험이 너무 부정적으로 사정되고 있다는 점이다. 통계 결과는 이전에 사용한 넓은 범위의 정의를 인용하고 있다. 예를 들어, 감옥에서 자살률은 일반 인구보다 2.5배에서 15배 정도 높게 나타난다는 것이다. 나의 생각은 무의미한 통계들이 아주 많으므로, 유용한 통계치를 얻기 위해서는 감옥 시스템 내 수감자를 세분하여 하위 집단들도 세밀하게 자살률을 조사해야 한다는 것이다.

### 수감자의 고위험 하위 집단

여러 감옥 시스템에서는 수감자의 고위험 하위 집단에 대한 자살 사정을 돕기 위한 다양한 체크리스트가 사용되고 있다. 나는 이런 연구들을 신뢰할 수 없다. 다양한 체크리스트는 여러 해 동안의 수감자들 행위에 대한 관찰과 그들의 자살 위험에 대한 사정을 통해 만들어졌을 것이다. 이러한 자료는 수감자에게 더 정확한 위험 사정을 하기 위해 간직할 유용한 정보로 보인다. 이 자료의 목록은 다음과 같은 네 가지 고위험 시기와 상황을 제안하고 있다.

① 가족과 사랑하는 사람을 포함한 감옥 외부의 이슈: 자살 위험은 배우자나 자녀들처럼 가까운 가족 구성원을 포함하는 가족의 어떤 위험이 있을 때 증가할 수 있다. 가족 구성원의 심각한 질병이나 죽음, 사랑하는 사람의 제사, 그리고 특히 관계가 끝났다는 말을 듣는 수감자의 관계 단절 등을 포함할 수 있다.

② 수감자가 감옥 내부의 심각한 사건에 연루될 때: 이에는 탈옥 시도, 폭동, 감방 체굴, 기근 파동, '경계 벗어나기'(예: 감방 지붕 에 올라가기), 수감에 대한 저항 등을 포함한다. 공격이나 투쟁 후 일정 기간 특권을 박탈당하거나 독방에 감금되는 결과를 초래하는 수감자에 대한 징계 조치가 내려질 때, 그리고 다른 수감자가 자살을 시도하거나 완전 자살을 한 후, 일정 기간은 고위험 시기로 간주된다.

③ 감옥에서 수감자의 생활에 획기적인 변화가 있을 때: 자살 위험은 수감자가 다른 감옥으로 이동될 때 증가할 수 있다. 특히 수감자가 이감되기를 원하지 않은 경우에 더욱 그렇다. 또한 수감자가 형을 선고받은 최초 시기나 수감 기간이 끝날 때 그러하며, 만일 첫 수감인 경우에는 더욱 그렇다. 다른 예는 수감자에 대한 경비 수준을 최소 수준에서 중간 수준, 중간 수준에서 최고 수준으로 올렸을 때, 또는 수감자의 금고 기간이 늘어났을 때, 특히 구형 선고가 예상보다 더 길어질 때다.

④ 이감이나 수감자 이동으로 일반적인 감옥 환경을 벗어나게 되면서 자살 수단을 접하는 때: 대부분 현대 감옥은 '자살하기 어려운' 환경으로 설계되어 있다. 예를 들어, '목을 매는 지점'을 없애고 밧줄이나 다른 종류의 줄을 맬 수 있는 곳을 제거한다. 자살 수단에의 기회가 늘어나면 자살 시도 발생의 위험이 증가될 수 있다. 수감자가 자동차로 이송될 때, 이동감옥에 잠시 구금될 때, 또는 환승 센터에서 기다릴 때 특히 그럴 수 있다.

### 수감자 사정에 대한 기타 고려사항

앞에서 언급한 바와 같이, 수감자는 처음으로 구금되었을 때 위험이 더 높다. 이 경우 미래에 중점을 두고 관련된 수감자의 태도를 사정해야 한다. 처음으로 수감된 사람은 자신의 인생이 종점에 다다른 것으로 생각할 수 있다. 그는 이제 자신이 바닥을 쳤으므로 더는 아래로 내려갈 수 없다고 느껴, 마침내 자살에 대한 생각이 빠르게 증가할 수 있다. 그러나 시간이 지남에 따라 감옥생활에 적응하게 되고, 다음 몇 년 동안 자신의 처지를 수용하면서 자살 생각이 사라지는 경향이 있다.

자살 경향이 있는 수감자들을 겪어 본 사람들은 아주 오랫동안 수감된 사람들에게는 치명적인 기간이 있다고 말한다. 그들은 무기징역형을 받은 사람으로, 결코 석방되지 않거나 20년, 30년 또는 40년 동안 반드시 감옥에 있어야 하는 사람이다. 그들이 수감된 지 5~7년에 이르게 되면 상당한 성찰 기간을 가질 수 있다. 이 기간에 수감자는 진실로 자신의 인생이 아주 오랫동안 쓸모없었던 것으로 이해하기 시작하며, 이는 자살 강요를 상승시키는 결과를 초래한다. 이에 대한 어떤 연구가 있는지는 잘 알지 못하지만, 오랫동안 감옥 시스템에서 일해 온 사람을 통해서, 그리고 오랫동안 수감자들을 상담하고 관찰하면서 여러 사실을 발견하였다. 이런 관찰은 장기 수감자들의 자살 위험 사정에 도움이 될 수 있을 것이다.

수감자들을 하나의 전체 집단으로 두고 결론을 내리는 것은 의심스러운 추리이지만, 수감자 인구 전체에 적용할 수 있는 한 가지 특징이 있다. 에일랜드, 코벤과 바턴(Eyland, Corben, & Barton, 1997)은 어떤 사람이 유치장에 들어가 있을 때는 외부 관계들을 심각하게 상실하는 경험을 할 뿐 아니라 신체적 · 정서적 붕괴를 경험한다고 보고했다. 유치장에 감금된 기간을 직업적 위험으로 간주하는 상습범에게는 그리 심각하게 적용되지 않겠지만, 감옥살이를 하는 많은 사람은 비참한 삶을 살아간다. 그들 대부분은 사회에서 다른 사람들이 살고자 하는 삶을 자신도 살고자 하는데, 이에는 사회의 중요한 규칙을 어기는 것도 포함된다.

결과적으로 그들 삶은 보통 사람의 삶보다 더 극적이고 극단적이다. 그들은 교류분석에서 말하는 3등급의 삶을 살아간다. 대부분의 보통 사람은 사회적으로 1등급이나 2등급의 삶을 살아간다. 3등급의 삶을 사는 사람은 보통 사람보다 더 위험하고 더 극단적인 상황에 관여할 것이다. 보통 3등급 삶은 신체 손상을 입게 되므로 병원에 입원하거나 죽음에 이른다. 그러므로 살인, 피살, 자살, 비참한 삶 등이 3등급 삶을 사는 사람들에게 더 많이 일어날 가능성이 높다. 이로부터 말할 수 있는 것은 수감자들이 보통 사람보다 더 비참하고 극적인 방식으로 행동하는 경향이 있으므로 모든 그룹 중 가장 큰 자살 위험에 처해 있다는 것이다. 그렇지만 이러한 사실을 보다 큰 수감자 집단에 적용하기 위해서는 교도소 내로 들어가서 관찰해야만 하며, 전체 집단에 대한 결론을 도출할 때에는 각별히 주의를 기울이고 과잉 일반화의 위험을 고려해야 한다.

## 7. 자살 생각과 자살 행동의 지표로서의 우울증

자살과 우울에 관한 많은 논문이 있고, 다양한 종류의 통계 인용을 볼 수 있다. 예를 들어, 조지(George, 2008, p. 25)는 "호주 서부 지역에서 완전하게 자살한 132명의 젊은 사람을 후향적으로 연구한 결과, 거의 3/4이 사망 전에 명료하게 우울 증상들을 보였다."라고 보고하였다. 또한 "우울증은 자살 위험을 15~20배 더 증가시키고, 우울증을 가진 사람의 약 4%는 자살로 죽는다."(Hawton & van Heeringen, 2009, p. 1373) 이 연구 결과는 우울증을 가진 사람의 96%는 자살로 죽지 않는다는 것을 의미한다. 여러 연구에서 다양한 자살률을 제시하고 있다. 클라크와 포셋(Clark & Fawcett, 1992)은 우울증 진단을 가진 사람의 약 15%는 완전한 자살을 감행할 것이라고 추정하고 있다. 이 자살률을 대체로 약 10% 정도로 어림하는 경향이 있는데, 이는 우울증을 가진 대다수의 사람이 완전하게 자살을 시도하지 않음을 보여 준다. 자살 시도를 아예 하지 않는 우울증 환자가 더 많다. 그렇다고 우울증 환자에 대한 자살 위험 사정을 등한시하라는 의미는 아니며, 우울증 환자의 자살에 대한 사정을 하려면 문헌에서 언급한 발생률을 넘어선 더 자세한 이해가 필요하다는 것이다.

### 위험 사정과 관련된 우울증의 핵심 증상

현실적으로 우울은 단순히 증상의 집합이다. 우울은 크게 자살과 연결되어 있지 않다. 단지 자살하는 사람들이 우울이 있는 사람들에게서 흔한 증상들을 가지고 있다. 자살 위험 사정에서는 우울증 측정을 하는데, 우울증 자체보다는 그 사람이 보이는 우울증에서 발견되는 증상들에 대해 의문을 가져야 한다.

DSM-IV는 다음과 같이 우울을 정의하는 증상 목록을 제공한다(American Psychiatric Association, 1994).

① 절망감을 포함하여 하루 대부분이 우울한 기분임
② 흥미나 쾌감의 상실(하루의 대부분, 활동의 전체 또는 대부분)
③ 과도한 식욕 증가나 감소(상당한 체중 증가 또는 감소)
④ 불면 또는 수면 과다
⑤ 과도한 불안정, 손 비틀기 등의 활동(신경성 불안)이나 느린 동작(신경성 지연)
⑥ 피곤 또는 활력 감소
⑦ 무가치감 또는 과도하거나 부적절한 죄책감
⑧ 집중력 감소 또는 우유부단(결정 내리지 못함)
⑨ 죽음이나 자살에 대한 반복적인 생각

이 진단 체계에서 우울증을 진단하기 위해서는 다섯 가지 또는 그 이상의 증상이 있어야 한다. 자살자는 자동적으로 위의 9번 증상을 가지고 있다. 우울증이 있는 사람에게서 자살을 가장 잘 예측할 수 있는 임상 증상은 이전의 자해, 절망감, 자살 경향들을 포함한다(Hawton & van Heeringen, 2009). 벡 등(Beck et al., 1985), 벡, 브라운과 스티어(Beck, Brown, & Steer, 1989)는 또한 자살 위험의 가장 중요한 지표로 절망감을 발견하였다. 만일 우울증이 있는 사람이 식욕 상실, 불안감, 과도한 죄책감, 수면 과다, 우유부단 등을 보고하면, 그는 우울증 범주에 있으나 앞서 기술한 임상적으로 가장 중요한 증상은 하나도 없다. 만일 9번 증상, 즉 죽음이나 자살에 대한 반복적인 생각을 보고하지 않으면, 그 사람은 이 시점에서 자살 위험에 처하지 않았다고 말하는 것이 안전하다. 그가 나머지 여덟 가지 우울 증상을 모두 가지고 있다 하더라도, 이 시점에서는 자살에 대해 전혀 생각하지 않고 있는 것이다. 만일 어떤 사람이 우울 증상을 보이면 처음에 자살 생각에 대해 물어보아야 한다. 만일 그가 자살 생각을 하고 있다면, 절망감과 이전의 자해에 대해 물어본다. 만일 그가 세 가지를 모두 나타내면, 현재의 위기 수준에 대해 더 정확한 사정을 해야 한다.

자살 생각이 있는 우울증 환자와 자살 생각이 없는 우울증 환자에 대한 예측 연구는 많지 않으나, 중요한 세 가지 연구가 있다. 첫 번째는 우울증의 '시조'인 아론 벡(Aaron Beck, 1967)에 의해 오래전에 이루어졌다. 벡은 우울한 사람을 대상으로 자살 욕구가 있는지를 파악한 연구 결과를 보고했다. 그는 신경성 우울증 또는 경미한 우울증 그리고 정신병적 우울증 또는 더 심한 형태의 우울증을 구분했다(이에 대해서는 이 장의 뒤에서 논의할 것이다). 결과는 다음과 같았다.

경미 또는 중등 수준의 자살 욕구 표현:

- 신경성 우울: 58%

- 정신병적 우울: 76%

심한 수준의 자살 욕구 표현:

- 신경성 우울: 14%
- 정신병적 우울: 40%

아케치 등(Akechi et al., 2000)의 최근 연구에서는 주요 우울증을 가진 53%의 환자가 자살 생각을 가지고 있었다고 보고했다. 또한 와다 등(Wada et al., 1998)은 주요 우울증을 가진 약 50%의 환자가 자살 충동을 가지고 있다는 유사한 결과를 보고했다. 이러한 결과로 보아, 어떤 종류든지 우울증을 가진 약 50%의 환자들은 어떠한 반복적인 자살 생각도 보고하지 않는다는 결론을 내릴 수 있다. 따라서 우울한 사람의 약 50%는 자살에 대해 계획하기는커녕 생각조차 하지 않기 때문에 자살 위험에 있지 않다고 말하는 것이 안전할 것 같다.

### 우울증 경험의 시기와 구조

만일 어떤 사람이 우울한 상태이고 반복적인 자살 생각의 주요 징후, 즉 절망감이나 이전의 자해 경력을 보이면 반드시 더 많은 조사가 요구된다. 조사할 더 중요한 측면 중 하나는 우울 상태와 그 과정이다. 『치료지침서』(Treatment Protocol Project, 2004)에서 언급했듯이, 우울증 경험은 단일, 반복 또는 만성적일 수 있고, 자살하려는 사람에 대한 사정과 관리에 대해 중요한 암시를 담고 있다.

우울로 고통받는 사람의 약 5~10%는 만성 우울증이다. 만일 만성 우울증 환자가 반복적인 자살 생각을 하면, 위험 수준이 증가하고 또 시간이 지남에 따라 점점 더 증가하는 것을 볼 수 있다. 장기적으로 봤을 때, 이 사람은 비교적 심각한 자살 위험에 처할 수 있다. 누군가는 그에게 삶에 대한 피곤감과 특히 절망감에 관해 묻고 싶을 것이다. 그는 영혼 파괴적인 우울로 인해 질이 낮은 삶을 살고, 때로는 비만이나 에너지 고갈과 같은 아주 불쾌한 약물 부작용을 갖는다. 만일 그가 모든 종류의 약물과 심리 요법을 시도해도 증상이 거의 호전되지 않는다면, 사정 시 자살 위험이 분명 증가할 것이다.

설상가상으로 이러한 사람은 관리에 있어서도 할 수 있는 것이 거의 없다. 자살하지 않기 계약은 우울증이 끝이 없으므로 소용이 없다. 시간이 지남에 따라 자살 위험이 증가하므로 그를 병원이나 자살을 감시하는 시설에 입원시키겠지만 그렇게 하는 것이 무슨 대수이겠는가? 단순히 지리적으로 그를 재배치하는 것일 뿐이다. 그가 퇴원 시까지 우울하다면 얼마 동안이나 그를 병원에 입원시킬 수 있겠는가?

그러나 대부분의 우울증은 [그림 8-4]와 같이 정서적 변화가 정상 수준에서 우울 수준까지 좋아졌다 나빠졌다 하면서 주기적으로 나타난다.

『치료지침서』(Treatment Protocol Project, 2004)에서 기술한 바와 같이,

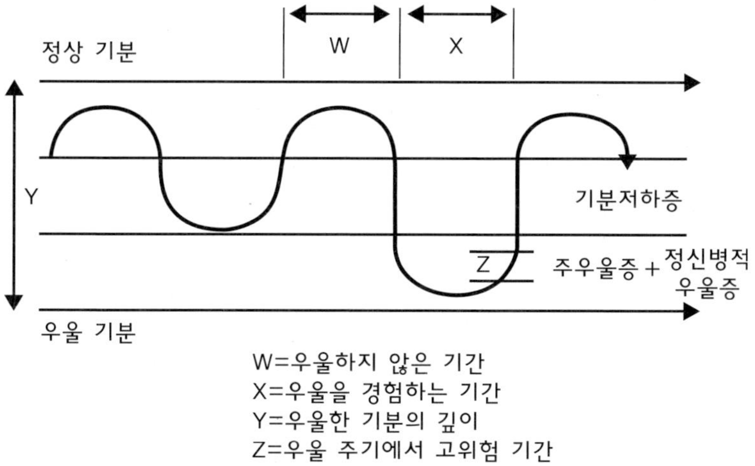


[그림 8-4] 우울의 주기

우울증 경험의 반복률은 비교적 높다. "우울증 경험을 1회 가진 사람은 50%가 재발할 것이고, 우울증 경험을 2회 가진 사람은 70%가 재발할 것이며, 우울증 경험을 3회 가진 사람은 90%가 재발할 것이다."(p. 159) 치료하지 않으면 경험의 평균 기간은 약 20~26주이지만, 많은 사람은 약 4~6주의 아주 짧은 경험을 한다. 만일 조기에 치료가 되면 경험 기간이나 중증도가 유의미하게 감소될 것이다.

### 우울증의 종류

자살 위험을 사정하기 위해 우울증 측정을 하는데, 우울의 종류에 따라 구분할 필요가 있다. [그림 8-4]에서 본 바와 같이, 사람은 정상 기분에서 기분저하증의 범위로 내려올 수 있다. 이 시기에 우울 증상은 중간 정도다. 전통적으로 이 정도는 신경성 우울이라고 알려져 있으며, 여기서 나는 이 용어를 사용한다. 신경성 우울은 주우울증보다는 덜 심각하다. 주우울증 시기에 우울 증상은 아주 심한 정도다. 이 시기는 주로 '임상적 우울증'이라고 부르며, 이러한 사람은 심각하게 무능력해지고 매우 우울해진다. 또한 이 수준에서 정신병적 우울증 상태가 될 수 있다. 이때 환자는 주우울증 증상과 함께 정신병적 우울증 증상들을 갖게 된다. 이 용어는 여러 해 동안 사용되고 있으며, 정신병적 우울증은 벡(1967)에 의해 잘 요약되었다. 벡은 정신병적 우울증은 "심하게 우울한 환자와 현실에 대해 왜곡된 해석을 하는 사람을 포함하며, 때로는 망상과 환각을 포함하는 것으로 특징지을 수 있다."(p. 82)라고 말한다.

이 모형을 요약하면 다음과 같다.

- 정상 기분
- 기분저하증 또는 신경성 우울
- 주우울증과 정신병적 우울증

[그림 8-4]에서 대상자는 정상 기분에서 시작하여 기분저하증으로 진단을 받는 우울증 시기로 이동한다. 결과적으로 우울증 경험은 끝나고, 그는 다시 정상적인 기분을 회복한다. 불행하게도, 이후에 대상자는 다시 더 심한 주우울증 경험을 하게 되고, 또다시 정상 기분 상태로 돌아온다. 자살 위험 사정을 돕기 위해 우울증 경험을 호소하는 사람에 대해 이와 같은 그래프를 만들어 볼 수 있다.

우울한 사람을 사정할 때는 우울증 주기의 네 가지 양상을 관찰할 필요가 있다. 즉, W, X, Y, Z 양상이다. 먼저 우울하지 않은 기간인 W 기간과 우울증 경험이 있는 X 기간을 사정해야 한다. 물론 전에 우울 경험을 가진 대상자의 진술에 의존하여 이 방법으로 병력을 수집한다. 우울 경험이 몇 회 정도 있었고, 그 기간은 어느 정도였는가? 또한 결혼생활 문제나 경제적 어려움 등과 같은 우울증을 촉발하는 어떤 요인이 있었는가? 이런 질문에 대한 사항들은 [그림 8-4]와 같이 그래프로 나타낼 수 있다. 사람들은 일정한 행동 패턴을 따르는 경향이 있으므로, 이런 정보를 얻는 것은 앞으로의 경험을 예측하고 우울증과 연결되어 증가할 수 있는 자살 충동이 있을 때 돕기 위함이다. 물론 미래의 경험은 과거의 경험과 다를 수도 있지만, 이는 자살 위험 사정에 어느 정도 도움을 줄 수 있다.

예를 들어, 경험 기간의 패턴이 나타나면, 미래에 위험 사정을 위해 언제 대상자에게 접근해야 할지 그 시기를 알게 된다. 하나의 좋은 예는 계절성 정서장애(Seasonal Affective Disorder: SAD)로 알려진 것이다. 전형적으로 우울증 경험은 가을이나 겨울에 시작하여 봄에 좋아진다. 그렇지 않으면 이전 우울증 경험은 대학 입시 또는 사랑하는 사람이 출장을 간 시기와 같이 특별한 사건과 관련이 있을 것이다. 이와 같은 우울 주기의 W와 X 구성은 위험 사정자로 하여금 위험 사정 시기를 향상하게 한다.

### 우울증 정도와 자살

Y의 구성 요소 사정을 통하여 우울증 경험의 질을 사정할 필요성이 있다. 여기서는 환자가 얼마나 심하게 우울한지, 그리고 특히 자살 생각과 관련하여 과거의 경험을 어떻게 느끼는지 등을 사정해야 한다. 이미 말한 바와 같이, 여기서 제시된 체계는 정상 기분, 기분저하증이나 신경성 우울 그리고 주우울증이나 정신병적 우울로 구분한다.

우울증이 심할수록 자살 생각을 더 많이 하게 된다는 연구 결과들이 있으므로, 자살 위험 사정에서 이 구분은 중요한 구성 요소다. 갈로 등(Garlow et al., 2007)은 우울증과 자살 생각에 대한 연구 결과, "대학생 집단에서 우울 증상의 심한 정도와 자살 관념화 간에 높은 관계가 있었다."(1문단)라고 보고하였다. 또한 페라우드 등(Perroud et al., 2009)은 "자살 관념화의 증가는 우울의 심한 정도와 관련이 있다."(p. 2)라고 진술하였다. 끝으로, 벡(1967)은 신경성 우울을 가진 사람의 14%, 그리고 정신병적 우울증을 가진 사람의 40%가 심한 자살 생각 수준을 보였다는 연구들을 인용했다. 결론적으로는 우울이 더 심할수록 자살 생각으로 위험 수준이 올라간다고 할 수 있다. 따라서 보고된 우울증 경험의 Y 구성 요소를 사정하는 것이 중요함을 알 수 있다.

방금 말한 대로, 주우울증이나 정신병적 우울증을 가진 사람은 기분저하증을 가진 사람보다 자살 관념화에 대한 위험에 더 많이 처할 수 있다. 그리고 정신병적 우울증을 가진 사람은 주우울증을 가진 사람보다 더 위험에 처한다고 결론을 내리는 것이 논리적이라고 보는데, 그 이유는 정신병적 우울증은 주우울증에 정신병적 증상들이 더하여 나타나기 때문이다. 망상이나 환각뿐만 아니라 심한 우울증을 경험하는 사람은 앞의 '4. 정신병력' 부분에서 논의한 특징이 아주 분명하게 나타난다. 이러한 경우는 자살 위험 요소의 이중 효과를 갖게 된다. 예를 들어, 정신병적 우울증을 가진 사람은 주우울증을 가진 사람보다 더 퇴행하기 쉽다. 왜냐하면 정신병적 특징은 매우 좋지 않은 어른 자아 상태가 기능함으로써 나타나기 때문이다. 게다가 정신병적 우울증은 명령 환각을 더 갖기 쉽다. 결과적으로 자살 위험 사정 시 우울의 모든 종류 중 정신병적 우울증이 가장 높은 위험이 있다는 데 가치를 두어야 할 것이다.

마지막으로, [그림 8-4]에서 우울증 주기의 Z 사정을 해야 할 필요성이 있다. 자살 위험은 특히 대상자가 주우울증이나 정신병적 우울증에서 호전되면서 증가한다. 우울 상태에서는 대상자가 너무 우울하므로 무능력해지고, 에너지 고갈로 인해 자살을 생각할 수조차 없으며, 결정적인 어떤 계획도 세울 수 없게 된다. 우울 상태가 호전되면서 에너지 수준이 향상되면 자기파괴적인 욕구를 수행하려는 능력이 향상된다. 대상자의 상태가 향상되면서 우울증 주기의 지점에 이르게 되면 더욱 경계해야 할 필요가 있다.

더욱이 정신병적 우울증이 있는 대상자는 우울증이 호전되면서 정신병적 증상이 같이 호전되기 시작할 것이다. 대상자의 어른 자아 상태는 더 기능적이 되므로 자살 시도를 위한 계획이 더 가능하게 될 것이다. 대부분의 자살은 대상자의 급성 증상이 비교적 사라질 때, 정신병적 경험이 무성하지 않은 시기에 일어난다. 자살 위험 사정 시 특별히 주의할 사항은 만일 대상자가 Z 영역과 같이 우울 주기의 아래쪽에 위치해 있고 갑작스럽게 획기적으로 향상되면 불길한 징후가 될 수 있다는 것이다. 그 대상자는 아마도 자신을 죽이려는 결정을 했을 것이고, 이를 시도하기 위해 적절한 시기를 기다리고 있을 것이다.

## 8. 독신자는 기혼자보다 더 자살하기 쉽다

### 인간 애착

이것은 약간 잘못된 진술이다. 더 정확하게는 '심리적으로' 독신자 또는 '심리적으로' 기혼자를 의미하기 때문이다. 이 측정은 개인 생활에서 심리적인 애착을 고려한 것으로, 사정자는 대상자가 주위의 다른 사람들과 중요한 심리적 애착을 가지고 있는지 살펴보아야 한다. 이 용어는 인간 애착에 대한 존 볼비(John Bowlby, 1971)의 원래 연구에서 도입한 것이다. 인간 애착에 대한 그의 연구나 다른 사람들의 많은 후속 연구 덕분에 심리적 건강에 있어 인간 애착의 중요성은 잘 기록되어 있다. 심리적으로 건강한 사람이 되기 위해서는 적어도 하나의 중요한 애착을 가지는 것이 필수적이다. 실제로 하나의 애착을 갖는 것이 심리적으로 더 좋다. 즉, 전혀 애착이 없는 것은 질적으로 건강하지 못하다. 윌킨슨과 마멋(Wilkinson & Marmot, 1998)은 사회적 지지와 좋은 사회적 관계는 심리적 건강의 중요한 기여 요소이며, 자살을 예방하는 것과 연결된 것으로 보인다고 설득력 있게 말한다.

자살 위험 사정에는 두 가지 방법이 있다. 보호 요인을 더하는 것과 심리적 안정과 건강을 제공하는 것이다.

### 심리적 안정과 건강

애착으로 인해 심리적 안정과 건강은 더 증진된다. 애착이 없으면 꽤 빠르게 심리적으로 악화되어 우울증과 결과적으로는 소모증을 갖게 된다. 애착이 없거나 다른 사람과 유대관계가 없으면 인간은 기본적으로 심리적으로 소모되는데, 고아원에서 자란 어린이가 정서적인 간호를 거의 받지 않은 것과 같다. 심리적으로 악화되면서 만약 문제해결 방법으로 자살에 대해 생각한다면 자살 시도의 위험은 증가할 것이다.

따라서 사정 시 대상자의 최근 애착을 조사할 필요가 있다. 먼저 어떤 것이든 애착관계가 있는가? 그 사람이 심리적으로 어떻게 고립되었는지에 대한 사정은 반드시 실용적인 수준이 아니라 애착의 견지에서 해야 한다. 예를 들어, 어떤 사람은 결혼한 상태이지만 정서적으로 매우 고립되어 있을 수 있다. 또 어떤 사람은 다른 사람과 '관계'를 맺고 있지만 그 관계가 매우 약할 수 있는데, 특히 정신분열성 인격에서 전형적으로 나타난다. 그래서 이 영역의 위험 사정은 대상자가 결혼을 했는지 혹은 친구가 있는지를 보기 위해 하는 것이 아니다. 대신 사람의 심리적 애착에 대해 사정하는 것이다.

### 애착의 깊이 사정

다행히도, 화이트(White, 1986)가 말한 대로 애착의 사정은 아주 어려운 것이 아니다. 그는 대상자가 다른 사람과 더 탄탄한 애착을 갖고 있을수록, 다른 사람이 갑자기 사망한 경우에 애도나 상실에 대한 반작용이 더 심할 수 있다고 보고한다. 만일 아주 강한 애착이 있으면, 상실에 대한 고통과 슬픔은 아주 심할 것이다. 만약 애착이 적으면, 상실에 대한 고통은 덜 심할 것이다. 사정자는 대상자의 상실에서 가장 강한 애도 반응의 원인에 대한 목록을 작성할 수 있다. 자살 위험 사정자는 대상자의 가장 가까운 관계와 최근의 애착 상태를 탐색해야 한다. 만일 목록에 두 개 또는 그 이상의 중요한 애착이 포함되어 있으면 높은 수준의 자살 위험이 아님을 알 수 있다. 만일 애착이 단지 하나나 둘만 있고 애도 반응이 그리 강하지 않으면 위험 수준의 증가를 나타낼 수 있다.

볼비가 일찍이 인식한 애착에 대한 다른 것은 근접성을 유지할 필요성에 대한 생각이다. 그는 다른 사람과 애착이 강한 사람일수록 지리적으로 다른 사람을 쫓아가고자 하는 욕구를 더 많이 가지고 있음을 발견하였다. 그들은 다른 사람과 지리적인 근접성을 유지하려는 욕구를 가지고 있다. 만일 어떤 사람이 다른 사람을 일정 기간 만나지 않은 후에도 그 사람을 '적극적으로 쫓아가려는' 충동이 많지 않거나 또 다른 사람을 찾으려고 하지 않으면, 그 사람에 대한 그의 애착이 그리 강하지 않다는 것을 알게 될 것이다. 그러므로 이 측정에서는 자살 위험이 올라간다. 근래에는 인터넷과 편리한 통신 기기의 발달로 실질적인 지리적 재배치가 없이도 일종의 근접성을 유지할 수 있다. 그러나 다른 사람과 소통이 거의 없는데도 불쾌감을 느끼는 수준이 올라가지 않는다면 그 애착이 약한 것이다.

심리적 애착을 어느 정도 심오한 수준으로 발전시키기 위해서는 시간이 걸린다. 두 사람 간에 관계가 쌓이면서 심리적 애착이 발전한다. 만일 대상자의 주요 애착 상대가 죽었거나 갑작스럽게 멀어져 접촉이 많이 감소된다면 문제가 된다. 어떤 사람은 자신의 관계를 구조화하여 하나의 강한 애착이나 극소수의 애착을 갖는다. 이러한 사람은 가족이나 친구 중 서너 명과 아주 강한 애착을 갖는 사람보다 더 취약하다. 사정자는 단 한 명의 주요 애착 상대자를 가진 사람에 대해 고위험 수준을 사정하거나, 최소한 개인의 삶에서 애착 상대가 제거되면 자살 위험 수준이 올라갈 것으로 예측할 수 있다. 이런 현상이 일어나면 위험은 현저하게 상승하게 된다. 대상자는 자신이 정서적으로 고립되었음을 발견할 뿐 아니라 상실로 인해 슬픔과 우울증의 심리적 잔재를 이용하게 될 것이다.

### 보호 요인으로서 애착

인간 애착에 대한 두 번째 핵심은 그것이 자살에 대한 보호 요인을 더한다는 것이다. 즉, 대상자가 해결 방안으로 자살을 선택하기 어려운 상황을 만드는 것이다. 이 장의 앞에서 나는 강한 사회적·가족적 지지와 같은 몇 가지 보호 요인을 언급했는데, 여기서는 인간 애착의 견지에서 말하고자 한다. 다른 사람에게 애착을 가지면, 그 사람에 대해 더 많은 열정이나 공감을 갖고 더 돌보게 된다. 자살하려는 한 남편은 자식이나 부인 그리고 어머니가 자신에게 애착을 갖고 있는 것을 알고 있다. 그는 자신이 만일 갑자기 자살을 하면 그들이 많은 고통과 슬픔에 시달려야 하고, 그를 더 많이 돌보았어야 했다는 느낌으로 무서운 죄책감을 경험할 것을 알고 있다. 사랑하는 사람들에 대한 열정과 돌봄은 그가 자살을 해결 방안으로 선택하기 어렵게 만들기 때문에 애착은 보호 요인이다. 그가 가진 주요한 애착이 적을수록 보호 요인은 적을 것이고, 자살 위험 수준은 올라갈 것이다.

그러나 이미 말한 바와 같이, 보호 요인의 가장 큰 적은 심리적인 퇴행 기제다. 어떤 사람이 더 많이 퇴행할수록 사랑하는 사람에 대한 그의 열정과 돌봄은 줄어든다. 이 사람은 "내가 기분이 저조하고 우울하므로 그들은 나 없이 더 잘 지낼 수 있을 거야."와 같이 빠르게 이런 요인으로부터 벗어나기 위한 합리화를 할 것이다. 만일 대상자가 눈에 띄게 퇴행을 하면, 퇴행은 강한 애착이 제공한 보호 요인들을 상쇄할 것이다.

상담 상황이나 감옥에서 또는 다른 건강관리 역할에서 만일 그 사람과 지속적으로 접촉을 하면, 그 사람과 상담자의 관계는 애착으로 잘 발전할 수 있다. 또한 지속적인 접촉은 보호 요인으로 발전할 수 있을 뿐 아니라, 심리적 애착에서 얻을 수 있는 심리적 안정과 소속감을 제공한다. 비록 도움이 되기도 하지만, 이런 접촉은 내담자와 상담자 간 전이관계의 모든 역동을 포함하기 때문에 또한 중요한 문제가 될 수도 있다.

### 치료적 관계에서의 애착

여러 해 전에 나는 한 여성을 3년간 간헐적으로 상담했다. 그녀는 분명한 만성 우울증을 보였다. 그녀는 날마다 매우 우울했고, 의학적으로나 심리적으로 어떤 치료를 시도하더라도 우울에서 거의 벗어날 수 없는 듯 보였다. 또한 그녀는 정기적으로 의미 있는 자살 충동을 몇 년 동안에 걸쳐 보고했고, 그녀의 어려움을 해결하는 생생한 해결 방안으로 자살을 생각했다. 나는 사실 이따금씩 그녀가 자살을 할지도 모른다고 생각했다.

〈사례 연구 8-6〉은 주우울증으로 진단을 받은 그녀의 우울증에 대한 기술이다.

#### 사례 연구 8-6 우울증

우울증을 갖고 살아가는 것은 어려운 일이다. 대부분의 사람이 우울증을 잘 이해하지 못하기 때문에 우울증에 대해 다른 누군가에게 말하기를 주저한다.

또한 우울증을 설명하기도 어렵다. 우울해지면 자신의 세계를 모두 다르게 보기 때문이다. 한때는 매우 의미 있고 중요했던 상황과 사건들이 의미 없게 보인다. 당신은 주변에 진행되고 있는 일들에 무관심해진다. 또한 당신은 느낌이 없고, 스스로를 돌보지 않으며, 그냥 죽기를 원한다. 즉, 당신은 내부에서 느끼는 비참한 생각을 피하기 위해 무엇이든지 한다.

우울증은 또한 당신이 생각하는 방식에 영향을 준다. 당신은 명확하게 생각하기가 어렵다. 지난 일들을 기억하거나, 상황이나 문제를 통해 논리적인 결론에 도달하는 것이 어렵다. 당신은 쉽게 혼돈된다. 아무것도 더 이상 흥미 있거나 흥분되게 보이지 않는다. 결국 생각하기가 어렵다. 당신은 단지 잠자기를 원한다.

당신은 완전히 스스로 '벗어나는 것'이 불가능한 상태이며, 어떻게 해야 할지 모를 수 있다. 대부분의 사람은 어떻게 사람이 심하게 우울하게 되고 자살을 훌륭하게 보게 되는지 이해할 수 없다. 인생이 겉으로는 비교적 긍정적으로 진행되는 것처럼 보이나, 우울감은 당신이 절망에 이를 때까지 당신을 감싸고 있을 것이다.

---

그녀의 언급에서 알 수 있듯이, 그녀는 자신의 매우 우울한 마음 상태에 대한 가능한 해결 방안으로 자살을 생각했다. 어느 시점에서 그녀는 시골에서 내가 주도한 주말 집단치료에 참석했다. 집단치료가 끝나고 일주일 정도 지나서 나는 그녀를 개인적으로 만났다. 그때 그녀는 자신이 주말 집단치료를 마친 후 차를 타고 집에 가는 도중에 조용한 시골길에서 자살을 심각하게 고민했다고 말했다. 그녀는 차 안에 그녀를 질식시킬 모든 물건을 가지고 있었다. 그런데 그녀는 나에게 자신이 자살하지 않은 이유 중 하나는 치료 집단에 그렇게 가까이 있으면서 자살을 하는 것이 나에게 인간적으로나 전문적으로 좋지 않다는 것을 알고 있었기 때문이라고 말했다. 치료적 관계에서 나에 대한 그녀의 애착으로 인해 나는 그녀에게 보호 요

인이 되었으며, 잠재적으로 그녀가 자살 시도를 피하게 하는 역할을 하게 되었다.

그러나 치료적 관계는 잠재적인 문제가 있다. 나는 너무 위험해질 수 있으므로 그녀가 자살 생각에서 보호 요인으로 나를 보도록 그녀를 격려하거나 애착을 사용하지 않았다. 14장 '자살하지 않기 계약'에서 애착에 대해 더 많이 다루겠지만, 상담자, 의사 또는 정신건강 전문가들은 자살하려는 대상자를 위해 자신을 보호 요인으로 하여 동기나 죄책감의 원천으로 사용하는 것을 절대로 시도해서는 안 된다. 이 점은 〈사례 연구 8-7〉에 기술된 간단한 대화에서 강조하고 있다.

### 사례 연구 8-7 보호 요인으로서의 상담자

자살 생각을 보고한 30세 남성은 자신이 과거에 몇 차례 자살을 시도했고, 적어도 몇 번은 아주 심각한 자살 시도였다고 진술했다.

상담자: 당신은 스스로 자살하지 않기 계약서를 만들겠습니까?

내담자: 아니요.

상담자: 왜 그렇지요?

내담자: 글쎄요. 그것은 내가 누구와 같이 만드는가에 달렸지요. 만일 내가 당신에게 약속하는 것으로 만든다면, 그리고 만일 내가 당신에게 분노하게 된다면, 나는 당신에게 복수할 방법으로 나 자신을 죽이거나 자살을 시도할 것을 알고 있어요.

상담자: 사실 자살하지 않는다는 계약서는 나와의 약속이 아니고, 당신 자신과 함께 만드는 것이에요. 당신이 자신에게 동의하는 것이지요.

내담자: 나는 그것이 나를 지나치게 속박하는 것처럼 느껴요. 계약이라는 용어가 법적으로 뭔가를 구속하는 것처럼 들리는데, 나는 그런 것에 구속받고 싶지 않아요.

이런 상황에서 내담자와 상담자 또는 의사 간에 진행 중인 관계가 있고, 전이가 내담자에서 상담자에게로 일어날 것이다. 조만간에 치료적 관계는 부정적인 전이 단계로 발달하여, 내담자는 상담자에 대한 분노와 적대감을 갖게 될 것이다. 만일 상담자나 의사에 대한 애착이 보호 요인이 되었다면, 내담자가 부정적인 전이에 들어갈 때 〈사례 연구 8-7〉에서 본 바와 같이 내담자는 상담자나 의사를 내치는 수단으로서 자살 시도를 통해 그의 분노감을 표현할 것이다. 치료적 애착과 내담자의 자살에 대한 영향은 문제적 상황으로, 14장 '자살하지 않기 계약' 에서 더 상세히 논의될 것이다.

### 자살 위험의 추가적 요인인 결혼과 애착

앞서 말한 바와 같이, 어떤 상황에서는 관계와 애착이 하나의 보호 요인이 될 수 있지만, 어떤 상황에서는 보호 요인이 현저히 자살 위험을 증가시킬 수 있다. 이것은 5장에서 제시한 자료에 나타나 있다. 만약 배우자가 자살에 대한 어떤 생각이 있다면 결혼은 보호 요인이 될 것이다. 이는 다음 세 가지 방식으로 작용할 수 있다.

첫째, 어떤 사람들은 자살이 모든 사람의 권리라고 생각한다. 개개인은 어떤 이유에서든지 언제, 어떻게 죽을지를 선택할 권리를 가지고 있다. 어떤 사람은 자살을 뺏을 수 없는 인간의 권리로 보고 있으며, 사실 그것을 증명할 설득력 있는 논쟁도 있다. 만일 한 여성이 자살 성향을 보이는데 그녀의 남편이 관망만 하고 있다면, 결혼이 자살 위험을 감소시키는 것처럼 보이지만 사실상 자살에 기여할 것이다. 이때 사정자는 애착의 존재에 대해 사정할 뿐 아니라 자살과 관련하여 애착 상대의 생각까지도 고려해야 할 필요가 있다.

둘째, 5장에서는 모델링, 모방, 내재화 그리고 이들이 어떻게 관계 면에서 자살에 대한 견해와 연결되는지 살펴보았다. 결혼에서 한 사람이 자살을 심리적 문제에 대한 타당한 해결 방안이라고 생각할 수 있다. 시간이 지나면서 상대방은 자신의 성격 구조 속에 이러한 견해를 내재화할 수 있으며, 같은 마음을 가진 두 사람은 이미 그들이 믿고 있는 것을 서로 확신시키게 된다. 이는 자살 계약을 하거나 자살을 생각하는 상대방을 돕는 결과를 초래한다.

셋째, 오랫동안 자살하려는 사람과 함께 사는 것은 정서적으로 매우 진이 빠지고 정신적인 부담이 크다. 만일 사랑하는 사람이 반복적으로 자살에 대해 말하거나 자살을 시도하면 관계에서 큰 대가를 치를 수 있다. 결국 상대방은 오로지 모든 것을 끝내고 싶어 할 것이다. 만일 자살 시늉이 잠재적으로 장기간 지속될 것으로 생각한다면, 그는 상대방의 완전한 자살이 모든 것을 끝낼 것이라고 느끼기 시작할 것이다. 마침내 상대방의 자살은 계속되는 많은 스트레스로부터 그를 해방시키고, 사실상 그의 인생을 다시 시작하게 해 줄 것이다. 이처럼 때로는 사랑하는 사람들이 무의식적으로 자살 시도를 지지하게 된다.

결론적으로 결혼한 상태이거나 애착을 가지는 것은 자살에 대항하는 보호 요인이 될 수 있다. 자살 위험 사정에서 사정자는 결혼한 상대방의 자살에 대한 견해를 확인하고 더 깊게 살펴야 할 필요가 있다. 때로는 상대방의 견해가 자살 생각과 행동을 지지할 수도 있다. 만일 이런 경우가 발견되면 자살 사정에서 자살 위험이 현저하게 증가한다.

## 9. 자살 위험의 지표로서 자살 시도의 과거력

앨런과 앨런(Allen & Allen, 1978)은 "궁극적으로 자살을 수행하는 사람의 50~80%는 자살 시도의 과거력이 있다."(p. 166)라고 보고한다. 자살 시도를 하는 사람은 자살 생각을 행동으로 옮기는 경계를 넘기 위해 준비되었음을 보여 준다. 그러나 여기에 소개된 대부분의 측정 도구를 가지고 자살 위험 사정에서 의미 있는 정보를 얻기 위해서는 이 영역에서 좀 더 상세하게 살펴볼 필요성이 있다. 자살 시도는 모든 양상과 규모로 나타나며, 잠재적인 위험과 자발성, 이차적 이득의 양 등에서 매우 다양하다.

### 자살 시도의 위험성

가능하다면 사정자는 왜 대상자가 이전의 자살 시도가 완전하게 되지 않았는지에 대해 더 상세한 정보를 얻을 필요가 있다. 이런 정보는 대상자의 전반적인 자살의 성격과 추후 자살 시도의 가능성에 대해 귀중한 정보를 제공할 수 있다. 먼저 사정자는 자살 시도가 얼마나 심각했는지, 왜 완전하게 하지 않았는지를 발견할 필요가 있다. 만일 자살 시도가 심각했고 불완전했다면, 의식적으로나 무의식적으로 어느 정도까지 미완성을 계획했다기보다는 행운으로 인한 것이다. 만일 행운이 그 사람을 살게 했다면, 자살 위험 수준은 높게 볼 수 있다.

어떤 시도들은 명백하게 위험하지는 않은데, 이는 정보 부족 때문일 수도 있다. 사정자는 자살하려는 개인에게 자신이 한 행동으로 인한 신체적 결과에 대한 지식을 물을 필요가 있다. 만일 정보 부족으로 인한 것이 아니라면 개인은 이차적인 이득을 위해 자살을 시도한 것이다. 사정자는 얻으려는 이득이 무엇인지 확인하고, 즉시 그 문제를 다룰 필요가 있다. 예를 들어, 어떤 사람은 관계를 끝내려는 사람을 중단시키기 위해 자살을 시도할 수도 있고, 또 어떤 사람은 크게 심리적 고통을 받고 있는데 그것을 어떻게 다뤄야 할지 몰라서 자살 시도를 할 수도 있다. 이 경우에 자살 위험 수준은 높지 않다. 왜냐하면 그 사람이 우연히 자살 시도로 죽을 수도 있지만 자신을 죽이는 것이 그의 목적은 아니었기 때문이다.

### 이차적 이득

팔부터 손목까지 칼로 베는 것은 그리 위험하지 않다. 특히 자상이 비교적 표면적일 경우 더욱 그렇다. 만일 이차적 이득을 얻을 수 있다면, 그렇게 할 가능성은 항상 있다. 그 사람은 자살 시도에 대한 이야기를 하면서 자신이 사용했던 방법의 위험을 과장할 것이다. 만일 자살 시도를 본 사람이 아무도 없었거나 자살 시도 후 곧바로 보았을 경우에 특히 그럴 것이다.

만일 사용한 방법이 잠재적으로 매우 위험하고 그 사람이 운이 좋아 죽지 않았다면, 미래의 심각한 자살 시도 위험은 현저히 증가할 것이다. 이차적 이득은 행동에 영향을 미칠 가능성이 적다. 사정자는 자살 행동의 패턴을 찾아야 한다. 왜냐하면 사람들은 촉발 요인처럼 자신이 하는 일을 계속 반복하는 경향이 있기 때문이다. 어떤 사건이나 환경이 과거에 그 사람에게 자살을 시도하게 했는가? 사정자는 유사한 상황이 같은 행동을 유발할 수 있고, 자살 위험은 같은 상황이 발생하면서 증가한다는 점을 인식해야 한다. 물론 최근에 시도한 것은 더 의미가 있다.

심각한 자살을 시도했던 사람은 대부분의 다른 사람이 넘지 않으려는 선을 넘으려는 의지를 보여 준다. 어느 심리 영역에서든, 생각하는 것과 그것을 실행하는 것 간에는 큰 차이가 있다. 사실 전체 인구의 반이 넘는 많은 사람이 자살을 생각한다. 또한 어떤 의미 있는 계획이 포함된 심각한 자살 생각을 하는 비교적 큰 집단의 사람들이 있다. 그러나 그런 생각을 실행하고, 심각한 방법으로 계획하는 사람의 수는 비교적 적다. 만일 최근에 어떤 사람이 인식할 만한 이차적 이득 없이 심각한 자살을 시도했다면, 그는 행운 덕에 살았고, 미래에 자살 위험은 현저하게 상승한다.

## 10. 자살 위험 사정의 측정으로서 유서

자살을 완성한 사람의 약 20~30%는 어떤 종류의 유서를 남길 것이라고 밝힌 몇 개의 연구가 있다(Shioiri et al., 2005). 유서는 자살 위험에 대해, 자살하려는 사람의 마음 상태에 대해, 그리고 그들에 대한 미래의 치료와 관리 전략에 대해 상당한 정보를 제공할 수 있다.

### 유서의 획득

유서의 획득은 중요하게 고려되어야 한다. 유서를 어떻게 획득할 것인가? 자살하는 사람은 자살을 시도하기 전에 유서가 다른 사람에게 발견되기를 얼마나 원하는가? 또는 자살이 완성된 다음에 읽게 되기를 원했는가? 만일 유서를 잘 숨겼다면, 자살 시도 전에 발견되는 것을 원하지 않았거나 불완전한 심각한 자살 시도 후에 발견되기를 원한 것이다. 유서의 내용은 자살 시도 당시 자살자의 마음 상태를 들여다볼 수 있는 많은 통찰력을 제공한다. 만일 그 유서가 자살 시도 전에 발견될 가능성이 있거나 청하지도 않았는데 제공된다면 이차적 이득을 증가시키려는 유형일 가능성이 높다. 예를 들어, 상대방이 관계를 끊지 않기를 바라면서 위협하기 위해 그것을 사용했을 수 있다. 이 유서는 대상자가 상당한 정서적 스트레스에 놓여 있고 그 상황을 어떻게 다루어야 할지 모른다는 것을 보여 주거나 도움을 요청하는 신호일 것이며, 다른 사람의 관심을 원하는 행동 수행의 한 부분일 수도 있다. 앞에서 말한 바와 같이, 더 의미 있는 이차적 이득이 있다면 완전한 자살 위험은 더 적다. 바꿔 말해, 이차적 이득이 없으면 자살 위험은 올라간다. 만일 유서에 명확하게 안녕이라고 쓰고 발견되기를 원치 않으면, 자살 위험의 수준은 뚜렷하게 나타난다.

### 유서의 시기

얼마나 최근에 유서를 작성했는가? 때로는 몇 달 전에 쓴 유서가 자살자의 동거인 소지품과 함께 묻혀 있다가 발견되기도 한다. 어떤 때는 자살 시도 직전에 유서를 작성한다. 각각 다른 시기에 많은 유서가 작성될 것이다. 유서들은 일기 형식이다. 더 최근에 작성한 유서일수록 자살자가 보이는 마음 상태가 더 최근의 상태이므로 최근의 자살 위험에 대한 사정이 더 중요하다. 그러나 오래전에 작성한 유서 또한 가치가 있다. 왜냐하면 유서들은 자살자가 자살하려는 때의 마음 상태를 보여 주기 때문이다. 사정자는 대상자의 이전 마음 상태가 다시 나타나는지를 알기 위해 자살 위험의 사정 시기를 탐색할 자료를 모아야 한다.

### 유서의 내용

유서가 실제로 무엇을 말하고 있고, 그것이 암시하는 것은 무엇인가? 〈사례 연구 8-8〉은 23세 여성이 제공한 것으로, 몇 년 전에 홀아비가 된 50대의 그녀 아버지가 작성한 것이다. 이 경우 자살 시도가 완전해서 유서는 위험 사정 면에서는 소용이 없지만 참고로 보여 주고자 한다. 만일 자살이 완전하지 않았다면, 사정자는 자살하는 남성의 미래를 다루기 위한 어떤 정보를 이 유서에서 어느 정도 얻을 수 있다.

**사례 연구 8-8 유서**

내가 한 것들에 대해 미안하고, 너무 상처받지 않기를 바란다.

내 유언장과 보험 서류들은 은행 금고에 있다. 너와 네 여동생 그리고 다른 사람들이 어떻게 내 물건들을 나눌지가 적혀 있다.

[그리고 그를 알고 있는 다른 몇 명에게 배당된 그림, 사진, 우표, 장신구 등 다양한 물건이 적힌 두 페이지의 긴 목록을 첨부하였다. 재정적으로 큰 가치는 없으나 당연히 정서적 가치는 크다. 수차례 한 사람에서 다른 사람으로 배당하는 것으로 목록이 변경된 흔적이 있었다.]

너를 사랑하는 아빠

이 유서는 기본적으로 그가 퇴행 단계에 있다는 것을 알려 주는 공식적인 편지다. [그림 8-5]에서 보는 바와 같이, 그의 부모 자아 상태는 현저하게 약해져 있으나 어른 자아 상태는 비교적 견고했다.

자살 위기 면에서 이것은 모든 조합 중 최악이다. 이 유서는 잘 기능하는

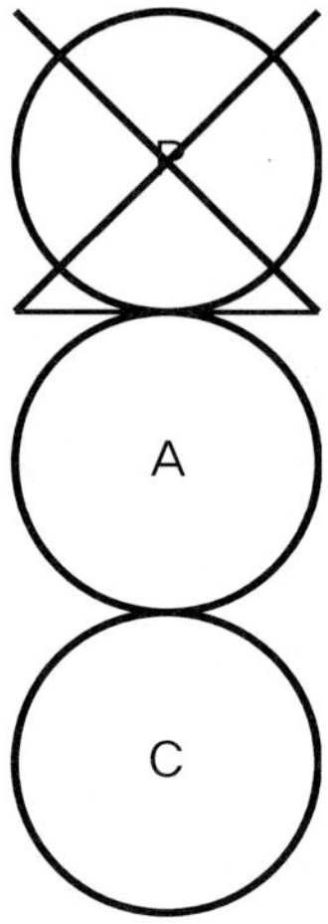


[그림 8-5] 퇴행이 부모 자아 상태만 포함하는 경우

어른 자아 상태를 보여 준다. 왜냐하면 유서가 일관성이 있고 혼돈이 없음을 나타내기 때문이다. 이 유서는 잘 계획되어 있고 잘 구조화되어 있다. 이는 만일 그가 자살 시도를 계획한다면(그는 계획했다) 잘 계획되고 잘 구조화된다는 것을 의미한다(그는 그렇게 했다). 그래서 사실 완전 자살의 기회는 더 커진다.

설상가상으로 부모 자아 상태는 빈약하게 기능하고 있는데 이는 흔치 않은 경우다. 한 사람이 퇴행하면서 보통 어른과 부모 자아 상태 기능은 최소한 어느 정도는 동시에 악화된다. 퇴행에 대한 논의에서 이미 언급한 대로, 부모 자아 상태가 감소함에 따라 가족과 사랑하는 사람의 보호 요인도 감소한다. 이 경우, 부모 자아 상태는 감소하나 어른 자아 상태는 좋은 기능으로 남아 있다. 이 유서를 살펴본 결과, 그 내용의 95%가 누가 무엇을 갖게 될지에 대한 어른 자아 상태의 일과 연관되어 있다. 단지 처음에 쓴 짧은 문장만이 자살이 보호 요인으로서 그의 사랑하는 사람들에게 미칠 고통을 인정하는 것에 대한 지표가 되고 있다. 이러한 방식으로 봤을 때, 당시에 이 남성은 상당히 자기중심적이고 자기편애적인 마음 상태에 있다.

자살자가 퇴행하면서 높은 어른 자아 상태의 기능과 낮은 부모 자아 상태의 기능을 갖고 있으면 자살 위험 수준과 자살 의미가 상승한다. 이 유서를 40세 남성이 남긴 유서와 비교해 보자.

> 나의 사랑하는 아들 액셀에게
>
> 인생을 살면서, 지금은 내게 너무 힘든 시간이다. 네 엄마가 떠난 뒤로 나의 인생은 더 이상 의미가 없는 것 같구나. 나는 네 엄마를 아주 사랑했단다. 너는 여동생과 좋게 지내야 한다. 동생은 너를 사랑하고, 네가 이 상황을 잘 처리하도록 도울 것이다. 시간이 지나면 너도 괜찮아질 것이고, 너의 인생을 살아갈 것이다. 언젠가 우리는 하늘나라에서 만날 것이고, 다시금 함께 있을 것이다. 잘 지내라, 나의 아들아.

이 짧은 유서의 모든 내용은 아들의 안위에 대한 것이다. 이것은 부모 자아 상태가 아직 공감과 열정으로 기능하고 있음을 나타낸다. 그는 [그림 8-5]에서 보여 준 남성의 경우처럼 퇴행되어 있지 않다. 이것은 자살 시도 당시에 죽은 남성이 작성한 유서다. 그의 아들에 대한 애착의 보호 요인이 그의 자살 시도를 멈추게 하는 데는 충분하지 않았다.

다른 종류의 자살 결정에 대해 4장에서 살펴본 바와 같이, 때로는 자살이 분노나 상처 입은 자리로부터 생겨날 수 있다. 이것은 "당신이 변하지 않는다면 나는 자살할 거야." 그리고 "당신에게 상처 주기 위해 나는 자살할 거야."라는 자살 결정에서 발견된다.

유서에서의 이런 예는 다음과 같다.

> 메를에게,
>
> 네가 나에게 한 짓을 알 거야. 너는 나를 무너뜨렸어. 너는 나를 죽이기 위해 변호사를 고용했고, 내가 일생 동안 일하면서 모아 온 모든 것을

> 가져갔지. 그리고 너는 모든 것을 차지했어. 너는 모두 이겼고, 마침내 나를 내쳤어. 네가 단지 돈에만 흥미가 있었다는 것을 나는 이제 알 수 있어. 내가 가 버리면 너는 이제 더 이상 변호사에게 돈을 지불하지도 않아도 돼.
>
> 나는 몇 가지 소유물을 남겼어. 그 소유물들은 나의 남동생에게 주었으면 해. 나를 위해 적어도 그렇게 해 줄 수 있니? 그 물건들은 팔면 가치가 별로 없지만, 내 동생은 그 물건들을 좋아할 거야. 네가 나를 증오하지 않는다면, 마지막으로 나를 위해 그렇게 해 줄 수 있니?
>
> 너는 항상 내가 너에게 얼마나 상처를 주었는지 말했지만, 나는 너 때문에 상처를 받은 사람이야. 너는 아주 잔인하고, 나를 전혀 사랑하지 않았어. 나는 모든 것을 좋게 하려고 노력했어. 그러나 지금 너는 네가 만든 또 다른 죽음을 보게 될 거야. 첫 번째가 너의 엄마이고, 이제는 나야. 나는 네가 행복하게 되기를 원해.

이 유서는 자살의 동기가 관계의 문제와 상대방에게 상처 주기를 원하는 결과라는 것을 보여 준다. 다른 필수적인 내용은 자살 결정의 유무인데, 남에게 상처 주고 비난하는 데에는 자살이 아닌 다른 많은 방법이 있다. 이와 같이 상처받고 분한 생각에 시도하는 자살에서 핵심은 관계다. 이런 자살은 관계와 연결된 반면, 다른 자살은 전혀 연결되어 있지 않을 수도 있다. 만일 유서 내용이 다른 사람을 상해하는 것에 대해서면, 위험 사정을 하기 위해 사정자는 자살자의 최근 동거관계에 대한 정보를 사정할 필요성이 있다. 필수적으로 자살자는 그의 최근 관계 상태에 대한 체크리스트를 간직하고 있다. 만일 그 체크리스트가 악화되고 있고 그 사람이 분노와 상처를 느끼고 있다면, 당시의 자살 위험 수준은 올라갈 것이다.

## 11. 자살에 대해 말하는 방법

자살자가 자살에 대해 말하는 방법이나 그들이 사용하는 언어의 종류는 자살 위험 수준을 암시할 수 있다. 사람들이 죽음에 대해 어떻게 얘기하는지 몇 가지 예를 들어 보겠다. 이것은 한 문장으로 된 진술인데, 물론 사정자는 그 문장에만 근거하여 판단을 내릴 수는 없다. 하지만 이런 한 문장은 자살자가 무엇을 말하려고 했는지 핵심을 반영하고 있다. 이 문장들은 자살 생각의 수준이나 그것의 결여를 암시할 수 있다. 이 문장들은 원래 화이트(1991)가 제시한 것이다.

이런 진술은 자살 생각의 심리적 기저를 반영할 수 있다. 사정자가 자살에 대해 얻을 수 있는 가장 직설적인 진술은 "나는 나를 죽이고 싶다."이다. 이 문장은 어린이 자아 상태 진술로서, 행동 중심적이고 다른 대부분의 진술보다 더 큰 위험 수준을 암시한다. "나는 죽기를 원한다."라는 진술과 비교해 보기 바란다. 이 진술 또한 어린이 자아 상태의 진술이지만 덜 행동 중심적이다. "나는 죽기를 원한다."는 "나는 나를 죽이고 싶다."보다 더 수동적이다. 그러나 둘 다 명백히 어린이 자아 상태로, 큰 위험을 나타내는데, 어린이 자아 상태는 결국 가장 영향력 있는 인격의 부분이기 때문이다.

때때로 사정자는 "나는 나를 죽여야 한다."와 같은 진술을 듣는다. 이런 '해야만 한다'는 언급은 어른 자아 상태 진술이고, 심리적으로는 덜 잠재적이다. 이 경우에 대상자는 그에게 주어졌거나 그가 처한 곳에서 어떤 일을 완성해야만 한다고 느낀다. 이런 맥락에서 어린이 자아 상태는 덜 표현된다. 그것은 직접 원하는 것이 아니고 "나는 자살을 해야만 한다."는 것이다.

자살에 대한 어떤 진술은 잘못된 믿음 체계(망상 등)를 보여 준다. 어떤 사람은 "나는 다른 사람을 살리기 위해 나 자신을 죽여야 한다."와 같은 진술을 들을 수도 있다. 분명하게 이것은 마술적 사고를 표현한다. 대신에,

"내가 자신을 죽이는 것은 피할 수 없다." 또는 "서른 살이 되었을 때 나는 죽을 것이다."와 같은 치명적인 진술이 있을 수 있다. 이런 경우에 자살 위험의 정도는 망상이나 잘못된 믿음 체계가 얼마나 강하고 탄력적인가에 달려 있다. 만일 어른 정보가 주어질 때 망상이 깨지면 위험은 감소한다. 또 어떤 경우에는 잘못된 믿음이 분명하고 사실적인 정보를 많이 주는 것과 상관없이 지속되며, 그래서 위험은 증가한다.

이와 달리, "나는 죽음을 속이고 싶어요." 또는 "나는 자신을 죽임으로써 그들에게 보여 줄 거예요."와 같은 어린이 자아 상태 진술은 반항적인 것일 수 있다. 이런 종류의 자살 충동은 대상자의 인생에서 최근에 일어나는 것에 따라 자살 위험이 다양하다. 그가 현재 반항적인 어린이 자아 상태를 향상하는 상황에 있는가? 그가 최근에 대상자의 부모나 권위적인 타입의 사람과 접촉을 했는가? 부모가 더욱 양육적이고 권위적일수록 그 대상자는 더욱더 반항적인 방식으로 반응할 것이다. 만일 그가 반항에서 비롯된 자살 충동을 가지면, 그런 충동에 대해 행동할 가능성은 증가한다.

마지막으로, "삶의 의미가 무엇인가?" "나는 잠자러 가서 계속 잠들어 있고 싶어." 또는 "나는 사라져서 다시 돌아오지 않을 거야."와 같은 자살에 대한 보다 수동적인 진술을 들을 수 있다. 이런 진술은 더 낮은 위험 정도를 암시하는데, 왜냐하면 행동 중심적인 진술이 아니기 때문이다. 그러나 어떠한 언급이라도 이러한 진술은 더 상세한 조사를 필요로 한다.

## 12. 자살 계획

대상자가 자살 시도를 계획하는 데 쏟는 세부사항은 계획 수행을 위해 대상자가 어떻게 할지에 대한 통찰을 제공한다. 일반적으로 그 계획이 구체적일수록 자살 시도의 위험은 더 커진다. 이것은 자살 위험의 더 좋은 지표 중 하나다.

자살 시도를 언제, 어디서, 어떻게 진행할 것인지에 대해 얼마나 계획을 세웠는가? 예를 들어, 대상자가 약물을 수집하여 축적하기 시작했는가? 만일 그렇다면 그가 약물을 얼마나 가지고 있는가? 이와 같은 질문에 대한 답에서 사정자는 특히 대상자가 완전히 솔직하지 못할 것을 인식해야만 하고, 따라서 답은 맥락에서 파악해야 한다. 목을 매기 위해서 대상자는 밧줄을 구했는가, 그 밧줄을 묶어야 할 장소는 물색했는가, 올가미를 어떻게 묶는지 등을 알고 있는가? 만일 그가 빌딩에서 뛰어내린다거나 달리는 기차에서 뛰어내린다면 장소를 알아보았는가? 그가 '적절한' 사람에게 발견되기 위해 또는 구출되거나 구출되지 않기 위해 친구와 친인척의 동태가 자살하는 데 협조적인 시기를 고려했는가?

대상자가 자살이라는 주제에 대해 전혀 연구하지 않았는가? '자가구출의 실현 가능성과 죽음을 위한 보조자살'이라는 부제가 붙은 『마지막 비상구(*Final Exit*)』(Humphry, 1991)와 같은 책을 구입했는가? 이 책은 대상자가 자신을 죽일 수 있는 다양하고 폭넓은 방법과 장단점, 각 접근이 포함한 위험에 대해 세부적으로 설명하고 있다. 그 자살자가 그런 세부적인 정보를 얻으면 어떤 시점에서 심각하게 자살을 고심할 것으로 보인다.

관계가 끝났다고 상대방으로부터 전화를 받은 25세 남성에 대해 기술한 앞의 〈사례 연구 8-4〉에서 언급한 대로, 보다 더 자발적인 자살 시도 경향을 가진 사람에게는 이 측정을 덜 사용한다. 그는 마음속에 격렬한 분노가 일었고, 그 순간 자신의 목을 심하게 베서 과다 출혈로 거의 사망할 뻔하였다. 사정자가 자발적인 자살 행위에 대한 과거력을 가진 사람을 다루는 경우, 계획의 결여가 최근 자살 위험 수준을 반드시 저하시키지는 않는다.

## 13. 스트레스에 대한 도주 반응

6장에서 논의하였듯이, 높은 스트레스에 대한 세 가지 반응에는 도주,

투쟁, 동결이 있다. 자살은 우선적으로 도주 반응이다. 도주 반응은 알코올이나 약물 남용, 약물 처방, 또는 스트레스를 다루는 단순한 패턴으로 직업을 떠나거나 관계를 떠나 지리적으로 멀리 이동하는 것이다. 이 방법에서 대상자의 과거력을 얻는 것은 만일 그가 스트레스에 대한 주요 반응으로 도주하는 것을 나타낼 것이다. 더 나아가 스트레스에 대한 그의 어린 시절 반응에 대한 의문은 유용한 정보를 제공할 것이다. 만일 그가 도주 반응을 따르는 경향이 있다면, 잠재적으로 자살자의 또 다른 지표를 갖게 된다.

## 결 론

앞에 기술한 것은 전통적인 자살 위험 사정에서 가장 흔히 사용되는 측정이다. 다른 자살 위험 계획은 다른 측정을 포함하나, 이 목록은 가장 흔한 내용이고, 내가 몇 가지를 더하여 여러 해 동안 개발하였다. 이를 요약하면 다음과 같다.

**〈자살 위험에 대한 양적 측정의 요약〉**

① 퇴행의 성향 및 정도

- 보호 요인의 감소
- 비논리적이고 마술적인 사고의 증가

② 고위험 행동 병력

- 행동의 위험 수준 사정
- 정확한 행동 위험성 사정에 대한 실패

③ 약물 복용 병력
- 약물 복용의 시점
- 약물 복용의 치명성
- 약물 복용의 방법
- 약물 복용의 이유
- 약물 복용과 퇴행

④ 정신병력
- 자아 상태와 정신병
- 퇴행
- 자살 시기
- 명령 환각
- 경계선 인격

⑤ 이차적 이득의 결핍

⑥ 고위험 집단으로서 수감자
- 세 집단의 수감자
- 수감자의 고위험 하위 집단
- 수감자 사정에 대한 기타 고려사항

⑦ 자살 생각과 자살 행동의 지표로서의 우울증
- 위험 사정과 관련된 우울증의 핵심 증상
- 우울증 경험의 시기와 구조
- 우울증의 종류
- 우울증 정도와 자살

⑧ 기혼자보다 독신자의 쉬운 자살

- 인간 애착
- 심리적 안정과 건강
- 애착의 깊이 사정
- 보호 요인으로서 애착
- 치료적 관계에서의 애착
- 자살 위험의 추가적 요인인 결혼과 애착

⑨ 자살 위험의 지표로서 자살 시도의 과거력

- 자살 시도의 위험성
- 이차적 이득

⑩ 자살 위험 사정의 측정으로서 유서

- 유서의 획득
- 유서의 시기
- 유서의 내용

⑪ 자살에 대해 말하는 방법

⑫ 자살 계획

⑬ 스트레스에 대한 도주 반응

이 측정의 어려움 중 하나는 내담자의 보고에 의존하는 것이다. 자살 생각과 행동에 대한 보고에서 내담자의 정확한 정보와 그 맥락이 있어야만 한다. 어떤 내담자는 진실을 말하지만 모든 진실이 전해지는가는 결코 알 수 없다. 자살은 아주 고통스럽고, 가끔 빈약한 어른 자아 상태의 생각을 갖게 되며, 아마도 모든 종류의 방어기제를 사용할 것이다. 그래서 자신에게도 거짓말을 하게 된다.

그럼에도 사정자는 앞서 기술된 방법으로 이런 측정들을 사용하여 대상자의 상태에 대해 아주 좋은 사정을 할 수 있다. 그러나 9장에서 살펴볼 자살 위험 사정의 질적 측정을 함께 사용하는 것이 더 좋다. 이것은 때로는 어린 시절에 자살자에 의해 내려진 자살 결정에 대한 사정을 한다. 만일 사정자가 그런 결정의 존재를 확신할 수 있다면(혹은 없다면), 사정자는 더 많은 정보를 가지고 자살 위험 사정을 할 수 있는 더 좋은 위치에 있게 된다.

제 9 장

# 자살 위험 사정의 질적 측정

이 장에서는 자살 위험을 사정하는 질적 측정들이 기술되어 있다. 이 측정들은 심리적 의미에서 자살하는 사람들의 명확한 특징을 상세히 보여 준다. 이런 사람들은 어린 시절에 자살 결정을 하거나 '존재하지 마' 결정을 하였다. 4장에 이러한 일곱 가지 결정이 기술되어 있다.

- "당신이 변하지 않는다면 나는 자살할 거야."
- "상황이 더 나빠진다면 나는 자살할 거야."
- "내가 자살하는 것을 당신에게 보여 주고 말겠어."
- "당신이 나를 죽이도록 내가 만들 거야."
- "나는 사고로 자살할 거야."
- "당신이 나를 사랑하게 하기 위해서 나는 몇 번이라도 자살할 거야."
- "당신에게 상처 주기 위해 나는 자살할 거야."

사람들이 이런 결정을 할 때, 사실상 자살 경향성은 그의 성격의 한 면을 이룬다. 이것은 그의 성격 구조의 한 부분을 형성한다. 8장에서 기술한 양적 측정은 그 사람에게 일어나는 일들이거나 혹은 그 사람의 현재 삶의 한 부분일지도 모른다. 그것들은 그 사람의 심리적인 한 부분을 형성하지는 않는다. 예를 들면, 어떤 사람은 결혼생활의 파탄으로 인해 우울해질 수 있다. 알다시피, 우울한 사람의 50%는 자살에 대한 생각을 하지 않으며, 50%는 자살 생각을 한다. 자살 결정의 개념은 이것을 설명해 줄 수 있다. 자살 생각이 있는, 결혼생활이 어려움에 처한 우울한 사람은 역시 어린 시절에 이미 자살 결정을 한 것이다. 자살 생각이나 충동이 없는 우울한 사람은 그러한 결정을 하지 않았다.

## 장기 자살 위험을 사정하기

이 개념은 자살 위험 사정에 특별한 차원을 추가한다. 8장에서 언급된 양적 측정들은 주로 **현재의** 자살 위험 수준을 사정한다. 만일 어떤 사람이 자살 결정을 하고 있다고 진단되면 그것은 확실히 임박한 위험 수준을 증가시킬 수 있으며, 실제로 자살할 수도 있다. 그렇지만 그 사람이 임박하거나 당장의 자살 위험이 없더라도, 자살 결정은 그가 증가된 장기적 자살 위험 수준에 있다는 것을 보여 준다. 이 사람은 자살이 문제에 대한 성공 가능한 해결책이라고 결정했고, 이것은 그의 성격 구조에 있다. 그것은 성격 구조에 대한 '깊이' 또는 중요성에 따라 다를 수 있지만 곧 터질 시한폭탄과도 같다. 삶이 좋을 때는 걱정할 것이 없다. 삶의 환경이 하향 변곡점을 그릴 때, 자살 결정은 실제로 상당한 중요성을 띨 수 있으며, 현재의 자살 위험 수준을 증가시킨다.

자살 결정은 잠깐 스쳐 지나가는 것이 아니라 늘 존재한다. 자살 결정이 확인될 때, 사람들은 장기 위험을 알고 그 위험을 감시하기 위한 전략을 구사한다. 우선 일곱 가지의 자살 결정 중 어느 것이 결정되었는지 확인하고, 그 결정이 활성화되는 데 어떤 종류의 환경이 필요한지를 말하려고 할 것이다. 그다음에 그 사람의 임박한 자살 위험이 증가함에 따라 그가 채택하도록 준비된 미리 결정된 계획을 가지려고 할 것이다. 자살 결정은 개인의 성격의 일부분을 형성하기 때문에, 15장에서는 조기 결정을 바꾸기 위해 고안된 치료법들이 서술될 것이다. 물론 이것은 가장 좋은 장기 해결책이며, 그것이 자살 결정을 뚜렷하게 바꾸기 때문에 그 사람의 성격 구조에서는 두드러지지 않을 것이다.

## 자살 결정을 확인하기

모든 아동은 세상, 그들 자신 그리고 타인을 이해해야만 한다. 그들은 삶에서 자신의 가치와 타인의 가치, 그리고 일반적인 삶에 대한 결론에 도달해야만 한다. 대부분의 아동 발달 이론은 이런저런 형식으로 이를 제안한다. 아동들은 이런 결론과 결정을 많이 내린다. 어떤 것들은 아동들에게 매우 기본적이고 중요하며, 또 어떤 것들은 좀 더 '표면적인' 결정이며, 그들이 누구인지에 대한 의미에는 중요성이 덜하다. 어떤 아동들은 그들 혹은 그들의 부모가 죽었으면 더 좋을 것이라고 결정하며, 이것이 자살 결정의 기본을 형성할 수 있다. 어떤 이유에서든지 이 아동은 자신의 죽음이 문제에 대한 실행 가능한 해결책이라는 결론을 내린다.

이 장은 어떤 아동이 그러한 결정을 했는지를 확인하는 데 관한 것이며, 그 확인을 가능하게 하는 여러 가지 수단을 제공한다. 많은 경우 이것은 특별히 어려운 일이 아니다. 대부분의 사람이 일반적으로 자살 결정을 포함해 자신들의 조기 결정을 의식하지 못한다고 해도, 통상적으로 그것을 결정하는 것은 그다지 어렵지 않다. 일단 결정이 이루어지면, 조기 결정이 어떻게 자살적인 행동을 포함해 현재의 행동에 영향을 줄지 알아보는 것은 비교적 간단하다.

## 1. 방해자 분석 질문지

자살 결정을 포함해서 어떤 사람의 조기 결정을 확인하기 위해서 수년에 걸쳐 발전되어 온 여러 가지 질문지가 있다. 널리 사용되어 온 한 가지는 밥 에이버리(Bob Avary, 1976)의 것으로, 방해자 분석 질문지(The Stopper Analysis questionnaire)라고 부른다. 이 질문지의 부록 A에는 질문지와 점수를 체크하는 기법의 복사본이 들어 있다. 모든 질문지와 마찬가지로 특히 자살 경향성과 같은 중요한 주제에 대해서는 주의해서 다룰 필요가 있다. 여기에는 잘못된 긍정적 결과와 잘못된 부정적 결과가 나올 가능성이 늘 있다. 이 검사 결과들은 자살 결정을 위해서 사정하는 다른 방법과 함께 사용되어야만 한다. 그러나 이 결과들이 자살 위험을 사정하는 데에 수수께끼의 한 부분을 제공한다는 점에서는 유익하다. 방해자 분석에 대한 두 가지 방법 중에서 하나가 긍정적인 결과를 얻는다면 다른 측정들을 가지고 이 방법들을 확인할 필요가 있다. 물론 질문지에 대한 부정적 결과를 얻더라도 그것이 똑같이 적용된다.

## 2. '존재하지 마' 면담

맥코믹(McCormick, 1971)이 개발한 것과 같은 인생각본 질문지(life script questionnaire)라고 알려져 있는 것들이 여러 해를 걸쳐 사용되고 있다. 그런 질문지들에는 어떤 사람의 조기 결정이 무엇이었는지를 알아내기 위하여 사용할 수 있는 질문 항목들이 있다. 이런 질문 중 약간은 자살 조기 결정과 관련이 있다. 통상적으로 임상 면담에서는 보통 이 모든 질문에 바로 하나하나 답하라고 요청하지 않고, 오히려 그런 것들을 일반적인 질문과 병력 청취와 엮으려고 한다. 이런 질문을 할 때는 그 사람이 어린아이로서 자살이 문제에 대한 현실적인 해결책이라는 결론을 내렸는지 여부를 확인하기를 원하고 있다. 이런 질문들은 특히 그 일을 돕는 데 유력한 것 같다. 그래서 '존재하지 마' 면담이라고 불리는 것에서 자살 혹은 '존재하지 마' 결정이 존재함을 확인하기 위해 면담을 하고 있는 것으로 볼 수 있다.

면담에서 질문하는 접근법이나 노선들에는 두 가지가 있다. 첫 번째는 그 아동이 주된 부모(주 양육자)가 아동의 가치와 삶 전반에 관해 말하고 있는 것을 인식하는 것이다. 그러한 것들은 부모가 그러한 불만을 말로 표현하거나 혹은 때리거나 무시하는 것과 같은 행동으로 '말할' 수 있다. 정말로 아동에게는 물리적 행동들이 어떤 구두 진술들보다 그의 가치에 대해 더 많이 '말한다'고 할 수 있다. 질문을 하면서 상담자는 부모가 한 구두 진술과 그 아동이 자신을 향한 부모의 물리적 행동들로부터 도출하는 '언어적' 내용을 찾는다.

예를 들면, 쿠타자르 등(Cutajar et al., 2010)은 다음과 같이 말한다. "공동체 표본들에 대한 연구들은 아동 성학대(child sexual abuse: CSA)에 대한 보고서들과 자살 시도, 그리고 젊은이와 어른의 다른 자기파괴적 행동이 실제로 관련이 있음을 일관되게 보여 주고 있다."(p. 184) 이러한 상황에서 중요한 것은 부모들이 아이에게 말했던 것이 아니라, 아이가 성적 학대를 포함한 부모들의 행동으로부터 추론한 것이다. 아동이 성학대를 당할 때, 자신이 그 자리에 없거나 죽었으면 일이 더 잘되었을 텐데 하는 추론을 드물지 않게 하는 것처럼 보인다. 그래서 그 아동은 자살 결정을 하고, 자살 실행이 증가하는 것을 연구에서 보여 준다. 그 아동은 부모가 자신이 죽어야 하며 가치가 없다는 등의 말을 하고 있다고 판단한다. 이것이 면담자들이 '존재하지 마' 면담에서 규명하고 싶은 것이다.

### '존재하지 마' 면담 질문의 예

조기 결정을 하게 한 사건을 알아내기:

- 아동들에게 하거나 책망할 때, 어머니(아버지 또는 주 양육자)는 뭐라고 말하거나 행동했나요?
- 부모가 당신 또는 타인에게 정말로 화를 냈을 때, 어머니(아버지)는 뭐라고 말하거나 행동했나요?
- 부모가 당신에게 말했거나 행동했던 것 중에서 가장 나쁜 것은 무엇입니까?

아동이 위에 기술된 사건들에 대한 반응으로 도달하는 인지적인 결론을 알아내기:

- 그가 그것을 들었을(보았을) 때, 그 아동은 어떤 느낌이었을까?
- 그는 그것에 대해서 어떤 결정을 했는가?
- 그는 어떤 결론에 도달했으며, 그것은 그와 타인에게 어떤 의미가 있는가?

#### 사례 연구 9-1 부요의 비난과 자살 결정

**질문**: 아동들에게 비난하거나 책망할 때, 어머니(아버지 또는 주 양육자)는 뭐라고 말하거나 행동했나요?

40세의 한 남성은 그의 아버지가 심하게 자신을 비난했던 어린 시절의 경험을 보고하였다. 그는 아버지가 자신과 경쟁적 관계를 진전시켰기 때문에 자신은 쓸모없으며 아무것도 할 수 없다는 소리를 아버지로부터 반복해서 들었다.

10세 때, 그의 어머니와 아버지는 결혼생활에 문제가 있었다. 아버지는 가끔 그들의 결혼생활에 연애 감정을 되살리려고 노력하고 있는데 그가 방해된다고 말했다. 아버지는 **그를 원하지 않았으며, 그가 방해가 되었다고** 여러 번 그에게 말했다.

---

고딕 서체의 문장에는 자살 결정의 존재를 나타낼 수 있는 아버지의 말에 핵심어가 있다. 이 사례에서 아버지는 이 아동에게 직접적인 진술을 하였으며, 면담자는 아동이 어떻게 이런 것들을 이해했는지를 찾고 있을 것이다. 그러한 진술에 대하여 아동은 어떤 인지적 결론에 도달했는가? 고딕 서체의 문장은 그에게 어떤 의미일까? 따라서 다음과 같은 후속 질문들의 과정을 진행해 볼 수 있을 것이다.

- '방해되는' 것이 당신에게 의미하는 것은 무엇입니까?
- '방해되는'과 '원하지 않은'이란 말에 대하여 당신의 어린이 자아 부분이 어떤 느낌 혹은 결론을 얻었나요?

이 아동이 도달했던 인지적 결론을 규명함으로써 자살 결정을 했는지 안 했는지의 여부를 밝힐 것이다. 때로는 자살 결정은 없고 자신은 상처받았고 쓸모없다는 결론을 내렸으며, 그날부터 계속 아버지의 승인을 얻어 내려고 애썼다고 보고할지도 모른다. 이런 경우에 그 사람은 그런 진술들이 자살 결정이 될 수 있는, 자신이 죽으면 더 좋을 것이라는 것을 의미한다는 결론을 내리지는 않았다. 하지만 공교롭게도 이 상황에서 그는 자살 결정을 내렸다. 그는 '방해되는'이란 말이 부모가 자신을 미워하고 있으며, 그들이 아들이 방해가 안 되었으면 더 좋았을 것이라고 생각하는 것, 즉 죽는 것을 의미했다고 보고하였다. 그의 계속적인 이력은 여러 번의 치명적인 오토바이 사고와 자동차 사고를 포함하고 있는데, 이것은 그가 "나는 사고로 자살할 거야."라는 자살 결정을 했다는 진단을 할 수 있음을 의미한다.

### 사례 연구 9-2 부모의 분노와 자살 결정

**질문**: 부모가 당신 또는 타인에게 정말로 화를 냈을 때, 어머니(아버지)는 뭐라고 말하거나 행동했나요?

28세의 한 여성은 그녀의 아버지가 대단히 화를 냈을 때 집에서 있었던 한 일화를 보고하였다. 그 아버지는 매우 수동적인 사람으로 분노의 말을 거의 하지 않았지만, 여러 달 동안 분노가 쌓인 후에는 폭발하곤 했다. 이 사례에서 그녀가 어머니와 함께 부엌에 있었을 때, 아버지가 매우 화가 나서 고함을 지르며 접시들을 바닥으로 집어던져 산산조각을 내 버렸다. 부엌의 바닥은 나무로 되었기 때문에 작은 흠집이 났다고 말했다. 그녀는 그 후에 바닥에서 그 흠집들을 몇 년 동안 보았다고 보고하였다. 아버지가 화를 낸 것과 접시를 집어던진 것에 대한 반작용으로 그녀는 **가출하거나 모든 것으로부터 도망쳐야만 한다고** 느꼈다.

고딕 서체의 말들은 면담자가 찾고 있거나 좀 더 조사하고 싶은 것이었다. 〈사례 연구 9-1〉에서처럼, 면담자는 '가출하거나 모든 것으로부터 도망치기'가 의미하는 것이 무엇인지 찾기를 원하고 있다. 그녀는 자신이 그곳에 없었더라면 더 좋았거나, 혹은 그녀가 근처에 없었다면 문제가 해결될 수 있을 것이라는 것을 나타내는 진술을 하고 있다. 도주, 투쟁, 동결과 관련하여 그녀는 자살 충동을 가진 사람과 연관될 수 있는 도주 반응을 묘사하고 있다.

그러나 그녀의 어린이 자아 상태가 근처에 있기를 원하지 않을 경우 그것이 무엇을 의미하는지를 찾을 필요가 있다. 이것은 단순히 지리적으로 자리를 옮기거나 자살적인 내용이 전혀 없음을 의미할 수도 있다. 혹은 어떤 자살 결정의 형태를 포함하여 좀 더 심각한 형태의 사라짐을 나타낼 수도 있다. 〈사례 연구 9-1〉과는 대조적으로, 부모는 아동에게 어떤 것을 말하지 않았고 오히려 아동이 부모의 행동을 관찰하고 그 행동과 그 분노에 대한 자신의 느낌에 근거한 인지적 결론을 만들었다. 더 깊이 들어가는 질문을 통해서 이 어린 소녀가 단순히 지리적으로 자리를 옮기기를 원했고, 이런 분노의 사건으로부터 벗어나 다른 곳으로 숨곤 했던 것으로 밝혀졌다. 그녀는 어떤 종류의 자살 결정을 내린 것은 아니었다.

흥미롭게도, 그녀는 15세 때부터 지금까지 발모광(發毛狂, trichotillomania, 자신의 머리카락을 뽑는 강박적 습관—역자 주)으로서의 긴 이력을 갖고 있었다. 비록 그녀가 어떤 자살 결정을 하지 않았다 하더라도, 그녀는 이런 종류의 자해 행위를 주로 긴장을 줄이는 한 방법으로 사용했다. 그녀는 그런 행동이 위안이 됨을 발견했고, 대머리가 된 부분을 잘 위장할 수 있었기 때문에 그것이 들통 나지 않았다고 말했다. 이것은 자해와 자살의 차이점을 보여 준다. 그녀는 자살 결정을 하지 않았기에 자살을 하는 사람을 받쳐주는 심리적인 힘이 없었으며, 어떤 심각한 방법으로든 자살을 생각하지 않았다. 그렇지만 그녀는 머리카락 뽑기라는 자해를 통해서 심리적 긴장을 줄일 수 있음을 알게 되었다. 그녀는 긴장을 줄이는 더 진전된 방법을 찾지 못했기 때문에 자해하는 사람의 심리적 근거를 진전시켰다. 자살과 자해는 두 가지의 꽤 다른 심리적 근거에 기인한다.

### 사례 연구 9-3 투쟁 반응과 자살 결정

**질문**: 부모가 당신에게 말했거나 행동했던 것 중에서 가장 나쁜 것은 무엇입니까?

28세의 한 여성은 부모가 큰 소리로 다투던 집안 소동을 진정시키기 위해 경찰이 달려올 만큼 신체적 싸움이 일어나는 것을 보곤 했다. 그때 그녀는 8~9세 정도였다. 논쟁이 시작될 경우, 그녀는 보통 부모에게 접근해서 그들에게 고함을 치고 그만두라고 말함으로써 화를 내는 방식으로 반응하곤 했다. 그녀는 갈등이 줄어들기를 바라며 그들의 관심을 서로에게서 딴 데로 돌리려고 그 논쟁에

끼어들곤 했다. 그렇지만 그녀의 노력은 늘 허사로 끝났고, 보통 어머니가 아버지에게 어떻게 자기 딸을 속상하게 할 수가 있느냐고 말하곤 했다. 그러면 아버지는 분노하여 그녀에게 "꺼져 버려, 눈 밖에서 사라져 버려."라고 말하곤 했다. 결국 그녀는 그곳을 떠나 늘 자기 침실로 갔다. 그녀는 부모에게 화를 내고 그들에게 복수할 방법을 생각하면서 몇 시간씩 그곳에서 생각에 잠겨 있었다.

---

다른 사례에서와 같이, 고딕 서체의 말에서 표시된 것처럼 그녀의 어린이 자아 상태가 분노의 복수를 표출하기를 원할 경우 그것이 의미하는 바가 무엇인가를 규명할 필요가 있다. 이 사례에서 그녀는 다음과 같은 자살 결정의 근거를 형성할 수 있는 도주 반응보다는 투쟁 반응을 갖고 있다.

- "만약 당신이 변하지 않는다면 나는 자살할 거야."
- "내가 자살하는 것을 당신에게 보여 주고 말겠어."
- "당신에게 상처를 주기 위해 나는 자살할 거야."

후속되는 질문은 아동이 자신의 자살 경향성과 관련하여 내리는 인지적인 결론을 찾기 위한 것이었다. 그녀가 침실에서 생각에 잠겨 있는 동안 도출한 결론은 무엇이고, 그녀가 이 모든 것을 어떻게 이해했으며, 그녀에게 그것이 의미하는 바가 무엇이었는가? 밝혀진 바와 같이, 그녀는 자살 결정을 내렸고, 죽는 것이 부모에게 복수를 하고 상처를 주는 방법 중에 하나란 것을 알게 되었다. 그녀는 그녀 자신의 장례식에 있는 것과 부모가 자신의 무덤가에서 우는 것을 보는 환상을 갖곤 했는데, 그것은 일 년 전에 그들의 개가 죽었을 때 어머니가 우는 것을 보았기 때문이었다.

### 사례 연구 9-4 수동적인 자살 결정

질문: 부모가 당신 또는 타인에게 정말로 화를 냈을 때, 어머니(아버지)는 뭐라고 말하거나 행동했나요?

37세의 한 남자는 자신의 어린 시절 대부분 동안 그의 어머니가 매우 지배적이었으며, 그녀는 그가 학교생활, 사회생활 등에서 무엇을 어떻게 행동해야 할지를 그를 대신해서 결정하였다. 그녀는 또한 늘 분노를 폭발시키는 경향이었는데, 수동적인 남자였던 남편과의 관계에서 이런 일들이 매우 자주 일어났다. 남편은 그녀가 분노하여 날뛰는 소리를 그냥 듣고 있었으며, 어린 소년인 그에게 그것은 수시간 동안 지속될 수 있는 것처럼 보였다. 이런 일들이 일어나면 그는 늘 그의 피난처로 도망갔다. 그 피난처는 아무도 그가 거기에 있다는 것을 알지 못하도록 옆방의 탁자 밑에 숨는 것이었다. 그는 그곳에서 안전감과 보호를 느꼈다. 그곳에 있을 때, 그는 일종의 절망감이 마비된 상태로 아무것도 아닌 것처럼 느꼈고, 자신이 그곳에 없었으면 하는 소망을 갖곤 했다고 보고하였다. 그는 또한 부모가 그에게 결코 어떤 긍정적인 사랑이나 애정을 보여 준 적이 없었던 장기적인 감정적 무관심을 보고하였다.

절망감의 마비와 그곳에 존재하지 않았으면 하는 소망에 대한 좀 더 진전된 질문은 어떤 수준의 자살 결정을 보여 줄 수 있었다. 8장에서 언급된 것처럼, 자살 위험의 열세 가지 양적 측정 중에서 열한 번째부터 사람들은 다른 방법으로 자살에 대해 말할 수 있다. 때때로 그것은 "삶의 의미가 무엇인가?" "나는 잠자러 가서 계속 잠들어 있고 싶어." 혹은 "나는 사라져서 다시 돌아가지 않을 거야."와 같은 수동적인 진술들이다. 이 사람은 그러한 수동적인 자살 결정을 했기 때문에 어떤 수준의 자살 위험을 보여 주지만 짧은 기간에 더 낮은 수준에서 그랬다. 그는 자살에 대해 능동적으로 생각하지는 않았지만 여기에 존재하거나 살아 있지 않기를 원하는 확실한 느낌을 가졌다고 보고한다.

만약 그가 스스로 분노를 폭발하는 경향이 있었다면, 그땐 "당신이 나를 죽이도록 내가 만들 거야."와 같은 자살 결정이 있을 수 있었다. 왜냐하면 그는 자신이 살해당하는 어떤 폭력적인 싸움에 참여할 수 있었기 때문이다. 그는 이것을 쉽게 행하는 사람은 아니었지만 대인관계에서 늘 꽤 수동적이었기 때문에, 자살의 더 수동적인 수단이 될 수 있는 "나는 사고로 자살할 거야." 혹은 심지어 "당신이 나를 사랑하게 하기 위해서 나는 몇 번이라도 자살할 거야."와 같은 결정을 찾을 수도 있을 것이다. 그는 자살 시도에 대한 이력은 없었지만 점점 소외되어 가는 삶을 살고 있었기 때문에, 좀 더 장기적인 자살 위험 사정의 가능성을 나타냈다. 그는 대인관계의 부재와 삶의 의미를 느끼지 못한 채 자신의 삶을 마무리할 수 있으며, 그 모든 것의 의미가 무엇일까라고 의심하기 시작할 수도 있을 것이다. 그런 순간에 그의 자살 경향성의 수준은 뚜렷하게 증가될 수 있을 것이다.

어떤 사람이 심각한 감정적 무관심을 보고하면, 자살 결정을 내리는 가능성이 증가한다는 것에 주목해야 한다. 부모의 무위(inaction, 행동하지 않음)는 그 아동에게 자신이 환영받지 못하고 있다고 말하고 있다. 따라서 언젠가는 아동이 그것을 받아들여 자신이 죽으면 더 좋아질 것이라고 단정하고 자살 결정을 내리게 된다.

### 사례 연구 9-5 자살 몽상

질문: 아동들에게 비난하거나 책망할 때, 어머니(아버지 혹은 주 양육자)는 뭐라고 말하거나 행동했나요?

38세의 한 여성은 어린 시절에 매우 통제적이었던 어머니에 의해 계속적으로 강도 높은 비난을 받았다고 보고하였다. 그녀는 자신이 아무것도 정확하게 할 수 없었으며, 걷기, 음식 먹기처럼 간단한 어떤 것을 할 때마다 그것을 똑바로 하지 못했다고 꾸지람을 듣곤 했다. 그녀는 이것을 견딜 수가 없었으며, 어떤 때는 자신이 살아 있지 않았기를 소망했다고 보고하였다. 그녀는 심지어 스스로 간단한 운율을 만들어 혼자 있을 때 그것을 작은 멜로디로 부르곤 했다. "나는 죽고 싶어, 나는 죽고 싶어, 나는 죽고 싶어……."

이런 대답은 자살 결정을 했던 사람일 가능성을 나타낸다. 그렇지만 좀 더 세밀한 조사에서 그녀는 실제적으로 자살하고 싶다는 결정을 결코 하지는 않았다는 것이 발견되었다. 그녀는 어린 시절에 가끔 죽기를 원했지만, 자살하거나 죽임을 당하기를 원치는 않았다고 기술하였다. 핵심은 죽으려는 소망은 그녀가 일상생활에서 느꼈던 얼마간의 괴로움을 달래려고 창조했던 안락한 몽상이었다. 그녀는 자살 결정을 결코 하지 않았으며, 따라서 더 높은 수준의 자살 위험에 있지 않았다.

여기에서의 핵심은 면담자가 '존재하지 마' 면담 동안 나온 대답들에서 찾고 있는 이러한 진술을 강조하는 것이다. 질문에 대한 반응들을 조사해 보면 좀 더 진전된 조사를 할 수 있다.

〈사례 연구 9-1〉에서 아동은 자신이 원하지 않는 아이라는 말을 직접 들었으며, 그래서 자살이 부모의 지시를 완수하는 방법이라고 결론 내렸을 가능성이 있다. 아동이 결론 내린 것은 전적으로 그에게 달려 있지만, 부모의 압력이 그런 형태의 결정을 하는 데 작용하고 있다.

〈사례 연구 9-2〉에서 아동은 직접 아무것도 들은 바가 없지만 무서운 부모의 행동을 목격했다. 모든 것으로부터 사라졌으면 좋겠다는 그녀의 반응은 그녀가 자살 결정을 했을 가능성을 나타내고 있으며, 최종적으로는 그렇게 되지 않았다는 것이 밝혀졌다.

〈사례 연구 9-3〉에서 아동은 부모와 성난 언쟁을 직접 하였으며, 그들에게 복수하려는 욕구를 갖게 되었다. 이러한 접근법은 자살 결정이 분노의 위치에서 만들어졌다는 결론을 이끈다.

〈사례 연구 9-4〉에서 아동은 어머니와의 관계에서 수동적인 역할을 채택하였고, 그것이 무감각과 절망 상태로 그리고 살고 싶지 않다는 인지적 결론을 내리도록 이끌었다는 것을 보여 준다. 이것은 부모에 의한 무관심과 결합되어 수동적인 자살 결정을 만드는 결과를 가져왔다.

마지막으로, 〈사례 연구 9-5〉에서는 비록 아동이 매일의 정서적 고통으로부터 벗어나기 위해 죽은 상태로 가는 안락한 몽상을 만들기는 했지만 자살 결정이 이루어지지 않은 예를 보여 준다.

지금까지 '존재하지 마' 면담은 어떻게 부모와 아동이 관계하는지에 초점을 맞추었다. '존재하지 마' 면담에서 두 번째로 조사해 볼 것은 사람들이 어디쯤에서 스스로 자신의 삶을 끊어야 하는 것을 아는지에 대한 정보를 찾는 것이다. 종종 어떤 사람들이 자살할 때 어떻게 되어 있는지와 그것이 어떻게 발생할지에 대해 분명하게 알 수 있다는 것이 놀랍다. 때때로 이것은 "나는 30세가 되기 전에 죽을 거야."와 같은 말로 하는 자살의 암시를 포함할 것이다.

다음의 '존재하지 마' 면담 질문들은 그 사람이 어떻게 삶을 마감할 것이라고 보는지를 이끌어 내도록 고안되었다.

- 당신과 같은 사람에게 어떤 일이 일어나나요?
- 만약 당신이 지금과 같은 방식을 계속 유지한다면 5년, 10년, 15년 후에 당신은 어디에 있을까요?
- 당신은 어떻게 죽을 것 같나요? 그리고 몇 살에 죽을 것 같나요?
- 당신의 묘비에 어떤 글이 적혀 있을까요?
- 당신은 자신의 장례식을 지켜보고 있습니다. 누가 그곳에 있으며, 그들이 무엇이라고 말하나요?

### 사례 연구 9-6 '존재하지 마' 면담에 대한 반응

애널린으로부터 :

당신과 같은 사람들에게 어떤 일이 일어날까요?

그들은 최종적으로 자살할 힘을 발견할 그날까지 매일 고통을 받는다. 바로 그때에서야 그들은 이 세상의 고통과 비참함에서 자유롭게 될 것이다.

만약 다른 사람이 나와 같은 정서적 고통으로 고생한다면 혹은 내가 현재 겪는 것보다 상황이 더 나쁘다면, 이 세상은 매우 잔인한 장소이고 내가 존재할 가치가 없는 곳이다. 나는 사람들이 서로 폭력을 휘누르는 세상에서 살 수 없다. 이것은 옳지 않다.

그리고 나는 나의 친구와 가족들이 이해해 주리라고 기대한다.

나의 죽음이 아마 그들에게 견딜 수 없는 아픔을 초래할 것이라는 생각은 충격적이다. 그러나 나는 그것이 내가 기꺼이 할 수 있는 희생이라고 생각한다.

만약 당신이 지금과 같은 방식을 계속 유지한다면 5년, 10년, 15년 후에 당신은 어디에 있을까요?

죽음. 그러나 이것이 유일한 희망이라고 할 수 있다.

당신은 어떻게 죽을 것 같나요? 그리고 몇 살에 죽을 것 같나요?

자살, 몇 년 이내에 그렇게 될 것이다. 25세가 되면 뇌가 완전히 발달한다고 한다. 나는 현재 22세다. 나는 25세가 될 때까지는 최선을 다해 살겠지만, 약속은 할 수 없다.

나는 더그 스탠호프(Doug Stanhope)가 인용한 다음 구절이 생각난다. "삶은 영화와 같다. 만약 당신이 영화가 절반 이상 상영될 때까지 앉아 있다면 그리고 계속 시간이 흐른다면, 종영될 때 큰 권리를 얻는 것은 아닐 것이다. 누구도 당신이 일찍 걸어 나간다고 해서 비난하지 않을 것이다."

당신의 묘비에 어떤 글이 적혀 있을까요?

나는 내 묘비에 아무것도 적혀 있지 않기를 원한다. 나는 매일 죽어 아무런 표시가 없는 무덤에 묻히는 사람들과 다르지 않다. 왜냐하면 그들이 어떤 사람인지 아무도 알지 못하기 때문이다. 나는 그들보다 더 나은 것이 없다.

당신은 자신의 장례식을 지켜보고 있습니다. 누가 그곳에 있으며, 그들이 무엇이라고 말하나요?

나는 여러 번 이런 상황에 대해 생각해 보았다. 나는 장례식을 원치 않는다. 그러나 그것은 실제로 내가 할 수 있는 선택이 아니다. 장례식은 살아 있는 사람을 위한 것이지 죽은 사람을 위한 것이 아니다. 나는 나를 알고 있는 사람들이 적당하게 조문하고 마무리하는 기회를 갖기를 원한다. 아마 내 어머니와 아버지, 소수의 친구들이 참석할 것이다. 나는 그들이 무엇이라고 말할지 모르겠다. (설명 8, White, 2010에서 인용)

---

비록 '존재하지 마' 면담에서의 반응에 대한 이러한 사례는 많은 고통과 불안을 가져다주긴 하지만, 매우 솔직한 반응이기 때문에 좋은 임상적 사례를 제공한다. 이 여자는 자살 경향성에 대해 분명히 말하고 있기 때문에 명확하게 절박한 자살 위험에 처한 사람이다. "당신과 같은 사람에게 어떤 일이 일어나나요?"라는 첫 질문에 대한 그녀의 대답은 "상황이 더 나빠진다면 나는 자살할 거야."라는 자살 결정을 보여 준다. 나쁜 점은 그녀의 괴로움과 고통이 그러한 수준에 있기 때문에 그녀의 자살로 인해 가족과 친구들에게 가해지는 고통의 보호 요인이 무시할 수 있는 수준에 있다는 것이다. 그녀의 감정적 괴로움과 고통의 수준은 이 사례에서 자살 위험 사

정의 핵심이다. 정서적 고통이 커지면 커질수록, 자살 위험 수준은 높아질 것이다.

두 번째 측면은 죽음의 시기에 대한 그녀의 진술이다. 앞서 언급된 것처럼, 어떤 사람들은 자신이 죽는 나이에 대해 매우 구체적일 수 있다. 자살 위험 사정의 관점에서 볼 때, 이것은 그 사람이 그 나이에 근접하기 시작함에 따라 명백하게 매우 중요하다. 그녀는 매우 구체적으로 진술했으며, 영화에 대한 은유는 자살 위험의 수준이 높아졌다는 것을 나타낸다. 그녀는 '만약 상황이 좋아지지 않는다면 어느 때라도 영화관을 떠날 수 있는' 선택을 할 수 있다. 치료 관점에서 볼 때, 그녀가 25세를 선택한 것은 그때가 두뇌가 완전히 발달하는 시기이기 때문이라는 것이 흥미롭다. 왜 두뇌가 완전히 발달하는 것이 중요한가? 만약 어떤 사람이 자살하지 않고 그 시기를 지나친다면 다른 시기가 설정될 수도 있으며, 그는 자살 결정이 아직도 마음속에서 기능하고 있기 때문에 같은 상황에서 늘 반복적으로 그렇게 생을 마무리한다.

마지막으로, 장례식에 대한 설명이 있다. "나는 여러 번 이런 상황에 대해 생각해 보았다."라는 그녀의 설명은 죽음에 대한 마술적 사고를 갖고 있을 가능성을 보여 준다. 그녀가 자신의 장례식에 대해 여러 번 생각했다는 사실은 자신이 죽은 후 자신의 장례식을 어떻게든 환상적으로 보았다는 감정을 나타낸다. 그녀의 대답은 이런 것을 보여 줄 수 있었으며, 나열된 질문들은 이에 대한 그녀의 대답을 계속적으로 하게 하도록 되어 있었다.

## 3. '검은 바위에서의 나쁜 날'[1] 연습

'검은 바위에서의 나쁜 날' 연습은 이전의 위험 사정 방법에 대한 확장이거나 혹은 '존재하지 마' 면담의 좀 더 정교한 형태다. 이 연습은 존 맥닐(John McNeel, 1980)에 의해 발표되었으며, 어떤 사람이 하는 자살 결정이 어린이 자아 상태의 관점에서 가능하다는 것을 경험적으로 보여 준다. 그는 어린 시절 조기 생애의 한 장면을 회상하도록 유도된다. 이것은 그 사람에게 질문하거나 혹은 통상적으로 어떤 형태의 유도된 이미지를 가지고 그가 퇴행하도록 함으로써 간단하게 할 수 있다. 그는 편안한 자세를 취하며, 눈을 감고 보통 가족 구성원과 관련된 불쾌한 장면을 회상할 수 있는 어린 시절로 유도된 이미지를 떠올린다.

그는 매우 나쁜 일이 발생했던 때를 회상하도록 요청받으며, 보통 첫 10년 이내의 삶에서 꽤 속상해한다. 만약 조기 장면을 기억하는 것이 어렵다면 더 늦은 장면도 충분하다. 일단 이런 장면이 발견된다면, 그 사람은 어떤 일이 일어나고 있었는지, 그곳에 누가 있었는지, 그들이 무엇을 말하고 행동하고 느꼈는지, 그리고 그가 무엇을 말하고 행동하고 느꼈는지를 회상하도록 요청한다.

이것은 자살 위험 사정에 대한 것이므로 불쾌한 장면임이 틀림없다. 왜냐하면 이런 상황에서 그 아동은 자신의 가치 없음, 자살 결정에 있어서 자신이 어떤 사람이라고 여겨지는지, 다른 사람의 가치, 그리고 특히 자살 결정에 대한 중요한 결정을 하기 때문이다. 아동은 아주 우울하고 심각한 정

1) 역자 주: 〈Bad Day at Black Rock〉은 미국에서 1955년 존 스터지스(John Sturges) 감독이 촬영한 영화의 제목이다. 한국에서는 1956년에 〈무법지대〉로 개봉되었으며, DVD로는 〈배드 데이 블랙 록〉으로 출시되었다. 좀 더 자세한 내용은 다음의 블로그를 참조하라. http://blog.naver.com/PostView.nhn?blogId=filmclassic&logNo= 162763217.

서적 억압 상태에 있을 때 도달하는 인지적 결론을 찾고 있다. 그 아동은 미래에 어떻게 되어야 하고 그 모든 것이 그에게 의미하는 것이 무엇인가에 대한 어떤 결론을 내리게 될 것이다. 그 결정은 아동마다 다를 것이다. 그렇지만 어떤 아동은 "상황이 더 나빠진다면 나는 자살할 거야." "당신이 나를 죽이도록 내가 만들 거야." 혹은 "당신에게 상처 주기 위해 나는 자살할 거야."와 같은 자살 결정을 할 것이다. 어떤 사람은 내담자가 그로서는 죽음이 해결책이라거나 혹은 어디에서 죽을 것인지를 결정한 것이 조기 장면이 그에게 의미한 것들의 논리적인 결말이었다고 내담자가 내린 결정을 찾고 있다. 이것은 어떤 사람이 '존재하지 마' 결정을 내렸는지의 여부를 확인할 수 있는 최선의 방법 중 하나다.

### 사례 연구 9-7 '검은 바위에서의 나쁜 날'

[그림 9-1]은 33세의 한 여성이 자신이 6~7세 때 일어났던 사건을 그린 '검은 바위에서의 나쁜 날'에 대한 예다.

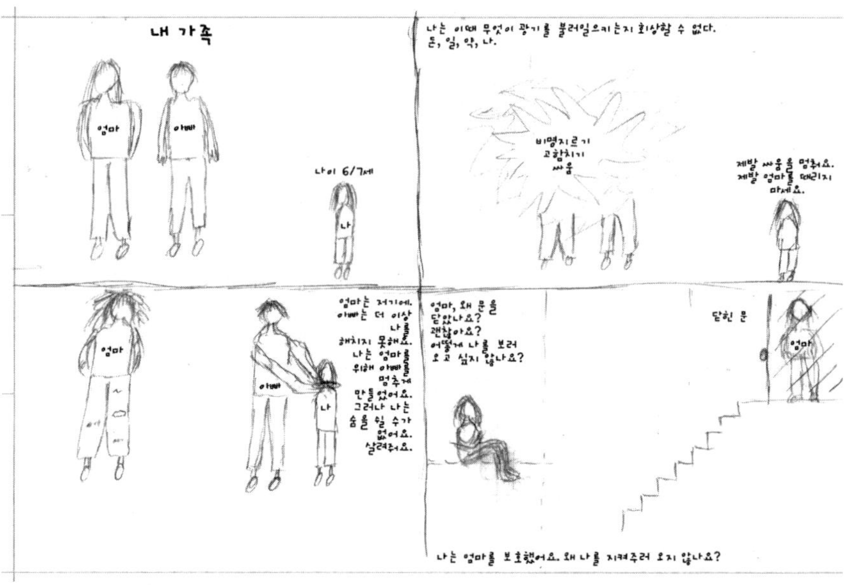


[그림 9-1] '검은 바위에서의 나쁜 날' 그림의 예(White, 2010a)

그림이 완성된 후, 그녀에게 이 불쾌한 장면에서 무슨 일이 일어났는지를 설명하도록 권유하였다. 다음은 그 내용이다.

> 아빠는 심한 마리화나 중독자다. 아빠는 밖에 있는 냉장고에 마리화나 얼린 것을 약간 보관하고 있으며, 밖에서 약간의 마리화나를 키운다. 마약 판매상이 거의 매일 온다. 아빠는 술도 마신다.
>
> 엄마는 아빠가 마리화나나 술을 차고에서 보관하는 한 그가 마리화나를 피우든 술을 마시든 전혀 개의치 않는다. 엄마는 아빠의 생활 방식에 내가 노출되는 것을 원치 않는다. 그렇지만 나는 노출될 수밖에 없다. 엄마가 일하러 갈 때는 나를 지켜주지 못한다. 나는 마약 판매상을 좋아했는데, 그가 올 때마다 나에게 사탕을 주었기 때문이다. 휴일에는 심지어 돈까지 주곤 했다.
>
> 이 날은 엄마가 직장에서 귀가한 날이었다. 가끔 엄마는 평소보다 늦게 돌아왔다. 그런 날은 직장에서 집으로 바로 운전해서 돌아오지 않는다. 나는 엄마가 늦게 돌아오는 이유가 나를 보고 싶지 않아서라고 생각한다.
>
> 엄마가 집에 돌아온다. 나는 아빠와 엄마가 나눈 대화를 기억하지 못한다. 나는 그들이 무슨 말을 했는지 완전히 이해했다고 생각하지 않는다. 엄마는 마약판매상들 중 한 명이 총격을 당한 후 더 이상 그들이 집에 오는 것을 원치 않는다고 말하고 있다. 아빠는 술을 마시고 왔다. 그들은 논쟁을 한다. 그러고 나서 아빠는 고함치기 시작한다. 그리고 엄마는 비명을 지르고 있다. 그리고 아빠는 엄마를 구타하고 있다. 나는 그 싸움이 멈추길 원했지만 그들은 계속 싸운다. 제발 싸움을 그만 하세요. 나는 지금 울부짖으며 고함도 지른다. 나는 아빠의 다리를 붙잡고 그가 엄마를 구타하지 못하도록 한다. 나도 역시 아빠를 때린다. 아빠는 나를 밀쳐 버린다. 그러나 나는 다시 돌아온다. 아빠는 나에게 고함을 지르고

내 머리채를 잡아당긴다. 그러고 난 후 아빠는 엄마를 때리는 것을 그만 둔다. 내가 그걸 해냈다. 나는 그들의 싸움을 말렸다. 그러나 잠깐, 왜 나는 숨을 더 이상 쉴 수가 없을까? 아빠는 나를 들어서 벽으로 던진다. 아빠는 밖으로 나가 차고로 간다.

얼마 후 엄마는 계단으로 뛰어올라 침실로 들어가 버렸다. 나는 엄마를 보고 싶다. 나는 그녀가 괜찮기를 원한다. 나는 계단 위로 올라가 문 손잡이를 돌린다. 잠겨 있다. 나는 문을 두드렸고, 바로 나라고 말한다. 괜찮아요. 아빠는 바깥에 있어요. 엄마는 나를 침실로 들이지 않는다. 엄마는 나를 보고 싶어 하지 않는다.

나는 내 방으로 가서 문을 잠근다. (White, 2010a: 2-7문단)

---

사람들은 이야기를 하나하나 열거할 때 종종 울거나 감정적이 될 것이다. 만약 이런 일이 일어난다면 사람은 그의 어린이 자아로 퇴행하고 인지적 결론에 대한 질문을 할 때 좀 더 정확하게 하려고 할 것이다. 물론 우리 모두는 적절하게 자극을 받으면 회상할 수 있는 많은 불쾌한 장면을 갖고 있다. 만약 그 장면이 아동에 의해 만들어진 자살 결정을 이끌어 낸다면, 그때는 이런 결정이 사람의 성격의 한 부분임을 알게 된다. 그러나 만약 그 장면이 자살 결정을 이끌어 내지 못한다 해도 그런 결정이 만들어지지 않았다는 것을 의미하지는 않는다. 그 사람이 그 특정 장면에서 그런 결정을 하지 않았다는 것을 단순히 의미할 뿐이다. 우리 모두는 성격의 기본적인 구조를 형성하는 여섯 가지의 근본적 주된 결정을 하는 것으로 추정된다. 만약 그 사람과 계속 접촉한다면 이와 똑같은 일이 반복해서 자주 일어날 수 있으며, 개인과 그의 잠재적인 자살 경향성에 대해 좀 더 포괄적으로 이해할 수 있다. 만약 사람들이 이런 실행이 여러 번 반복된 후에 자살 결정이 만들어진 것을 발견하지 못한다면 이런 결정이 그에게는 존재하지 않는

다고 좀 더 확신할 수 있다.

과정의 다음 부분은 그 장면에서 이 어린 여자아이가 어떤 결정을 했는가를 찾는 것이다. 그 결정은 다수가 될 수도 있고, 단 하나가 될 수도 있다. 이를 위해 다음의 질문들을 할 수 있다.

- 그녀는 자신과 삶 그리고 타인에 대해 어떤 결정을 내렸는가?
- 그녀가 이 모든 것을 어떻게 이해했는가?
- 그녀가 내린 인지적 결론은 무엇인가?

다음의 내용이 보고되었다.

**사례 연구 9-7(계속됨)** '검은 바위에서의 나쁜 날'

만약 내가 태어나지 않았더라면, 부모님은 싸우고 있지 않을 것이다. 나는 무거운 짐이다.

내가 무엇보다도 염려하는 내 엄마는 나를 보는 것조차 원하지 않는다. 나는 사랑받을 만한 가치가 없다.

나는 혼자 힘으로 신체적 · 정서적 고통을 처리해야만 한다. 나는 다른 사람을 의지할 수 없다.

무엇인가 나에게 잘못이 있음이 틀림없다. (White, 2010a: 9문단)

다음과 같은 말들은 자살 결정이 만들어지고 있다는 약간의 암시를 줄 수 있다.

- "만약 내가 태어나지 않았다면……."
- "나는 무거운 짐이다."

- "……는 나를 보는 것조차 원하지 않는다."
- "나는 사랑받을 만한 가치가 없다."
- "무엇인가 나에게 잘못이……."

만약 아동이 이러한 생각을 하고 있다면 더 나은 다음 단계로 나아가지 못하고 다음과 같이 결정할 것이다. "내가 죽지 않는다면 삶, 부모 그리고/혹은 나는 더 비참해질 것이다." 이때 이런 조기 장면의 회상에 근거하여 현재 자살 결정이 존재할 가능성이 있다는 결론을 내릴 수 있다. 다음과 같은 다른 질문들로 추적할 수가 있다.

- 그곳에 있는 어린 여자아이에 대한 그림을 한번 보세요. 이 작은 소녀를 바라볼 때 당신은 무엇을 봅니까?
- 당신은 그녀를 좋아합니까?
- 그녀는 무엇을 느끼고 있으며, 무엇을 원하고 있습니까?
- 그녀가 무엇을 느끼고 있는지 상상해 보고, 그 나이에 그녀가 느끼고 있는 감정을 다시 느껴 보십시오.
- 당신 스스로 그 상황과 그에 따른 감정을 다시 경험해 보십시오.
- 그 소녀를 쳐다보고 당신이 그녀를 경험할 때, 그녀는 그 모든 것을 어떻게 이해합니까? 그녀가 내린 결론은 무엇이며, 그녀가 어떤 결정을 했습니까?
- 그녀는 거기에 없거나, 죽어 있거나, 죽어 가거나 혹은 살해당할지에 관한 결정을 했습니까?

목표는 그림을 그린 사람을 어린이 자아 상태로 되돌아가게 해서 조기 장면을 다시 경험하도록 유도하는 것이다. 일반적으로 사람들은 정도는 다르지만 기꺼이 그렇게 한다. 어떤 사람들은 즉시 퇴행하고, 또 어떤 사람들은 결코 조기 장면으로 돌아가지 못한다. 그것은 자신들이 그 사건에 대해 대단히 방어적이거나 혹은 단지 너무 고통스럽기 때문이다. 반응이 무엇이든 간에 목표는 그 조기 장면에서 그 아동이 도달한 인지적 결론, 그리고 특히 이 일의 목적상 거기에 없거나, 죽어 있거나, 죽어 가거나 혹은 죽거나 살해당할지에 대한 어떤 결정이든 찾아내는 것이다.

### 사례 연구 9-7(계속됨) '검은 바위에서의 나쁜 날'

그녀는 다음과 같이 질문에 반응했다.

1. 그녀는 몇 살입니까?

그녀는 추측건대 약 8세 정도일 겁니다. 내가 회상할 수 있는 가장 초기의 기억들은 3학년 정도인데, 나는 아마 8세 정도였을 겁니다. 그리고 이것은 그 기억들 중의 하나입니다.

2. 이 작은 소녀를 바라볼 때 당신은 무엇을 봅니까?

나는 그녀가 어리게 보입니다. 그녀는 어립니다. 그녀는 그 상황 속에 있어서는 안 되는 순진하고 무력한 존재입니다.

3. 당신은 그녀를 좋아합니까?

나는 그녀를 좋아하는지 아닌지 잘 모르겠습니다. 나는 심지어 그녀를 모르는 것처럼 느낍니다. 그녀는 거기에 있습니다. 그러나 나는 그녀를 모릅니다.

4. 그녀는 무엇을 느끼고 있으며 무엇을 원하고 있습니까?

나는 그녀가 무엇을 느끼고 있는지 상상할 수 있지만, 그녀가 무엇을 실제로 느끼고 있는지는 모릅니다. 어른으로서 나는 그녀가 틀림없이 슬퍼하고 무서워한다고 말할 수 있습니다. 나는 그녀가 과거의 그녀보다 더 강해야만 하며, 그녀는 다만 부모님이 그녀를 사랑해 주기를 원한다는 것을 압니다. (White, 2010a: 설명 1)

이런 대답들은 '존재하지 마' 결정이 만들어졌을 가능성을 확증하는 것으로 보인다. 비록 이 여자가 자살에 대한 생각을 현재는 경험하지 않을지라도, 더 장기적으로는 자살 위험에 처해 있다.

### 사례 연구 9-8 또 다른 '검은 바위에서의 나쁜 날'

[그림 9-2]는 자살 생각에 대한 심각한 이력을 가진 29세의 남자가 그린 또 다른 '검은 바위에서의 나쁜 날' 장면이다.

[그림 9-2] 어떤 남자가 집에서 가족과 함께 겪는 비참한 장면(White, 2010b)

> 나는 10세 정도 되었고, 세탁실에서 여동생과 함께 세탁을 하고 있었다. 엄마는 부엌의 테이블에 앉아 있었다. 나는 큰 소음과 많은 욕지거리와 고함소리를 들었다. 아버지가 차고에서 낸 소리였다. 그는 차고에서 나와 집 안으로 들어와서 엄마에게로 걸어갔다. 그리고 엄마에게 "F……" 그리고 "S……"라고 하였다. 나는 세탁실 문이 열려 있었기 때문에 그것을 보았으며, 아버지가 세탁실 문 쪽으로 오는 것을 보았다. 그가 내가 거기에 있는 것을 보고 전화번호부 책을 집어 들어 나에게 던졌

다. 그 책은 내 오른쪽 어깨에 맞았으며, 그로 인해 내 몸이 약간 돌아갔다. 너무 아팠다. 그 후 아버지는 그냥 걸어 나갔고, 더 이상 어떤 말이나 행동을 하지 않았다. 나는 '그것은 무시무시해.'라고 생각하였다. 그것은 늘 나를 아주 혼란스럽게 하였다. 어떤 누구도 무슨 일이 일어나고 있는지 말해 주지 않았다. 여동생은 아무 말도 하지 않았지만 나는 그녀에게 미안함을 느꼈으며, 엄마는 아무 말도 하지 않았다. 이 일은 심지어 일어나지 않았던 것처럼 취급되었다.

그러나 나는 아빠가 나를 싫어한다는 것을 알았다. 아빠는 여러 번 내가 할아버지를 닮았고, 그는 늘 할아버지를 미워한다고 말했다. 그는 항상 아주 화난 상태였고, 나를 매우 미워하였다. 그가 나를 원하지 않는다는 것을 알았다. 그는 나에게 나는 원하지 않는 아이였고, 사랑받을 만한 가치가 없다고 말했다. 그래서 난 죽고 싶었다. (White, 2010b: 2-3문단)

---

장면의 회상 끝에 이 젊은이가 내린 결론에 관한 명확한 진술이 있었다. 그의 아버지는 직접적으로 너를 원하지 않으며 너는 사랑할 만한 가치가 없다고 말했다. 이 순간에 아동은 그것을 받아들이고 자신이 죽으면 가장 좋을 것이라고 조기 결정했다. 그는 아버지와 어머니의 행동에 대해 어떤 투쟁 반응도 보여 주지 않았다. 그는 수동적인 태도를 취하였으며, 그에게 말하고 행동하는 것에 대한 분노의 반응을 하기보다는 혼란에 빠졌다. 자살 결정은 이 사례에서 꽤 분명하다. 그래서 그는 자살 위험에 있으며, 그가 예상한 어떤 요인들이 그의 자살 경향성을 증가시켜서 자살 결정이 활성화되게 되었는지를 규명할 필요가 있다. 혹은 자살 생각들이 언제 좀 더 뚜렷해졌는지 그의 이력을 살펴볼 수도 있으며, 그러면 그것을 촉발시키는 요인들을 확인할 수 있을 것이다.

### 사례 연구 9-9 감정 억압하는 조기 결정

[그림 9-3]을 보라.

[그림 9-3] 여성 응답자가 어린 시절 병원에 있었을 때의 사건(White, 2010c)

이것은 내가 8세 무렵이었을 때의 내 모습이다. 나는 사다리에서 떨어져 팔과 팔꿈치가 크게 부서져서 병원에서 팔 수술을 해야만 했다. 나는 세 번이나 수술을 했고, 내 팔을 다시는 완전하게 뻗을 수 없게 되었다. 나는 하루 종일 잠만 잤고, 너무 늦게 병원에 갔기 때문에(고통을 참을 수 없게 될 때까지 기다리다가) 그들은 내가 거의 죽게 되었다고 말하였다.

나는 처음 며칠 동안 다른 많은 아이와 함께 소아병동에 있었지만 그들이 나를 성인 여성들이 있는 병동으로 옮겼다는 것을 기억한다. 그들은 감염으로부터 나를 지키기 위해서 나를 옮겼다고 말했다. 나는 그 변화에 대해 기분이 나빴는지는 기억하지 못한다. 나는 아마도 그때 너무 아팠다고 생각한다.

엄마는 매일 나를 방문했다. 내가 일주일 혹은 그 이상 그곳에 있게 된 후에 엄마가 병원을 방문한 후에 귀가하기 위해 병실을 떠날 때 만약 내가 운다면 병원에서 더 이상 자신을 방문하지 못하게 할 것이라고 말했기 때문에, 나는 엄마가 떠날 때 울었음에 틀림없다. 엄마는 작별인사를 할 시간이 되면 늘 근심스러워 보였다(White, 2010c: 설명 4).

이전에 언급한 것처럼, 인지적 결론에 대한 후속 질문은 다음의 질문들을 포함한다.

- 이 작은 소녀를 바라볼 때 당신은 무엇을 봅니까?
- 당신은 그녀를 좋아합니까?
- 그녀는 무엇을 느끼고 있으며, 무엇을 원하고 있습니까?
- 그녀가 무엇을 느끼고 있는지 상상해 보고, 그 나이에 그녀가 느끼고 있는 감정을 다시 느껴 보십시오.
- 당신 스스로 그 상황과 그에 따른 감정을 다시 경험해 보십시오.
- 그 소녀를 쳐다보고 당신이 그녀를 경험할 때, 그녀는 그 모든 것을 어떻게 이해합니까? 그녀가 내린 결론은 무엇이며, 그녀가 어떤 결정을 했습니까?
- 그녀는 거기에 없거나, 죽어 있거나, 죽어 가거나 혹은 살해당할지에 관한 결정을 했습니까?

그림을 그린 사람에 있어서 결과는 어머니가 그녀에게 울지 말라고 말했다는 것을 그녀가 인지했다고 보고하는 것이었다. 그래서 그녀는 울음과 슬픈 감정은 OK가 아니라는 조기 결정을 하였다. 이후의 삶에서 그녀는 항상 슬픈 감정과 울음이 문제가 되었다. 그녀는 그런 감정을 아주 싫어했고, 화난 감정으로 대체하는 경향이 있었다. 그녀는 슬픔을 느낄 경우, 아주 높은 수준의 불안을 느꼈으며, 울음 대신에 화를 내는 경향이 있었다.

그녀는 "나는 울거나 슬픈 감정을 느끼지 않는 대신 화를 낼 거야."라는 결정을 하게 되었다.

이것은 어린 아동이 생각하고 결정한 것이다. 어머니가 그녀를 여러 번 떠났기 때문에, 유기되고 있고 가치 없음을 느끼는 것에 대해 질문을 받았을 때 그녀는 아무런 대답도 하지 않았다. 그녀는 자신이 가치 없다거나 혹은 엄마에게 짐이 된다는 것에 대해 어떤 결정도 하지 않았다.

이것은 자살 결정이 이루어지지 않았음을 나타내며, 변덕스러운 어린 아동의 결정이 어떻게 만들어졌는지를 보여 준다. 다른 아동들은 아주 쉽게 자신이 가치 없고 엄마에게 문제만 일으킨다는 결론에 도달하였으며, 그래서 그의 계속된 존재가 질문으로 나타난다. 그러나 〈사례 연구 9-9〉에서는 일어나지 않았는데, 아동이 울음이나 슬픔에 대해 결정하기에는 마음이 매우 심란했기 때문이다. 이것은 이 아동이 자신은 존재 가치가 있다고 결정한 것은 아니며, 단순히 그런 문제에 대해 어떤 결정도 하지 않았다는 것을 의미한다. 이 사람의 보고에서 그녀가 적어도 이 순간에는 자살 결정을 하지 않았다고 결론 내릴 수 있으며, 따라서 장기간의 위험 수준은 감소된 것처럼 보인다.

이것은 자살 결정을 포함하는 조기 결정의 또 다른 모습을 강조한다. 마지막 분석에서, 4장에서 기술된 것처럼 결정은 아동이 하는 것이다. 부모는 자신들이 아이를 좋아한다고 말하거나 행동할 수 있지만, 결국 그것을 해석하는 것은 아동의 몫이다. 성인기에 그 사실에 대한 회상이 꽤 잘못될 수도 있지만, 그 회상은 그 사람이 어린 시절에 중요하다고 결정했던 것이기 때문에 별로 문제가 안 된다. 때때로 이런 접근은 비난을 받기도 한다. 모든 일에 대해 부모들을 비난하는 것처럼 보이기 때문이다. 물론 부모를 비난하는 것은 자살하려고 하는 사람에게 어떤 유익함도 주지 못하며, 여기에서 설명된 결정 과정은 그 아동이 마지막 선택을 하는 것이라고 말한다.

이것은 왜 어떤 아동이 아주 끔찍한 배경에서 시작하여 감정적인 관점에서 아주 건전하게 결말을 맺는가를 보여 준다. 그 모든 학대에도 불구하고 그들은 자신과 타인에 대해 어떤 OK 결정을 어렵사리 해낸다. 이것은 그들이 결정을 하는 시점에서 그들이 모든 것을 해석하는 방법이다. 어떤 아동은 감정적으로 건전한 배경에서 시작하여 자살 결정을 포함한 어떤 불건전한 결정을 할 수도 있다. 결국 중요한 것은 그들의 정교하지 못한 사고와 결정 내리기며, 이것은 종종 상당히 잘못될 수도 있다.

### 사례 연구 9-10 매우 조기의 결정

[그림 9-4]를 보라.

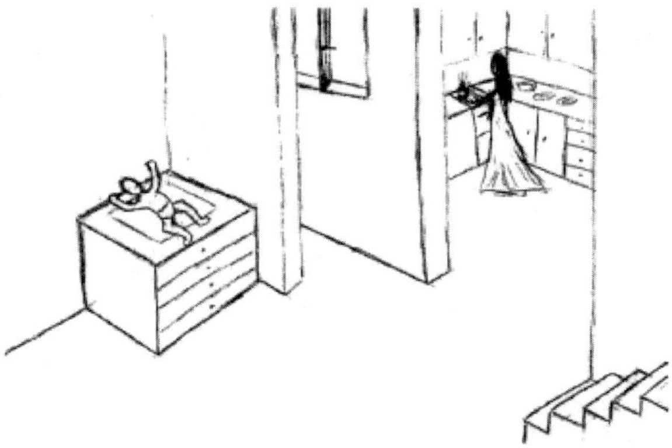

[그림 9-4] 44세의 여성이 아주 어린 시절에 일어났던 사건을 회상한 그림(White, 2010d)

엄마는 부엌에서 분주하다. 갓난아기는 돌봐 주기를 기다리고 있다. 그는 울고, 울고, 또 울고 있다. 아기는 시끄럽고 무언가 필요하지만 엄마는 돌봐주지 않았다.

이것은 엄마가 단지 바빴기 때문이지, 그녀의 잘못은 아니다. 이는 갓난아기의 잘못이다. 아빠는 직장에 있고, 엄마는 과부하된 상태다. 그녀는 아직 젊었고 이전에는 결코 해 보지 못한 자신의 의무가 있다. 이 아이는 엄마의 목록에서 추가된 의무일 뿐이다. 이 아이는 아직 생후 1년도

안 되었기 때문에 엄마에게 아기는 감정적으로 최우선 순위가 아니었다.

왜 이 갓난아기가 우선되어야 하는가? 엄마는 과부하 상태였고, 아이에게 죄책감을 느끼게 하고 있다.

아기는 '나는 내 욕구를 채울 자격이 없어. 나는 엄마의 삶을 더 힘들게 하고 있어. 내가 여기에 없었으면 더 좋을 것을.' 이라고 생각했다. (White, 2010d: 1-5문단)

---

스트레스에 대한 투쟁, 도주 혹은 동결 반응의 관점에서, 이 사례에는 어떤 투쟁 반응도 분명히 없다. 이것은 자살 결정이 어떻게 그런 환경에서도 일어날 수 있는지를 보여 준다. 이 아기는 엄마가 자신을 불공평하게 대하는 것으로 보지는 않지만, 다음과 같은 투쟁 반응의 경향이 있는 것처럼 보인다. "나는 마땅히 받아야 하는 방식으로 대접받고 있지 않기 때문에 이렇게 취급받는 것은 엄마의 잘못이야." (분노)

대신에 그 반응은 집안일로 인해 이미 과부하된 엄마를 보는 것이며, 아기는 단순히 엄마의 삶을 힘들게 만들었을 뿐이다. 그래서 이것은 아기의 잘못이며, 엄마가 아기를 돌봐야 하는 것은 아니다(이것은 〈사례 연구 9-9〉에서의 아동 반응과는 대조적인데, 그는 쉽게 동일한 결론을 내렸지만 그렇게 하지는 않았다). 그래서 이 사례 연구에서 아동이 자신이 여기에 없다면 만사가 더 좋을 것이라는 결정을 하는 것은 어렵지 않다. 이것은 도주 반응으로 볼 수 있으며, 감정 반응은 슬픔과 수동적 수용이다.

이 장면에 대해 질문을 받을 때, 그 사람은 자신의 생각이 무엇이었는지에 대해 말하기가 어렵다는 것을 발견하였다. 그녀는 주고받는 말들은 별로 없었으며, 오히려 느낌과 소음이 더 많이 있었다고 진술하였다. 이것은 이 사례에서 만들어진 자살 결정이 언어 능력 습득 전일 수 있다는 것을 나타낸다. 그것은 아이가 한 살이 채 안 되었다는 것과도 부합한다.

만약 이 사례가 그러한 경우라면, 자살 결정을 포함하여 이 장면에서 만들어진 결정은 매우 탄력적일 것이다. 왜냐하면 아이가 언어를 배우기 이전의 어린 시기에 만들어졌기 때문이다. 이것은 이 사람이 자신의 모든 삶에서 자살 가능성이 어느 정도 있다는 것을 의미한다. 이러한 조기 결정은 성격의 기초를 형성하므로, 좀 더 나이가 들어서 내려진 결정에 비하여 상담을 통해 바꾸기가 좀 더 어렵다. 그 결정의 영향은 바뀔 수 있지만 그것들이 완전히 바뀌기를 기대하는 것은 매우 어렵고 비현실적이다. 따라서 어느 정도는 항상 자살 결정이 존재할 것이다.

물론 한 살 미만의 아기가 여기에 그려진 것과 같은 사건들을 회상할 수는 없다. 그러나 당면한 목표를 위해서는 사건이 실제로 일어났든 일어나지 않았든 그것은 문제가 되지 않는다. 이 그림과 설명은 실제로 그녀의 마음에 있는 자신의 성격 구조에 대한 시각적이고 인지적인 그리고 운동감각적인 표현들이다. 이 사건은 그녀 성격의 한 부분—예를 들어, 인지행동치료의 용어로 그녀가 갖고 있는 사고 오류—을 설명한다. 그 사건은 그녀가 일관된 성격 구조를 갖도록 해 주는 그녀의 마음속에 현재 지니고 있는 시각적이고 인지적이며 운동감각적인 표현이기 때문에 그 사건이 실제로 일어났다 해도 문제가 되지 않는다. 이것은 그 사람이 실제로 하나의 성격을 갖기 위해 사용하는 것이다.

나는 사람들이 이 같은 비참한 조기 장면들의 진정성을 확신할 뿐만 아니라 그것들을 아주 쉽게 회상해 내는 데 대해 놀라곤 한다. 사람들이 여기에서 어떤 이야기를 만들어 내거나 혹은 동화를 말하는 사람은 결코 없다. 대신에 그들은 그들에게 일어났다고 믿는 것을 그리는데, 그것은 꽤 정교하고 상세하다. 덧붙여 말하자면, 그 사건의 결과로 만들어진 그 느낌과 조기 결정은 꽤 쉽게 설명될 수 있다. 물론 이것은 그 사람이 자살 결정의 존재를 진단하려는 사람들에게 도움을 주며, 자살 위험 사정자의 주요한 과제들 중의 하나다.

## 4. 자살 위험 사정의 한 수단으로서 자살하지 않기 진술에 대한 반응

자살하지 않기 진술은 굴딩 부부(Goulding & Goulding, 1978)에 의해 발표된 것이다. 사람들이 진술해 달라는 요청을 받은 후 그 요청에 대한 자신의 반응을 사정받는 상황을 설정한다. 그 사람은 "어떤 일이 일어나더라도, 나는 x번 사고나 고의로든 자살하지 않을 것이다."라고 말해 달라는 요청을 받는다. 그다음에 그는 그러한 진술을 하는 데 대한 자신의 내적 반응들을 보고하도록 요청받는다. 이 사람은 치료의 한 부분으로서 자살하지 않기 계약을 하거나 혹은 그가 그런 계약을 하고 있다면 어떻게 반응할 것인가를 사정하기 위한 진술을 할 수 있다. 여기에서 자살하지 않기 계약의 목적이 단지 진단적이며, 치료를 위한 목적으로 사용되지 않았다는 것을 유념해야 한다. 어떤 사람들은 그런 진술을 하는 것이 어렵다는 것을 발견하는 반면, 또 어떤 사람들은 전혀 어렵지 않다는 것을 발견한다.

진술이 만들어진 후, 다음과 같은 세 가지가 사정되었다.

① 그 사람은 진술을 합니까 혹은 거절합니까?

② 진술을 할 때 그가 느낀 감정은 어떤 것입니까?(안심, 증가된 불안, 분노 등)

③ 그가 진술을 한다면 어떤 방식으로 그것을 수정합니까?(예를 들어, 말을 바꾸거나 혹은 일치하지 않는 신체 언어로)

### 사례 연구 9-11 자살하지 않기 계약에 대한 거절

자살 생각을 보고한 30세 남성은 자신이 과거에 몇 차례 자살을 시도했고, 적어도 몇 번은 아주 심각한 자살 시도였다고 진술했다.

상담자: 당신은 스스로 자살하지 않기 계약서를 만들겠습니까?

내담자: 아니요.

상담자: 왜 그렇지요?

내담자: 글쎄요. 그것은 내가 누구와 같이 만드는가에 달렸지요. 만일 내가 당신에게 약속하는 것으로 만든다면, 그리고 만일 내가 당신에게 분노하게 된다면, 나는 당신에게 복수할 방법으로 나 자신을 죽이거나 자살을 시도할 것을 알고 있어요.

상담자: 사실 자살하지 않는다는 계약서는 나와의 약속이 아니고, 당신 자신과 함께 만드는 것이에요. 당신이 자신에게 동의하는 것이지요.

내담자: 나는 그것이 나를 지나치게 속박하는 것처럼 느껴요. 계약이라는 용어가 법적으로 뭔가를 구속하는 것처럼 들리는데, 나는 그런 것에 구속받고 싶지 않아요.

---

이 반응은 그가 장래에 자살 시도의 위험에 있을 수는 있지만, 그것이 필연적으로 긴급한 것은 아님을 나타낸다. 이 계약을 맺는 데 대해 그가 완전히 거부한 것과 그것이 그를 구속할 것이라는 느낌에 의해 제시된다. 이것은 그가 미래에 자살의 선택권을 버리고 싶다는 것을 의미하지는 않는다. 그렇지만 사람들은 지금 자살하려는 것 외에 다른 이유들로 인해 계약을 거절할 수 있으며, 따라서 그는 지금 위험에 처한 것은 아니다.

어떤 사람은 치료적 관계가 계약을 허용하지 않기 때문에 거절하며, 〈사례 연구 9-11〉이 그러한 사례가 될 수 있다. 내담자는 상담자를 부모의 역할이나 권위자의 위치로 보았다. "내가 자살하는 것을 당신에게 보여 주고 말겠어." 혹은 "당신에게 상처 주기 위해 나는 자살할 거야."와 같은 자살 결정을 하는 것과 마찬가지로, 그는 이것이 추후에 그를 반항적인 위치나 자살 충동에 따라 행동하도록 전환시킬 수 있다는 것을 인식한다. 이러한 경우, 거절은 그의 정신 내에서 일어나는 내적인 심리적 과정의 자각에 기인하는 적극적인 움직임이었다. 만약 그가 자신을 '구속하기'로 동의했다면, 현재의 자살 위험 수준은 높아질 수 있다. 다른 사람에게는 거부가 지각된 권위자와 싸우는 방법이 되는 단순이 도전이나 반항 행동일 뿐이다. 어떤 사람이 의도적으로 치료 예약을 잊어버리거나 처방약 복용과 같은 치료에 순응하기를 거절하는 것과 같이, 어떤 사람들은 자살하지 않기 계약을 맺는 것을 거절하는데, 그들의 거절은 관계의 역동에 근거한 것이지 그들의 자살 경향성 때문은 아니다.

어떤 사람들은 자살을 도피구로 간주하기 때문에 계약을 거절한다. 이러한 사람들은 자살 생각 혹은 환상을 현재의 고통으로부터의 탈출구로 보기 때문에 그것이 위로의 경험이 될 수 있다. 그러나 아직은 그들이 심각한 시도를 할 방법은 없다. 앞에서 본 〈사례 연구 9-5〉가 이러한 예다. 어린 소녀는 자살 환상을 발전시켰고, 심지어 스스로 혼자 있을 때 노래로 부르곤 했다. "나는 죽고 싶어, 나는 죽고 싶어, 나는 죽고 싶어……."와 같이 작은 멜로디로 노래를 불렀다. 그녀는 자살 성향이 아니라 스스로를 위로하기 위해 그 환상을 사용했다. 도피구로서의 자살은 14장 '자살하지 않기 계약'에서 좀 더 자세하게 논의될 것이다.

어떤 사람들은 자신이 나쁘게 보이도록 속이기 위해 계약을 거절하기도 한다. 그들은 자살하지 않기 계약을 거절한다면 병원 신세를 지거나 추가 조사를 당할 가능성이 커질 것을 알고 있다. 아마도 있을지도 모를 이차적 이득의 맥락에서 그 거절을 볼 필요가 있다. 이차적 이득들이 명백하게 적으면 적을수록 현재에 있는 자살 결정이 존재할 가능성과 자살 위험 수준이 증가할 가능성은 더 커진다.

앞에서 말한 것들을 볼 때, 거절은 그 사람이 현재 자살 시도의 위험에 있다는 주요한 지표가 될 수 있다. 이런 사정을 지지하기 위해서는 진술에 따른 느낌을 살핀다. 그것은 진술에 대해 만들어진 두 번째 종류의 사정이다. 진단 과정의 이러한 측면은 진술을 하는 것에 대한 그 사람의 반응을 사정하는 것이다. 이 과정은 비교적 쉽다. 그 사람이 진술을 한 다음에 그것을 큰 소리로 말하는 것에 대해 어떻게 느끼는지 묻는다. 다음과 같은 좀 더 일반적인 반응들과 함께 다양한 반응이 나타난다.

- 공포 또는 두려움의 반응: 이것은 일반적으로 좋은 징후는 아니며, 자살을 해결책으로 간주하는 사람을 암시하는 것일 수 있다. 그 사람은 자살을 자신의 고통에서 벗어나는 한 방법으로 보고, 계약 체결로 인해 해결책이 제거된다고 본다.
- 좌절감의 반응: 어떤 사람들은 죽어 감으로써 자신이 "결국 다른 사람들에게 보여 줄 수 있다." 혹은 "지금 그들은 나를 진짜 그리워할 거야."와 같은 감정을 느낀다. 이런 경우에 계약 체결자는 좌절감을 느낄 것이다. 왜냐하면 그의 반격 방식이 좌절되었기 때문이다.
- 안심의 반응: 이 반응은 어떤 사람이 자살하도록 몰린다는 감정을 느낄 때 일어날 수 있다. 자신의 머릿속에서 어떤 목소리가 "너는 자살해야 해."라고 말하고 있고, 그 사람은 그렇게 하지 않을 허가가 필요한 것이다. 자살하지 않기 계약은 그런 허가가 될 수 있으며, 그 사람은 "지금 나는 그것을 하지 않아도 돼."라고 하면서 안도감을 느낄 것이다.
- 견고함의 반응: 이 반응은 자살을 원하지 않는 사람의 징후이며, 자신이 망각 속으로 사라지는 것처럼 느끼는 사람에게서 좀 더 이러한 반응이 일어난다. 이것은 일종의 수동적인 자살이다. 이런 경우에 계약은 견고한 토대를 제공하기 때문에 그냥 사라지려고 하는 경향은 멈춘다.
- 현실감 상실, 인격 상실 또는 어떤 종류의 해리 반응: 만약 이런 형태의 현실감 상실이 발생한다면, 이것은 좋은 징후가 아니다. 그 사람은

매우 불쾌하거나 혹은 무시무시한 어떤 것을 말해 달라고 요청받고 있다고 느낄 수도 있다. 이에 대처하기 위해 그는 자살 선택이 자신에게 중요하다는 것을 나타낼 수 있는 해리를 하거나, 혹은 이때 자살을 매우 실제적인 선택으로 느껴 자살하지 않기 진술을 하는 것을 두려워한다. 감정적인 반응이 거의 없거나 전혀 없다. 이런 경우 그 사람은 앵무새처럼 혹은 기계적인 방식으로 진술을 했을 수도 있으며, 이것은 그에게 아무런 의미도 없다. 혹은 그는 자살 선택을 그가 하지 않으며 자살의 위험에 놓여 있지도 않다.

공포나 좌절 혹은 어떤 종류의 해리 등과 같이 불쾌한 반응의 감정들은 자살 행동이 그 사람에게 어떤 의미가 있는지를 나타내며, 따라서 현재 자살 결정이 존재할 가능성을 증가시킨다. 안심 혹은 견고함과 같은 좀 더 '긍정적인' 감정들이 있다면 자살은 그에게 하나의 선택이 될 수 있지만, 계약하는 과정이 "나는 이것을 벗어날 수 있어."와 같은 느낌을 제공한다. 그런 사람은 단기 혹은 장기 위험에 놓일 수도 있지만, 자신이 어떤 치료를 받을 준비가 되어 있고, 자신의 자살 경향성을 경감하기를 원하며, 자신의 자살 결정을 바꾸는 것을 보여 주고 있다. 반응이 적거나 없는 것은 일반적으로 가장 좋은 징후이고, 자살 결정이 초기의 삶에서 그에 의해 만들어지지 않았다는 것을 보여 주며, 그러므로 그는 자살을 실행할 위험이 적다. 또한 무반응 진술이 기계적인 방식으로 이루어졌다고 해도 일어날 수 있다. 그러한 경우에는 그 사람이 왜 기계적으로 진술했는지를 조사할 필요가 있다. 이것은 그가 진술할 때 로봇처럼 행동함으로써 합리화하거나 자신을 그것과 거리를 두게 함으로써 자살하지 않기 계약을 회피하려고 했을 수 있기 때문에 자살 경향성의 어떤 수준을 나타낼 수 있다.

사정의 세 번째 측면은 어떤 제한을 찾는 것이다. 만약 그 사람이 진술하기에 동의하더라도, 진술에 제한을 두기 위해 넓은 범위의 일들을 할 수 있다. 신체 언어는 언어적인 진술을 확인하는 방법으로서 중요하다. 대부분 신체 언어는 인식하지 못한 채 행해지며, 따라서 외부 관찰자에게 유용하다. 그는 진술자를 관찰하고, 일어나고 있는 어떤 속임수나 부조화를 집어낼 수 있다. 이에 대해 다음에 묘사되어 있다.

① 행동의 부조화는 그 사람의 행동이 그가 말하고 있는 것과 어울리지 않을 때 일어난다. 예를 들면, 진술을 하는 동안 그는 신체 언어가 '아니요'라고 말하는 것처럼 머리를 흔들 수도 있다. 나는 사람들이 그러한 진술을 하면서 아동이 지키지 못할 약속을 할 때 하는 행동처럼 손가락을 꼬는 것을 보았다. 어떤 사람은 언어로 한 말의 실행 가능성을 없애는 어떤 신체 언어를 찾고 있다. 또 다른 예들은 바닥을 내려다보거나, 눈을 감고 있거나, 말을 매우 부드럽게 하거나, 발가락으로 서면서 말하는 것 등이다. 이런 목록은 끝이 없다. 관찰자로서 "신체 언어는 말하고 있는 것을 보완하기 위해 나타나는가, 아니면 신체 언어가 오히려 그 진술을 허술하게 만드는가?"라고 스스로에게 질문을 할 필요가 있다. 때때로 그에게 "만약 당신의 신체 언어가 지금 입을 가지고 있다면 혹은 말할 수 있다면 그것이 무엇을 말하려고 합니까?"라고 묻는 것은 유익하다. 원하는 답은 신체 언어가 구두 언어를 증명해 주는 것이다. 신체 언어가 구두 언어와 적게 일치하면 할수록, 현존하는 자살 결정의 가능성은 더 커진다.

② 진술에서 그 사람은 자신이 생존해 있을 시간 범위를 지정하도록 요청받는다. 선택된 시간은 부조화를 나타낼 수 있다. 어떤 사람들은 50년과 같은 매우 긴 시간을 만들 것이다. 이 훈련의 목표는 그에게 현실적인 비교적 짧은 기간을 선택하는 것이며, 이것은 어떤 제한을 암시할 수도 있다. 어떤 이들은 "나는 99세까지 살 것이다."라고 말할

것이다. 왜 100세가 아니고 99세인가? 스포츠에서 99라는 점수는 부족함을 나타내는 점수다. 이것은 계약을 손상시키는 또 다른 잠재적인 징후일 수도 있다.

다음과 같은 또 다른 예가 있다.

- "내가 맺고 있는 계약은 내 여생을 위한 것이다." 관찰자는 '내 여생'이 여러 해를 의미한다고 추측하기 쉽다. 그렇지만 그 단어는 매우 짧은 시간을 의미할 수도 있다. 따라서 이 사람이 몇 주 동안 살아 있으려고 하는지에 대하여 좀 더 명확하게 밝히는 것이 필요하다.
- "계약은 4월 1일까지다." 이 날은 만우절로 알려져 있다. 이때 서로 실제적인 농담을 하거나 속임수를 쓰는 것이 관습적이다. 이것은 자살하지 않기 계약과 관련된 위험한 함의다. 이것은 또한 타 문화에서 온 사람이 이런 계약을 할 때 반드시 추가적인 관심을 기울일 것을 강조한다. 이와 같은 날짜와 행동의 부조화는 어떤 문화에서는 다른 의미를 지닐 수 있다.
- "계약은 성금요일까지다." 성금요일은 예수가 죽은 날이다. 특히 종교적인 사람에게 이것은 부조화를 나타낸다.

이런 예들은 관찰자가 실제로 말해지는 것이 무엇인지를 부단히 경계해야 한다는 것을 보여 준다. 일상적인 매일의 대화에서 하는 것처럼 말해지는 것에 대한 많은 추측을 하는 것은 쉽다. 요점은 계약 체결자가 실제로 하고 있는 말이 무엇인지를 경청하는 것이지, 우리가 듣기를 기대하는 것만을 듣는 것은 아니다.

③ 계약을 할 때, 어떤 사람은 세부적이 되고 세세한 사항을 찾기 시작할 것이다. 예를 들면 다음과 같다.

- "일과 후 집에서 술을 마시는 것을 포함하여 스스로를 해치고 있습니까?"
- "실제 사고들에 대해서는 어떻습니까? 당신은 그것들을 고려할 수 없습니다."
- "계약 기간 동안에 아무도 자신에게 어떤 일이 일어날지 예측한 적이 없습니다."

이러한 내담자와 자살하지 않기 계약을 맺는 것은 대개 상당히 어렵다. 만약 어떤 사람이 점점 세부적으로 되고 있다면 모든 세세한 문구에 사로잡히지 말아야 한다. 왜냐하면 이 사람에게 빠져나갈 수 있는 동기가 부여된다면 그는 항상 허점을 찾으려고 하기 때문이다. 계약의 목적은 계약을 맺는 동기를 다루고, 왜 그가 계약을 맺고 있으며 이를 통해 누가 이익을 얻는가를 살펴보기 위함이다. 따라서 그가 세부사항에 머문다면, 이것은 그가 마지못해 진술한다는 것을 나타내며, 자살 결정의 가능성과 자살 위험이 증가하는 것을 나타낸다.

④ 때때로 계약은 계약자에 의해 새롭게 이름이 붙여질 수도 있다. 최근의 예를 들면 다음과 같다. "나는 때때로 불안한 느낌이 들며, 그 계약 중의 하나를 체결하기를 원하는데, 그것은…… 음…… 자살 계약이라고 부른다." 이런 경우에 그 사람은 계약을 '자살하지 않기 계약'에서 '자살 계약'으로 새로운 이름을 붙인 것이다. 이것은 분명히 부조화다.

⑤ 때때로 사람들은 자신들이 계약을 맺을 사람들을 위하여 진술한다. 예를 들면 다음과 같다.

- "나는 내 자식들이 자살한 엄마를 가진 무서운 상태에 있지 않았으면 하기 때문에 자살하지 않기 계약을 맺기를 원합니다."
- "내 아내는 내가 자살하려는 것을 매우 염려하기 때문에 자살하지 않기 계약을 하고 싶습니다."

궁극적으로는 우리는 혼자 힘으로 살아가기를 원하는 사람을 찾고 있는 것이다. 타인이나 다른 어떤 것 혹은 어떤 이념을 위해 살고 있다는 것은 훨씬 덜 안전한 위치에서 살고 있는 것이다. 다른 사람이나 일 혹은 이념이 사라지거나 변한다면 그에게 문제가 된다. 계약자가 계약이 자신을 위해 존재하는 것으로 여기면 여길수록 계약은 튼튼해지며, 따라서 자살 위험의 수준은 감소되는 것으로 보인다.

사람들이 말하는 것과 말하는 방법을 부조화스럽게 만드는 자살하지 않기 계약 진술을 수정할 수 있는 많은 방법이 있다. 부조화하면 할수록 자살 결정이 존재할 가능성은 더 커지며, 따라서 장기 위험이 증가된다.

## 결 론

이 장에서는 자살 위험을 사정하는 네 가지 질적 측정에 대하여 살펴보았다. 이것은 앞 장에서 개괄적으로 설명했던 양적 측정을 보충한다. 분명히 질적 측정과 양적 측정 모두를 사용함으로써 그 사람에 대한 좀 더 포괄적인 자살 위험 사정을 할 수 있다. 게다가 질적 측정은 조기에 자살 결정을 한 사람을 확인하기 위해 시도된 것이며, 만약 그가 자살 결정을 했다면 장기 자살 위험 수준은 올라갈 것이다. 불행하게도, 자살 위험 사정은 부정확한 과학이지만 앞에서 언급된 방법들은 자살 경향성에 대한 훌륭한 징후를 제공할 수 있다.

Working with Suicidal Individuals:
A Guide to Providing Understanding, Assessment and Support

# 제3부 자살하려는 사람 돕기

제 10 장

# 자살 비밀과 고의적 자살 위험

## 자살 비밀 공개

자살에 관한 문헌은 종종 자살을 시도하는 대다수 사람이 자살에 관해 사전에 얘기했다고 보고하고 있다. 자살의 충동을 느끼는 대부분의 사람은 자살을 시도하기 전에 누군가에게 자살 생각에 관해 말해 왔다.

사람들은 심각한 자살 시도를 하는 대부분의 사람은 자살 시도 전에 누군가에게 그에 관해 말했을 것이라고 자신을 안심시킨다. 분명히 이것은 긍정적인 것이며, 사람들은 이것이 자살 충동을 공개하고 도움을 받을 수 있기 때문에 많은 자살 시도를 방지할 수 있다는 것을 의미한다고 생각하는 경향이 있을 것이다. 일단 자살 생각을 하고 있다는 말을 들을 수만 있다면, 그들은 구원을 받을 수 있다. 그것은 많은 사람의 희망이다. 우리는 모든 사람이 자신의 자살 비밀에 관해 말하기를 원하지만, 불행히도 많은 사람이 말하지 않는다.

대부분의 사람이 행동 이전에 자해하는 의도에 관해 누군가에게 강렬하게 표현하는 것은 사실이다. 연구에 의하면 자살 생각을 행동으로 옮기기 전에 70~80%는 누군가에게 자신의 자살 생각을 공개하고 있다(Clark & Horton-Deutsch, 1992; Hayes, 1995). 이는 안심이 되는 수치로 보이지만, 또한 20~30%가 자살 생각을 공개하지 않는다는 것을 보여 준다. 심각하게 자살 충동을 느끼는 사람의 약 1/4이 자살 의도를 누구에게도 알리지 않는다. 나는 25% 또는 1/4이 꽤 많은 수치라고 주장할 수 있다고 생각한다.

불행히도, 이러한 사람들은 잘 고려되지 않는다. 사실상 그들은 전혀 고려되지 않고 있다. 자살 위험을 인식하는 방법에 관해 논의함에 있어 밀러 등(Miller et al., 2005)은 다음과 같이 말한다.

> 자살을 성공하는 사람들의 80%가 자살 행동 전에 누군가와 행위, 생각 그리고 감정을 통해서 자신의 자살 의도를 전한다고 연구는 제시한다. 어려움 중 하나는 그 징후가 무엇을 나타내는지 확실히 알지 못하거나 그 징후가 아주 감지하기 어려워 우리가 쉽게 인식하지 못한다는 것이다(p. 15).

또한 이 연구자들은 자살 충동을 느끼는 사람에 대해 경고하는 징후를 나열한다. 이것은 문헌에서 찾아볼 수 있는 아주 일반적인 접근 방식이지만, 한 가지 문제가 있다. 징후를 말하지 않거나 보이지 않는 20%는 어떻게 되는가? 밀러 등(2005)은 그들을 무시하고 있으며, 이는 문헌에서 흔한 일이다. 그들은 다시는 언급되지 않는다. 우리는 자신의 자살 생각을 말하지 않는 네 명 중 한 명 또는 25%의 자살 충동을 느끼는 사람에 관해 얘기하고 있다. 수치가 겨우 2%였다면 특별히 인도적이지는 않을지라도 아마도 사람들이 단순히 그들을 잊는 것을 합리화할 수 있을 것이다. 그러나 이 집단은 25%로 이는 큰 수치다.

전 세계 대부분의 감옥은 자살 충동을 느끼는 수감자의 관리를 위한 '위험 시 관리 시스템(At-Risk Management System: ARMS)'을 가지고 있다. 이 시스템은 먼저 위험 환경에 있는 수감자를 파악하고 그를 높은, 중간, 낮은 위험으로 분류하여 운영하는 아주 널리 사용되는 시스템이다. 한번 분류되면 파악된 위험 수준에 따라 적절한 조치가 취해진다. 그러나 전체 시스템은 앞에서 설명한 것과 같은 가정에 기초한다. 즉, 수감자는 어떤 식으로든 자신의 자살 비밀을 공개할 것이라는 것이다. 우리가 알고 있듯이, 약 75%는 공개할 것이고 25%는 공개하지 않을 것이다. 그 25%의 사람은 단순히 묵살되고 무시된다. 그들은 ARMS 접근 방식에서 다시 언급되지 않는다.

내가 감옥 시스템에서 일할 때 창밖을 통해 모두 750명의 수감자가 갇혀 있는 방을 보곤 했는데, 그들 중 일부가 자살 충동을 느끼고 있지만 그 누구에게도 아무런 말을 하지 않는다는 것을 알 수 있었다. 그들은 자신의 자살을 하고 싶은 생각과 충동을 비밀에 부쳤다. 내가 감옥 시스템에서 일할 때 자살을 성공한 사람은 없었지만, 세 사람은 거의 자살에 성공할 뻔했다. 그들은 운이 아주 좋아 죽지는 않았다. 그들 중 두 명은 ARMS의 조정자인 나나 감옥에서 ARMS에 관련된 다른 누구에게도 알려지지 않았다. 세 사람 중 두 사람은 자살 시도를 하기 전에 누구에게도 자신의 자살 비밀을 공개하지 않았다.

ARMS 접근 방식은 자신의 자살 생각을 비밀에 부친 수감자를 무시했기 때문에 나는 어려움에 처하게 되었다. 돌턴(Dalton, 1999)이 언급하듯이 감옥에서의 자살률은 일반 인구보다 약 10배 정도 높기 때문에 나는 그들이 자신의 자살 생각을 비밀에 부칠 수감자 집단에 속해 있다는 것을 알았다. 결과적으로 나는 자살 의도가 있는 수감자를 파악할 수 있는지를 알아보는 일에 착수했고, 약 6명을 발견했다. 나는 매일 여러 가지 이유로 특정 자살 생각과는 관련이 없는 많은 수감자를 만났다. 그들과 얘기할 때, 나는 자살 생각을 넌지시 언급하는 것으로 시작한다. 일부는 일순간 의심하거나 힐끔 주위를 쳐다보기도 한다. 그들은 내가 그들의 무엇인가를 건드렸다는 모종의 행위적 징후를 보여 주게 된다. 이러한 사람들에게 있어 자살의 문제는 빙빙 돌려서 얘기되었거나, 넌지시 얘기되었거나, 심지어 은연중에 내비쳐졌다. 그들 중 일부는 심지어 내게 자신들이 자살 감시를 받지 않기 위해서 할 말과 해서는 안될 말을 알고 있다고까지 말했다. 나는 누구도 높은 위험에 처해 있다고 생각하지 않았다. 내가 한 것이라고는 그들과 정기적으로 접촉을 갖는 것이었다. 예를 들어, 그들이 어떻게 지내는지 의견을 나누는 협력관계를 발전시키는 것이었다. 나의 견해로는 이것이 그들의 심리적 안녕에 좋은 영향을 미쳤을 수 있을 것이다. 나는 그들과 접촉을 시작했고, 시간이 흐르면서 그들이 그들 내부에 무슨 일이 진행되고 있는지에 관해 얘기할 수 있도록 접촉을 유지했다. 이에 따라 그들의 고립감은 상당히 감소하고 자살 충동이 생길 가능성은 낮아졌을 것이다. 그러나 우리는 시스템이 허락하지 않아 자살에 대해 개방적이고 솔직한 방식으로 의견을 나누지는 못했다.

왜 감옥에서 자살 감시 시스템은 그들을 무시했는가? 이런 수감자는 자신의 자살 비밀을 공개할 수 없는 위치로 내몰렸다. 그들은 자신이 자살 충동을 느낀다고 내게 또는 다른 어떤 사람에게 얘기하면 자신이 ARMS 프로그램에 투입되어 어느 정도 자살 감시에 놓인다는 것을 알고 있었다. 그들은 그 모든 소란과 관심을 원하지 않았기 때문에 자신의 자살 충동을 공개하지 않았다. 만약 그들이 밀착된 감시를 받는다면, 그들은 자살 시도를 준비하기 더 어렵게 된다.

호주와 대부분의 다른 서구 사회에서 통용되고 있는 입법은 내담자가 자해로 인해 중요한 위험에 있다고 판단되는 경우 상담자가 법적으로 비밀을 깨고 관련 당국에 알리게 되어 있다. 이것은 그들의 보호 의무로 여겨지며, 그런 경우에는 합법적으로 비밀을 깨야 할 의무가 있다. 감옥에서도 마찬가지다. 수감자가 자살 생각을 얘기하면, 그 말을 들은 사람은 그 수감자가 원하든 원하지 않든 조치를 취해야만 한다. 법은 이런 사람들이 자살에 대해 비밀을 지켜야 하는 처지로 내몬다. 따라서 그들은 고립감 때문에 상황이 더 악화되고 자살 시도 가능성은 더 높아진다. 법은 그들을 위험에서 빼내기보다는 더 밀어 넣으면서 이러한 개인에 대해 역효과를 가진다.

앞서 언급한 바와 같이, 이것은 25%의 자살 충동을 느끼는 개인들을 구성하는 집단, 즉 법률적으로 더 현실적인 처리를 보장하고 단순히 잊히면 안 되는 큰 집단이다. 나의 견해로는 자살 충동을 느끼는 사람 중 속내를 잘 털어놓지 않는 사람을 식별하게 해 주는 법령이 필요하다. 일단 확인이 되어 그들이 자살 생각에 관한 얘기를 시작하면, 그러한 법은 내가 비밀을 깨지 못하도록 명확하게 금지할 것이다. 따라서 그들은 나에게 자신의 자살 충동에 관해 말할 가능성이 더 높으며, 이는 자살 충동을 행동에 옮길 가능성이 낮다는 것을 의미한다.

### 사례 연구 10-1 자살 비밀 지키기

29세의 한 남성은 자신의 삶 대부분을 심각한 사회공포증에 시달렸다. 처음 봤을 때 그는 사회공포증과 자신의 일상생활에 놓여 있는 엄청난 제약 때문에 자신의 미래에 대해 상당히 걱정했다. 그는 그 당시 그리고 미래의 자신의 삶에 대해 절망감을 가졌다. 그는 자살하고 싶은 생각을 알리지 않았고 그 주제에 대해 전혀 암시조차 하지 않았다. 우리가 친밀한 관계를 더욱 발전시키면서, 그는 자신의 미래에 대해 더 긍정적이 되었고 이 절망감은 다소 바뀌었다. 사람들은 우리의 지속적인 접촉으로 인해 그의 고립감이 감소하여 그런 일이 생겼다고 예상할 것이다.

그는 어떠한 자살 생각도 말하는 법이 없었다. 약 한 달 후에 나는 다시 그 주제를 제기했고, 그는 웃으며 긍정적으로 고개를 끄떡였다. 그런 후 그는 "정말 그것을 말할 수 없어요."라고 얘기했다. 나는 그 이유가 자신이 더 밀접하게 감시를 받을까 봐서인지 물었고, 그는 그렇다는 뜻을 나타냈다. 나의 견해로, 그는 분명히 자신의 자살 충동을 축소해서 말했으며, 나는 그가 자살 시도에 대해 더 집중하게 되면 어떠한 자살 의도도 덜 알려 줄 것이라고 느꼈다. 이것은 법이 그를 그렇게 몰았기 때문이었다. 그 시점에서 나는 그가 자살 감시를 받도록 할 수 있었지만, 당신은 그 사람이 기분이 좋고 우울하지 않으며 자살하고 싶은 생각이 없다고 말할 때 그에 대해 자살 감시를 계속할 수 있겠는가?

내가 이 사람을 다루고 있었을 때 그는 법적으로 문제가 있었으며, 미국으로의 추방 가능성에 대해 검토를 받고 있었다. 그는 어린 시절 이후 미국에 가 본 적이 없기 때문에 이는 그에게 아주 많은 두려움을 주었다. 그는 결코 미국에 돌아가 본 적이 없었으며, 결코 만나 본 적이 없었던 두 명의 사촌만이 그곳에 있다는 것을 알고 있었다. 본질적으로 그는 미국에 아는 사람이 없었고 심각한 사회공포증을 가진 사람이었다. 이민 당국이 그를 추방하기로 결정했다면, 그는 아주 높은 자살 위험에 처하거나 아무에게도 자신의 자살 생각에 관해 절대로 말하지 않을 가능성이 매우, 아주 매우 높다.

## 고의적 자살 위험

분명한 것은 자살 비밀을 공개하지 않는 사람들은 어떠한 이차적 이득을 위해 자살 생각을 하는 것은 아니라는 것이다. 그들은 자살 시도의 성공에 대해 진지한 사람들이다. 비공개 외에 고의적 자살 위험자(deliberate suicide risk: DSR)로 알려진 유형의 사람을 나타내는 다른 특징이 있다. 이것은 자살 성공 집단 중 가장 높은 위험 집단이다.

신체는 사람이 죽는 것을 멈추게 하는 많은 백업(back-up) 시스템을 갖고 있다. 그래서 자살하기는 쉬운 일이 아니다. 만약 누군가가 자살하기 위해 온갖 노력을 할 것이라면, 그는 어떤 계획을 짜고 준비를 해야 할 것이다. 다음은 아주 고의적인 자살을 시도하기 위해 한 사람이 가져야 하는 상세한 성격 특징이다.

① 고의적 자살 위험이 있는 사람은 적어도 자신의 자살 충동에 대해서는 눈에 띄지 않고 조용하게 있는 경향이 있다. 누군가가 자살을 성공하기를 원한다면, 주위 사람이 자살 준비의 징후에 주의를 기울이지 않도록 하는 것이 가장 좋다. 따라서 고의적 자살 위험이 있는 사람의 첫 번째 공통적 특징이 있다. 그는 조용하고 사람들 앞에 나서지 않을 수 있으며 감정을 드러내지 않을 것이다. 그는 자기공개를 거의 하지 않는 경향이 있다. 이러한 사람이 자살할 때, 그의 주위 사람은 무언가 엉망이 되었다는 것조차 의심하지 않았기 때문에 충격을 받고 놀라는 경향이 있다. 이 사람은 완전히 또는 적어도 심각한 자살 시도 이전에 자살에 대한 비밀을 유지하는 경향이 있다.

② 앞서 언급한 바와 같이, 자살하는 것은 쉬운 일이 아니다. 따라서 자살하기 위해 중요한 시도를 하려는 사람은 두 번째 특징을 가지고 있다. 그는 자살 시도 중간에 발견되지 않기 위하여 자신이 어떻게 자살할지를 생각하고, 필요한 품목을 구할 방법을 계획하며, 필요한 시간 및 장소를 마련하는 능력이 있어야 한다. 이것은 뇌가 손상되었거나, 지능이 낮거나, 정신분열증이거나, 기획 능력이 형편없거나, 어떤 이유로 낮은 사고 능력을 가지고 있는 사람은 DSR 자살을 계획할 지적 능력이 없다는 것을 의미한다. 더 효과적으로 계획하고 그것을 지킬수록, 자살 시도를 성공할 가능성이 더 많아진다.

③ 자살을 성공하기 위해서는 사람들은 어느 정도 결정을 하고, 참을성 있고 고의적이어야 한다. 그 사람은 또한 자살하는 일만이 아니라 자

살을 시도하는 동안 발견되지 않도록 해야 한다. 이것은 그가 적당한 장소와 시간을 찾기 위한 인내와 결정 능력이 없으면 자살은 일어날 가능성이 적다는 것이다. 사실 자살을 하는 몇몇 사람은 특정한 방법으로 특정한 사람에게 발견되기를 원한다. 이 경우에 사람은 자신의 행동을 결정해야 할 뿐 아니라 그것을 다른 사람들의 움직임과도 맞추어 조정해야 한다.

④ 질문을 받았을 때, 고의적 자살 위험이 있는 사람은 문제를 축소해서 말하는 경향이 있다. 앞에서 언급한 바와 같이, 누군가가 심각한 자살 시도를 생각하고 있다면 자신에게 다른 사람의 관심을 불러오고 계획이 중단될 가능성을 높여 줄 너무 많은 것을 내보이지 않을 가능성이 있다. 그는 일반적으로 자신에 대한 진술에 보수적일 수 있다. 예를 들어, 잠자는 데 약간의 문제가 있었다고 보고할 수 있으며, 실제 상세한 설명을 요청받으면 지난 2주일 동안 하룻밤에 두 시간만 잤다고 보고한다. 그는 실제로는 대량의 약을 비축하고도 약간의 약을 모았다고 보고할 수도 있다. 그는 또한 자신을 내세우지 않는 경향이 다소 있다.

⑤ 고의적 자살 위험이 있는 사람은 거의 언제나 어린 시절에 자살 결정을 했을 것이다. 앞에서 나타난 바와 같이, 그런 사람은 고의적이고 잘 계획된 방법으로 자살 시도에 접근한다. 이것은 그가 오랫동안 자살에 대해 생각해 왔으며 자살이 자신의 문제에 대한 실행 가능한 해결책이라는 결론을 내렸다는 것을 의미한다. 이것이 자살 결정이라는 것이다. 그것은 어떤 상황이 발생하면 자살이 문제 해결을 위한 정당한 방법이라고 그 사람이 어린 시절에 결정한 것이다. 만약 누군가가 그런 결정을 한다면, 광범위한 계획으로 오랜 기간을 통해 그러한 해결책을 모색하는 것이 가능하다.

자살 비밀은 고의적 자살 위험이 있는 사람의 중심부다. 이 다섯 가지 특징을 더 가질수록, 그 사람은 더 심각한 자살 시도를 할 수 있을 것이다. 요약하면, 사람들은 뒤뜰의 바비큐 그릴을 만들든, 지역 테니스 클럽의 회장이 되든, 만찬 모임을 열든, 어린이용 자전거를 수리하든 자신의 인생에서 어떻게 일을 완성하는지에 대한 사정을 한다. 그 사람은 성공적이고 효율적으로 일을 완성하기 위해 불만이나 야단법석이 거의 없이 잘 계획되고 체계적인 방식으로 그 일을 시작하는가? 만약 그렇다면 그는 자신에게 자살 시도를 완성하라는 일을 줄 때 똑같은 방식으로 그 일을 시작할 가능성이 높다. 이런 유형의 사람과 자살 비밀을 지키는 사람이 결합하면 자살 성공 위험이 매우 높은 사람이 된다.

### 사례 연구 10-2 경고의 징후 없음

40세의 한 남자가 다년간 음식 납품 사업에서 성공했다. 그는 자신의 직업에 전념했으며, 여러 해 동안 많은 직원에게 삶의 투쟁에서 크게 도움을 주는 그들의 멘터이자 정서적 지주였다. 그 결과, 그는 자신의 직업과 상사에게 많은 것을 헌신하는 직원들의 집단을 구축했다. 그는 효과적이고 효율적인 방법으로 사업을 잘 운영하였고, 그 결과 다년간 재정적으로 성공했다.

그는 자살 이전 수개월 동안 사업 확장을 하면서 돈을 잃었다. 재정적 손실이 상당히 크기는 하였지만 매우 심각한 것은 아니었고, 1~2년 이내에 그가 쉽게 어려움을 극복하고 복구할 수 있는 정도였다. 그는 재정적 손실에 대한 걱정을 친한 친구에게 털어놓았지만, 자살 감정이나 계획에 대한 어떠한 표시도 하지 않았다. 그가 말한 모든 것은 재정 문제에 대한 괴로움뿐이었다. 얼마 후 그의 부인은 침실 문의 손잡이에 목을 매단 그를 발견했다. 모든 그의 가족, 친구 그리고 직원은 그의 자살에 완전히 충격을 받았다.

## 결 론

고의적 자살 위험이 있는 사람 또는 자살 비밀을 지키는 누군가가 자살을 성공할 때, 사별을 당한 사랑하는 유족들은 자신들이 얼마나 충격을 받고 놀랐는지 종종 얘기한다. 고의적 자살 위험이 있는 개인은 자살 시도 계획은 고사하고 자살 충동을 느낀다는 것조차 거의 또는 전혀 나타내지 않는다. 유족들은 또한 자기분석(soul-searching)을 하려 하고 자신들이 얼마나 신경을 쓰고 관찰력이 있었는지 스스로에게 물어보려는 경향이 있다. 그런 생각을 하다 보면 그들은 자신들에게 암시했다고 생각하는 자살 징후를 인식하지 못한 것에 대해 자책을 할 것이다.

자살 비밀을 지키는 사람은 일상적인 징후를 내보이지 않기 때문에, 뒤에 남겨진 사람들이 무엇인가를 놓쳤거나 상대방을 보호하는 것을 등한시한 것은 아니다. 〈사례 연구 10-2〉가 보여 주듯이, 자살 충동을 느끼는 사람은 자신이 기분이 좋지 않다거나 최근에 약간 우울했다고 말할 수는 있지만, 이런 징후는 인생의 어떤 시점에서 누구나 말하는 '평범한' 범위에서다. 그러나 이런 요인은 고의적 자살 위험이 있는 개인의 사망 당시 성격에 대해 어느 정도 회상하는 통찰력을 주며, 이것은 사랑하는 유족에게 약간의 위안을 줄 수 있다. 사전에 자살을 경고하는 징후를 그가 의도적으로 주지 않았기 때문에 유족들은 아무것도 놓친 것이 없다.

이 분야 전체는 논쟁을 초래할 수 있다. 대부분의 사람은 자살 충동을 느끼는 사람을 돕기 위해 무언가를 하기를 원한다. 대부분은 그 사람이 살아있기를 원한다. 그러한 바람에서 우리 사회는 하나로 돌진했고, 이런 상황에서 비밀을 깨도록 강제하는 법을 만들었다. 의심의 여지없이 이것은 몇몇 경우에는 도움이 되었지만, 자살 충동을 느끼는 네 명 중 한 명에게는 자신 내면의 생각과 감정에 관해 얘기하지 않도록 강요하기도 한다. 이것은 그들의 고립감이 상당히 커지도록 강요한다. 자살 충동을 느끼는 개인들이 필요로 하는 한 가지는 자신 내면의 생각과 혼란을 표현하고 지지의 감정과 사람들과의 접촉을 느낄 기회이기 때문에 자살 비밀을 깨는 것은 가장 바람직하지 못하다. 이러한 법과 전문적 실천 지침은 가장 위험한 집단으로 하여금 자살을 성공하도록 하는 더욱 큰 위험으로 몰아넣는다.

제 11 장

# 허위 자살과 십대 자살

사람들은 다양한 이유로 자살에 대해 이야기하고 자살 의사를 표시하기도 한다. 모든 인간 행동과 마찬가지로, 자살과 허위 자살을 구분하는 경우에도 특별한 많은 동기가 있다. 이 장에서는 이러한 대안적 동기 일부를 확실히 드러내 보고자 한다. 이러한 동기들은 자살에 관련된 사람들을 관리하고 대처하기에 유용하며, 나아가 성인 자살자와 십대 자살자 간의 구분도 용이하게 한다. 어린 사람들의 자살은 특별한 경우다. 왜냐하면 어린 자살자들의 사고와 추론 능력은 아직 완전히 형성되지 않았으며, 따라서 일련의 다른 이유로 자살 의사를 표시할 수 있기 때문이다.

다음과 같이 여러 유형의 사람을 생각해 볼 수 있다.

- 자살하지 않음
- 자살
  - 자살 결정

–명령 환각
–충동적 행동
- 허위 자살
- 십대 자살

## 자살하지 않음

첫 번째는 자살하지 않는 사람들의 집단이다. 그들은 자살 결정을 내린 적이 없으며, 스스로 목숨을 끊는 것은 문제를 해결할 수 있는 올바른 선택이라 생각하지 않는다. 그들은 아무도 크게 자살 충동을 느끼지 않으며, 자살 행동을 하지 않는다.

## 자 살

### 자살 결정

자살 집단은 자살에 대해 이야기하고 자살 의사를 표시하는 사람들을 포함한다. 그렇게 하는 데에는 여러 가지 이유가 있다. 첫째, 말하는 단어의 심리적 의미가 정말 자살할 것으로 보이는 사람들이 있다. 그들은 인생 초기에 자살 결정이나 어린 시절에 '존재하지 마' 결정을 하였다. 그 결과, 특정 상황이 발생했을 때 그들은 스스로 자살하려는 충동을 느끼게 된다. 그들은 스스로 어려운 문제에 봉착했다고 생각하며, 자살을 유일한 현실적인 해결책으로 보기 시작한다. 이 집단에서 75%는 자주 상담을 끝내고 일종의 지원 서비스에 주목하게 된다. 자살을 비밀로 하는 나머지 25%의 사람들은 어떠한 지원 서비스 수혜에도 관심이 없다. 이 집단의 전체 사람 중 다수가 인생의 어느 시점에서 강한 자살 충동을 느끼게 되며, 심지어 일부는 자신의 손으로 자신의 인생을 끝내기로 협력하기도 한다. 자살 시도에서 자살을 감행하거나 그러한 위험에 처할 수 있는 사람들은 주로 이러한 성인 집단 사람들이다.

## 명령 환각

자살 행동을 보이는 어떤 사람들은 명령 환각 때문에 그렇게 한다. 이 사람늘은 자살 결정을 하지 않았기에 말하는 단어의 심리적 의미는 자살이 아닐 수도 있다. 그러나 그들은 종종 정신분열증이나 양극성 정신병으로 인해 자살을 시도한다. 그들은 참을 수 없는 문제를 해결하기 위해서 자살을 시도하는 것이 아니라 일종의 명령 환각(예: 신과 함께 하기 위하여, 혹은 그들이 사악하기 때문에)에 의해 그렇게 하라고 명령받았기 때문에 자살을 시도한다. 목표는 문제를 해결하기 위한 것이 아니라 어떤 상태를 달성하기 위한 것이다. 이러한 사람들을 위한 관리는 정신병과 환각 관리를 중심으로 이루어진다.

## 충동적 행동

충동적 행동 및 폭발적 행동을 하는 경향이 있는 사람들은 자살 의사를 표시할 수 있으며, 일부는 자살을 시도한다. 미국정신의학회(American Psychiatric Association, 1994)는 DSM-IV에서 간헐적 폭발성 장애로 알려진 조건에 대해 언급한다. 사람들은 일종의 공격적인 충동의 자제에 실패하여 다른 사람 또는 다른 재물을 공격하는 행동 결과를 초래하기도 한다.

### 사례 연구 11-1 충동적 자살

경계선 성격의 진단을 받은 25세의 남성은 심각한 자살 시도 후 나에게 상담을 받으러 왔다. 그는 여자친구와 매우 불안정하며 변덕스러운 관계를 오랫동안 맺어 왔다. 어느 날 그는 공중전화로 여자친구에게 전화를 하고 있었다. 주변에는 몇몇 사람이 있었다. 통화 중에 그녀가 관계를 끝내자고 하며 전화를 끊었다. 그는 그의 인생에서 또 다른 여자가 자신을 버렸다는 것에 격분하였다. 훗날 그는 그때 분노로 정신을 잃을 지경이라고 말하였다.

그는 낚시광이었기 때문에 항상 낚시 도구를 가지고 있었다. 전화가 끝난 후, 그는 자신의 가방에서 낚시 칼을 꺼내서 스스로 목을 두세 차례 찔러 대동맥을 끊었다. 그런 후에 가게의 작은 유리창에 일격을 가하여 창문을 부수었으며, 그 과정에서 그의 손과 팔뚝에 작은 상처를 남겼다. 그는 목에서 많은 피가 나왔고, 바닥에 주저앉았다. 이 모든 일은 약 45초 만에 일어났다.

이때 무슨 일이 일어났는지 보러 온 주위 사람들이 그를 발견하였다. 그는 과다 출혈로 인해 상태가 빠르게 악화되었다. 우연히 그를 돕기 위해 다가온 사람들이 목에서 흐르는 피를 지혈하는 방법을 알고 있었고, 그 덕분에 그는 살 수 있었다. 아무런 도움이 없었다면, 그는 틀림없이 순식간에 사망했을 것이다.

이 남자는 급속히 화가 났고, 어린이 자아 상태의 분노를 제어할 수 있는 어른 또는 부모 자아 상태가 없었다. 따라서 그는 분노했으며 분노를 표현할 수 있는 방법을 몰랐다. 그 분노는 타인이나 자신 혹은 어떤 방향으로도 분출될 수 있다. 그 분노는 어느 정도는 폭발 시점에 누가 혹은 무엇이 그 범위 내에 있느냐에 따라 다르다. 이러한 분노의 특성은 어린아이의 기질상의 격분과 매우 유사하다.

DSM-IV(1994)에 의하면, 분노는 반사회적이거나 경계선적 성격장애자, 정신병자, 조병 증상 발현자, 일부 주의력 결핍장애자 등에서 가장 공통적으로 나타난다. 이런 사람들은 종종 나중에 몹시 후회하고 당황해할 수 있다. 이것은 어른과 부모 자아 상태가 다시 기능할 때 발생하며 어린이의 분노는 사라지게 되는 것이다. 앞의 〈사례 연구 11-1〉에서는 자기에 대한 습격이 자살을 초래할 정도로 심각하지는 않았다. 좀 더 정확하게 말하면, 다른 사람들이 주위에서 도와줄 수 있어서 행운이었던 것이다. 만약 주위에 아무도 없었다면 자살 시도는 쉽게 이어졌을 것이다. 또한 파트너가 전화로 관계가 끝났다는 것을 알려 준 것은 다행스러운 일이었다. 그녀가 만약 얼굴을 보고 말했다면, 폭행을 당했을 것이다. 이와 같은 경우에 자살 행위는 대부분 분노를 조절하지 못해서 일어난다.

## 허위 자살

허위 자살자는 자살 이야기를 만드는 사람이며, 자살 행동을 보이지만 실제 자살하지 않는 사람이다. 그는 '존재하지 마' 결정을 하지 않으며, 그의 목적은 자살을 하는 것이 아니다. 자살 행동을 보이며 자살에 대해 이야기하지만 그의 동기는 스스로 목숨을 끊는 것이 아니다. 대신 다른 동기가 있다. 만약 스스로 목숨을 끊었다면 자살 시도가 성공하지 않을 것이라는 생각이 결코 없었으므로 사고인 것이다.

### 사례 연구 11-2 허위 자살

이전에 나의 내담자였던 23세의 유쾌한 여성의 죽음에 대해 검시 보고서를 작성해 달라는 부탁을 받았다. 내가 보기에 그녀는 자살 시도 또는 허위 자살이었다. 그녀의 보편적인 패턴은 약을 먹고 나서 남자친구에게 연락해서 남자친구가 그녀를 구하게 하는 것이었다. 이번 경우에도 그녀는 남자친구에게 그가 기꺼이 와 줄 것이라는 것을 알고 있다는 메일을 보냈다. 그가 메일을 확인하지 않을 가능성은 백 번 중에 한 번 정도였다. 이미 밝혀졌듯이, 그는 메일을 확인하지 않았고, 그녀는 결국 약물 과다복용으로 사망했다.

---

이 여성의 목적은 스스로 목숨을 끊는 것은 아니었다. 그녀는 다른 사람들이 어떤 방법으로 행동하고 반응하는지 알아보기 위하여 자살 행동을 보여 준 것이다. 이러한 행동은 허술하고 적합하지 않기 때문에 보편적 현상이라고 말하지 않는다. 어떤 사람은 내가 만약 '조정하는' 혹은 '관심 요구자' 같은 단어를 사용한다면, 그러한 내 말이 부적합하고 너무 가혹하다고 할 것이다. 어떤 사람은 분명히 실제 자살을 하지 않으면서 자살 의사 표시만 할 수도 있다. 이런 경우에는 치명상이 될 가능성이 거의 없어 보이는 방법으로 시도해야 한다. 사람들이 나에게 일종의 이차적 이득을 위해 자살 생각을 한다고 말하곤 한다. 결과적으로 자살 생각을 시도하고 거부하는 것 혹은 다른 관점에서 자살 생각을 시도하고 이해하는 것은 이러한 사람들에게 위해를 가하게 된다. 누구나가 그들의 동기가 실제의 그것 혹은 다른 그 무엇인 척 가장한다면 실제의 문제가 인정되지 않을 것이다. 그 문제만을 중점적으로 다루어 보자.

그러나 지역사회의 일부 인사들은 허위 자살을 하는 사람을 값비싼 의료 자원을 낭비하는 단순한 문제로 보기도 한다. 그들은 경멸 속에서 관심 요구자나 조정자로 간주된다. 실제 그들이 아닌 다른 무엇으로서 허위 자살을 재정의하기보다는 이러한 견해를 중점적으로 다루어야 할 필요가 있다. 이러한 사람들은 다른 사람들과 다르지 않다. 그들은 그 당시에 그들이 이용할 수 있는 심리적 자원을 가지고 그들이 할 수 있는 최선을 다하고 있다. 우울증을 지속적으로 앓는 사람은 그가 현재 가진 것으로 매일 할 수 있는 최선을 다한다. 자살을 가장함으로써 자신이 사랑받고 있다고 느낄 수 있는 유일한 방법이라고 믿는 개인 또한 그가 당시에 가지고 있는 정서적 자원을 가지고 그가 할 수 있는 최선을 다하고 있는 것이다.

사실 이러한 개인에 대해 비난하는 것은 그들을 무시하게 하거나 그것을 관철시키려는 생각을 하지 않기 때문에 현명하다 할 수 없다. 〈사례 연구 11-2〉에서 보듯이, 허위 자살의 곤란한 점은 때로는 자살하려고 작정하지 않는 몇몇 행동이 잘못되어 자살을 할 수도 있다는 점이다. 이때 자살 행동에 대한 동기를 확인하는 것이 핵심이다. 그러한 동기는 도움을 청하는 비정형화된 요구, 조정하기, 관심 끌기 등이 될 수 있다. 또한 히스테리와 경계선 성격에서 찾을 수 있는, 극적이거나 무의식적인 행동을 하는 유형일 수도 있다.

일단 동기가 확인되면, 개인들은 그것을 의식하게 된다. 그러면 개인의 관심과 같은 그들이 원하는 것을 얻기 위해 자살 의사 표시가 아닌 다른 수단을 이용하게 되는 것이다. 도움을 요청하려고 자살을 시도했던 사람은 자살 의사 표시를 하지 않고 도움을 요청하는 다른 방법이 있다는 것을 배울 수 있다. 마음속에 숨어 있는 동기를 부인할 경우, 그러한 행동의 잠재적인 동기를 해결할 수 있는 실체를 찾지 못할 수도 있다.

때로는 개인이 실제로 자살하고자 할 때에도 이를 허위 자살 행동으로 오진할 수도 있다. 어떤 사람들은 자살이 이루어지지 않으면 이루어질 때까지 여러 번 반복해서 시도를 할 것이다. 이러한 사실에서 그 사람은 자살하려 하지 않았으며, 만일 그가 자살을 실제 시도했다면 자살 시도가 성공했을 것이라는 결론에 이르게 된다. 자살하지 않는 사람은 자살 시도를 하는 시점에 있는 사람의 심리를 이해하기 어렵다. 대부분의 사람은 그들이 인생의 과업, 특히 매우 어려운 과업조차도 어떻게 완료하는지에 대해 주시하며, 자살도 동일할 것으로 기대한다. 그러나 실제로 자살하는 일은 자동차를 고치거나 디너 파티를 위해 복잡한 요리법에 따라 음식을 만들어 내는 일과는 다르다.

이러한 일들은 모두 올바른 순서와 계획된 방법으로 수많은 작업이 행해

져야 하는 과제들이지만, 그 최종 결과는 분명히 아주 다르며, 이는 누군가가 '성공적인' 결과를 위해 치밀하게 계획을 수립하고 실행하는 일에 몰입했을 것이다. 자살의 양면성에 대해서는 다음 장에서 논의하겠지만, 모든 자살자는 양면적이다. 일부는 죽기를 원하고 일부는 원하지 않는다. 모든 자살 시도는 어느 정도 '내키지 않는 것이며', 이러한 현상은 일부 자살 시도의 결과에 그대로 반영된다. 자살 계획의 결과는 달콤한 맛을 내는 과자가 아닌 죽음이기 때문에, 많은 사람이 자신의 의도를 관철하기 위해 필요한 용기를 얻을 수 있도록 술을 마시기도 한다. 많은 사람은 그때 매우 감성적이고 퇴행적이기 때문에, 그들의 어른 자아 상태는 계획을 실행하는 동안에는 매우 빈약하게 작동한다.

이러한 여러 변인의 결과로 많은 자살 시도가 실제로 이루어지지는 않는다. 이것은 누군가가 동정심을 얻기 위해서 자살 시도를 한다거나 그가 심각하지 않기 때문에 정말 죽고 싶다는 생각이 없다는 뜻이 아니다. 그리고 그들이 허위 자살자로 분류될 수 있다는 뜻이 아니다. 대신 그는 자기 목숨을 끊는 것에 매우 심각하지만, 자신의 목숨을 앗아가는 작업을 수행하는 것은 극히 부담스럽고 정서적으로 어려운 일인 것이다.

## 십대 자살

십대들에게 자살을 하면 어떤 일이 일어날지를 묻는다면, 대부분은 성숙한 자아 상태로 자신들이 죽고 자신의 삶이 끝날 것이라고 명확하게 말할 것이다. 그러나 자살에 대한 십대들의 이해는 어른들보다 더 미숙하기 때문에 성인들의 자살과는 다르다. 이것은 아는 것과 믿는 것에 대한 명확한 이해를 강조하는 것이다.

예를 들어, 미신을 생각해 보자. 다 자란 어른은 대부분 사다리 밑을 걸

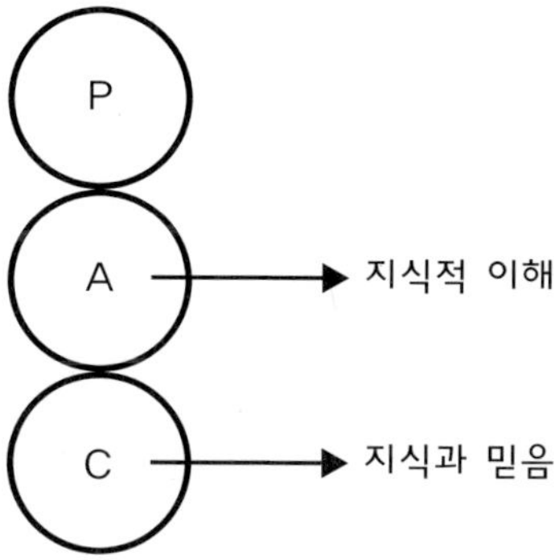


[그림 11-1] 지식과 믿음과 다른 지적 이해의 역동

어도 자신에게 불운이 오지 않는다는 것을 알고 있지만, 대부분의 사람은 사다리 밑을 걷는 일을 피할 것이다. 또한 어른 자아 상태에서는 나무를 만지는 것이 우리에게 행운을 갖다 주지 않는다는 것을 알지만, 만약의 경우를 대비해서 우리는 나무를 만지는 것이다. 카지노에 가는 많은 사람은 돈을 잃을 것을 지식적으로는 알고 있지만 여전히 자신이 다소 특별하여 돈을 벌 것이라고 믿는다. 망상적인 강박장애가 있는 사람들은 손을 스무 번 씻는 것이 한 번만 씻는 것보다 더 깨끗하지 않을 수도 있다는 것을 알면서도 스무 번이나 계속 손을 씻을 것이다([그림 11-1] 참조).

다 자란 어른들은 그들의 지식적 이해가 어린이 자아 상태에서 진리라 믿고 아는 것과는 다를 수 있다. 그것이 나무를 만지거나 사다리를 피하는 것과 관련이 있다면 문제가 되지 않는다. 그러나 그것은 자살과 죽음 등의 문제와 관련이 있을 수도 있다. 앞에서 언급했듯이, 15세의 아이에게 누군가 자살을 한다면 어떻게 되는지 물어볼 때 그 아이는 명확하게 사실대로 말할 수 있을 것이다. 그는 사람이 죽으면 땅속에 묻고 남겨진 사람들은 큰 슬픔을 느끼게 될 것이라고 말할 것이다. 그러나 어린이 자아 상태에서는 실제로 아는 것과 믿고 있는 것이 상당히 다를 수 있다. 그는 실제 죽지 않고 똑바로 서서 자신의 장례식을 볼 수 있는 것 등에 대한 온갖 종류의 또 다른 신념들을 가질 수도 있다. 많은 십대는 매우 자기중심적이어서 자신은 특별하고 규칙에도 예외가 있다고 생각한다. 또한 대부분 십대는 누군가 자살을 한다면 그들이 다른 사람과는 다소 다르다고 생각하거나, 단순히 그 과정을 깊이 생각하지 않는다.

이러한 현상은 어른에게도 발생할 수 있지만, 어른 자아 상태가 견고하지 못하고 인생 경험이 훨씬 적은 십대에게는 매우 크게 부각된다. 예를 들면, 대부분의 십대는 사랑하는 사람들의 죽음을 직접 경험하지 못한 반면, 어른들은 대부분 죽음에 대한 이해의 경험이 많다.

## 죽음에 관한 마술적 사고

최근에 나는 다섯 살 한 소년과 일 년 전에 죽은 일곱 살 난 그의 누나에 대해서 이야기를 나누었다.

다음은 그 내용 중 일부분이다.

- "내가 레고를 만들 때, 사라를 볼 수 있다."
- "내가 어른이 되면 엔지니어가 되어 그녀를 데리고 올 수 있는 기계를 만들 것이다."
- "사라가 하늘에서 내려와서 내 꿈에 나타났다."

이것은 어린 아동에게는 드문 고백이며, 그 소년의 마음에 어떤 식으로든 아직 누나가 살아 있다는 느낌을 주고 있다. 그는 확실히 성인들이 종결의 의미로 망자를 보는 것과 동일한 방식으로 보지는 않는다. 아동 발달에 관한 문헌에서도 동일하게 보고되고 있다.

아동들이 죽음의 공포를 발달시킬 수 있다는 내용은 아동 발달 문헌에도 기록되어 있다. 8세 정도의 나이에 아동들은 때로 명백한 죽음의 공포인

'8세 불안'으로 불리는 현상을 발전시킬 수 있다. 장 피아제(Jean Piaget)에 의해 8세 이전의 아동은 선논리적인 마술적 사고와 더불어 자기중심적임이 판명되었다(Piaget & Inhelder, 1969). 그 결과로 7세가 될 때까지 아동은 죽음이란 되돌릴 수 있는 것이며, 주검도 계속 보고 듣고 느끼는 것이 가능하다고 생각한다. 대략 8세 정도에 사고가 발달하면서 죽음은 되돌릴 수 없다는 것을 이해하게 되고, 부모나 자신이 죽으면 무슨 일이 일어나는지를 깨닫게 될 때에 '8세 불안' 단계를 거치게 된다. 본질적으로 아동은 '실존적 위기'를 갖게 되고, 자신의 죽음을 감수하게 된다(Mussen, Conger, & Kagan, 1974).

나는 앞에서 퇴행에 대한 생각을 이야기했다. 퇴행의 심리적 과정은 사람을 이전 상태나 이전의 기능 유형으로 되돌리는 현상을 말한다. 이때 사람들은 어른처럼 생각하고 느끼며 행동하기를 중단하면서 좀 더 어린아이 같은 방식으로 행동한다. 이러한 현상은 사람들이 상당한 스트레스를 받거나 매우 격정적일 경우에 발생하는 경향이 있다. 교류분석 용어로, 이러한 사람은 성숙한 어른과 부모 자아 상태에서 자아의 일부가 어린이 자아 상태로 변환된다는 것이다. 이러한 현상은 존스턴(Johnston, 2009)에 의해 인용된 것처럼 신경심리학적 연구에 의해 지지되고 있다. 사람들이 스트레스를 받으면 문제 해결, 의사결정, 스트레스 관리(어른 자아 상태)와 같은 발달된 기능과 연결되는 뇌의 전두엽 피질에 접근이 어려워진다. 대신 사람들은 편도체 내에서의 두뇌(어린이 자아 상태)의 더욱더 원초적인 부분으로 접근하는 경향이 있다.

십대들은 그들의 부모와 어른 자아 상태가 여전히 미숙하고 허약하기 때문에 성인에 비해 더 퇴행하는 경향이 있다. 퇴행할 때에 그들은 더욱 선논리적인 방식 내에서 죽음에 대한 어린이 자아 상태의 마술적 사고에 더욱 영향받기 시작한다. 따라서 십대들은 자살을 결정하고, 그런 행동의 결과에 대해서 충분히 이해하지 못한다. 죽음의 최후성은 온전히 이해되지 못할 수도 있으며, 그러한 사정이 곧 자살 결정을 하기 쉽게 만든다. 물론 십대들의 자살이 많고 위험 집단인 데에는 다른 여러 이유도 있다. 그들의 신체는 중요한 변화를 겪으며, 그들은 유년기와 성인기 사이의 무인도에 있게 된다. 그들은 처음으로 이성과의 관계를 생각하게 되며, 갑자기 또래 집단이 이전보다 훨씬 더 중요해진다. 그러나 자살이라는 죽음에 대한 마술적 어린이 자아 상태의 생각이라는 것을 말해 주는 사람들이 있기 때문에, 나는 그들의 퇴행적인 특별한 성향을 강조하고자 한다.

우선, 해리 보이드(Harry Boyd, 1972)는 "자살 환자는 죽음을 어린이 수준에서 최종적인 것으로 생각하지 않는 것 같다."(p. 87)라고 진술하였다. 또한 리틀(Little, 2009)은 '자살 환상'에 대해서 "자살적인 사람들은 변환 환상을 가지고 있으며, 어린이와 정신병자처럼 마술적인 생각을 하는 경향이 있다."(p. 220)라고 얘기했다. 또한 캠벨(Campbell, 1999)은 자살하는 사람들이 죽음에 대하여 가지는 환상에 대해 기술하였다. 그는 자살적인 사람들이 자신의 신체는 죽지만(어른 자아 상태) 사람이 신체의 물리적 사망(어린이 자아 상태)에 의해 영향을 받지 않는 최소한의 신체적 의식 상태에서 계속 살아갈 수 있는 자신의 다른 일부가 있다는 사실을 기대하고 이해한다고 기술한다.

이러한 연구자들은 완전히 성장한 어른을 포함하여 모든 인간의 자살에 대해서 말하고 있다. 만약 어른들이 이러한 방식으로 퇴행할 수 있다면, 그들 어린이 자아 상태의 마술적 사고가 그들의 사전 자살 결정에서 의미 있는 역할을 수행한다. 그 후 그들의 어른 자아 상태는 유연하지 못하고 더욱 미성숙하기 때문에, 십대들은 특히 그러한 성향을 갖게 된다. 스트레스와 감정이 증가하는 만큼, 어른 자아 상태는 더 쉽게 압박을 받고 어린이 자아 상태는 성격 형성에 더 많은 영향을 준다. 집단으로서 십대들은 자기중심적이고 자기애적인 경향이 있고, 자신이 특별하고 전능하기에 일반적인 규칙은 자신에게 적용되지 않는다고 느낀다. 이것이 사전 자살의 마술적 환상과 결합하면 예측할 수 없는 자살 행동으로 끝날 수 있다. 이러한 현상이 청소년 자살 사건을 예측하고 사정하는 일을 어렵게 만든다. 청소년은 어른에 비해 더 예측하기 어려운 방식으로 행동하는 경향이 있다. 또한 청소년들이 자살 결정을 내렸다면 그 위험은 더욱더 높아진다. 따라서 우리는 사전 자살 환상을 찾고 사정해야 한다.

## 자살에 관한 십대의 진술

다음 이야기는 '새미'라는 16세의 호주 소년이 잡지 인터뷰에서 자신의 자살 시도에 대해 이야기한 것이다. 강조하고자 하는 부분은 고딕 서체로 기술했다.

새 미: 저는 학교에서 문제가 많았어요. 인기 있는 아이들 그룹이 있었는데 '괴짜'였어요. 친구들이 저에 대해 나쁜 얘기들을 했어요. 저는 그 그룹에서 밀려났어요. 저는 그 일로 기분이 참 안 좋았지요. 집에서는 엄마와 아빠가 싸우고 있었어요. 우리가 밤에 잠들었을 때 큰 소리로 고함을 쳤어요. 그것 때문에 저는 우울했고 때로는 울기도 했어요.

면담자: 그래서 너는 무엇을 했니? 무엇을 시도했지?

새 미: 저는 기분이 점점 더 안 좋아졌어요. 그것은 매일 제 마음에 계속 머물 것이며 이런 일들은 학교에서도 집에서도 나쁠 것 같은 느낌이었어요. 전 완전히 바보 그리고 실패자라는 느낌…… 네, 전 커다란 지방덩어리 실패자예요. 그런 생각이 제 머리를 스쳐지나간 뒤에 **'나는 차라리 그것을 하는 게 옳았어.'**라며, 그것에 대해 많은 생각을 하기 시작했습니다.

면담자: 그다음에 무슨 일이 있었니?

새　미: 전 그냥 그것에 대해 생각했어요.

면담자: 그럼 너는 자살 시도를 했니?

새　미: 몇 번 시도했지요.

면담자: 너는 자살을 정말 하고 싶지 않았다고 생각하니? 자살을 몇 번 시도했지만 성공하지 못했기 때문에 하고 싶지 않았다는 의미도 될까?

새　미: 전 제가 죽고 싶지 않았다는 것을 알고 있었다고 생각해요. 겉으로는 그랬지만 아니라는 걸 알고 있었어요. 전 패배자처럼 기분이 나빴고…… 완전히 패배자……. 하지만 정말 제가 무엇을 하고 있는지를 실감하지 못했어요. 전 심각성을 알지 못했어요.

새미는 '자살' '죽음' 또는 '주검'이라는 단어를 실제로 사용한 적이 없다. 대신에 그는 가기, 실행하기, 떠나기 등에 대해 이야기했다. 이것은 자살이 완전한 죽음을 초래하지 않지만 다른 장소로 떠나는 것처럼 보이게 하는 사전 자살 환상을 나타내는 것이다. 새미와 인터뷰 중에 우리는 확실히 이러한 일련의 질문에 대해 규명하기를 원했으며, 이러한 사실은 그가 하고자 시도했던 것에 대해 잘못되었다는 것이 마지막 언급에서 밝혀졌다. 그는 자기가 저지른 일의 중요성을 깨닫지 못했고, 그것을 심각한 일로 보지 않았다고 보고했다. 분명히 자기 스스로 목숨을 끊는 것은 심각한 것이고 실제로 그보다 더 심각한 그 무엇을 생각하기는 어렵다. 따라서 우리는 십대들이 자살에 대해 어떻게 생각하고 있는지, 그리고 어른 자아 상태가 미숙하여 어린이 자아 상태의 환상이 결정 과정에 더욱 영향력을 지니게 됨으로써 그들의 생각이 어떻게 잘못될 수 있는지를 말해 주는 좋은 예를 갖게 된다.

덧붙인다면, 앞에서 허위 자살에 대해 논의하면서 자살 시도가 실현되지 못했을 때는 곧 그가 심각하게 자살하려 하지 않았다고 결론짓는 것에 대해 언급했다. 이러한 현상은 면담자가 "너는 자살을 정말 하고 싶지 않았다고 생각하니? 자살을 몇 번 시도했지만 성공하지 못했기 때문에 하고 싶지 않았다는 의미도 될까?" 하고 물었을 때에 알게 된다. 내가 이미 말했듯이, 모든 자살적인 사람들은 서로 다르기 때문에 그것이 이유가 되지 않을 수도 있다. 자살 시도가 완료되지 않았다는 이유만으로 그 사람이 허위 자살자임을 의미하지는 않는다. 새미는 아마 자살에 대해 매우 심각했지만 그가 하고자 했던 일의 심각성을 몰랐던 것이다.

## 자살에 대한 또 다른 십대의 시각

나의 특별한 개인적 경험은 새미의 잡지 인터뷰에서 보인 것과 매우 유사한 부분이 있다. 나는 17세와 18세 때에 나 자신의 삶에서 두 가지 시도를 하였다.

나는 고등학교 마지막 해에 영문학 시간에 쓰는 창의적 글쓰기 책을 곧잘 지니고 다녔다. 나는 어렸을 때에도 글 쓰는 것을 좋아했다. 매주 우리에게는 글짓기 연습 시간이 주어졌다. 나는 글짓기 책을 항상 가지고 다녔으며, 느낌이 떠오를 때마다 조금씩 썼다. 각각의 쓰기 연습은 교사가 표시를 해 주었고, 내 기억으로 나는 꽤 잘했다. 어떤 점에서 글쓰기 책은 나의 가장 친한 친구 중의 하나였다. 그것은 긴장을 시원하게 날려 주는 나를 위한 책이었다.

어느 날 나는 유서를 작성하는 창의적인 쓰기 과제를 했다. 나는 첫 번째 자살을 시도하기 바로 전에 창의적인 글쓰기를 했다. 물론 나는 자살 시도에서 살아남은 후 선생님에게 채점을 위해 그 글을 넘겼다. 선생님이 좀 보자고 나를 불렀고, 그녀가 채점하기를 거부했던 것을 기억한다. 나는 그녀에게 왜냐고 물었고, 선생님은 그것이 너무 사적인 글이라고 말했다. 난 선생님의 채점 거절에 매우 놀랐던 기억이 있다. 돌이켜 보면 내가 놀랐다는 것이 더 당황스럽다.

어떤 점에서 자살 시도는 나에게는 거의 의미 없는 행위다. 그것은 내가 단지 저질렀던 일이었고, 만약 내가 죽으려고 했다면 죽었고, 죽지 않으려고 했다면 죽지 않았을 것이다. 새미가 자신이 저지른 일의 심각성을 모르는 것을 말할 때와 비슷했다. 이런 점이 교사의 채점 거부에 놀란 이유다. 나는 단지 그것을 이번 주의 창의적인 글쓰기 연습으로서의 유서—어른이 쓰는 방식에서의 유서가 아닌—로 보았다. 내 마음속에는 교사가 보았던 심각한 의미와 함의가 없었다.

그러나 새미와 마찬가지로 자살 시도에는 이유가 있었다. 자살은 문제해결책으로 이용되었다. 내 삶의 어느 기간 동안에 나는 아주 기분이 나빴다. 기분이 우울하고 경직됨을 느꼈으며, 〈가위손〉이라는 영화에서 에드워드 역을 맡은 배우 조니 뎁(Jonny Depp)과 나를 동일시했다. 즉, 기술적 용어로 분리의 한 형태가 될 수 있는, 그가 영화의 배역을 통해 표현한 해리의 느낌을 알게 되었다. 또한 첫 번째 자살 시도 때 나는 당시의 여자친구에게서 버림받았다고 생각했다. 그 후에도 왜 그렇게 되었는지 영문을 알 수 없었다. 그러나 나는 새미처럼 우울해지고 해리된 느낌이었으며, 결국 이 고통스러운 감정에 대한 해결책으로 자살을 선택했다.

나는 스스로 가스 중독을 시도했으나, 내가 정신을 잃었을 때 실린더의 가스는 그 와중에 다 방출되어 버렸다. 그런 일이 없었다면 나는 죽었을 확률이 높다. 그래서 그것은 진지한 시도로 볼 수 있다. 나는 기분이 매우 나빴고, 그 해결책이 자살이라 생각했다. 그러나 그때는 나의 사고가 정지된 지점이었다. 나는 자살이 고통을 멈추게 해 줄 것이라 생각했으나, 내가 죽을 것이고 그 죽음이 의미하는 바가 무엇인지에 대해서는 실제로 전혀 생각하지 않았다. 단순히 말하면, 나는 자살을 끝까지 생각해 보지도 않았다. 이러한 일들은 새미가 그랬던 것처럼 나의 미숙한 어른 자아 상태의 사고와 그 당시에 내 인성을 지배했던 어린이 자아 상태의 비논리적인 사고를 보여 준다.

어른이 된 이후, 나는 결코 자살을 택하지 않는다. 나는 결코 심각하게 자살을 생각해 본 적이 없으며, 결코 그러한 일들을 계획하지 않았다. 나는 어른이 된 후에는 기분이 매우 나쁠 때에도, 심지어 나의 첫아이가 죽었을 때에도 자살을 생각하지 않았다. 나는 십대 후반부터 문제의 해결책으로 자살을 생각하지 않았으며, 이것은 내가 어린 시절에 자살 결정을 했던 것으로 결론 내릴 수 있음을 의미한다. 그러나 나는 사춘기에 두 번 자살을 시도하였다. 이것은 자살을 해결책으로 보고 자살 결정을 하지 않고도 심각한 자살 시도를 할 수 있는 십대의 특성을 보여 주는 것이다.

## 결 론

대부분의 인간 행동과 마찬가지로, 자살은 간단한 일이 아니다. 인간은 여러 가지 이유로 자살 행동을 보일 수 있으며, 한 번의 단순한 자살 행동도 그 이면에는 수많은 동기를 가진다. 이 장은 자살 행동 뒤에 숨은 다른 동기와 원인의 일부를 명확히 하기 위해 자살과 관련되는 각기 다른 네 집단의 사람에 대해 논의했다.

요약하면, 첫째는 자살 충동이 없는 사람들이다. 그들은 결코 자살에 대한 생각을 진지하게 결정지을 수 없다. 둘째는 자살의 방법으로 의미를 부여하여 행동하는 사람이다. 그들은 쉽게 죽을 수 있는 자살을 시도한다. 셋째는 자살은 아니지만 자살 행동은 보여 줄 수 있는 사람들이다. 그들의 목적은 죽는 것이 아니라 자살 행동을 보여 줌으로써 어떤 형태의 이차적 이득을 얻으려는 것이다. 마지막으로는 십대 자살이 있다. 죽음과 자살에 대한 이해가 미숙하기 때문에 그들은 특별한 경우로 인식된다. 그들은 그들의 행동에 대한 결과를 단순하게 생각하며 잘 이해하지 않은 채 자살 시도를 한다.

제 12 장

# 자살의 양면성

## 서 론

자살에 관한 작업을 하는 데 있어 어려운 점 중 하나는 그것이 눈에 보이지 않는다는 것이다. 누군가가 자살에 대한 생각이나 충동을 가지고 있다고 말한다고 해도 우리는 그것을 볼 수 없다. 감정과 생각은 명확하게 정의된다거나 관찰 가능한 것이 아니기 때문에 어려움을 낳는다. 이 장에서는 자살의 양면성(ambivalence)에 대해 더 구체화할 것이다. 즉, 자살 충동에 대한 이해 방법을 제공하고, 다이어그램 형식을 사용하여 개인의 내적 감정을 시각적으로 재현할 것이다.

자살 충동을 느끼는 모든 개인은 어느 정도 양면적이다. 그들 모두는 내면에 일종의 모순적 생각과 감정을 가지고 있다. 그들은 모두 "나는 정말 죽고 싶어."와 "나는 죽고 싶지 않아."라는 대조적인 언어로 이루어진 혼잣말을 한다. 이는 [그림 12-1]에서 볼 수 있듯이 죽지 않고 생존한 상태로

머무르려는 욕구와 충동을 가진 개인의 일부에 자유로운 어린이(FC)가 존재한다는 것이다. 우리 모두의 성격은 이런 양상을 띤다. 또한 자살 충동을 느끼는 개인은 순응하는 어린이(AC) 자아 상태로 표출되는 일련의 모순된 사고와 감정을 가진다. 이러한 성격적 양상은 어느 정도는 죽기를 원하거나 최소한 살아 있고 싶어 하지 않는다.

만약 누군가가 "나는 죽고 싶어."라는 마음이 100%라면, 그는 머지않아 자살 시도를 하게 될 것이다. 반면에 "나는 죽고 싶지 않아."라는 마음이 100%라면 그에게는 애초에 자살을 하고 싶은 마음이나 충동이 존재하지 않을 것이다. 자살 충동을 느끼는 개인에게는 이 두 가지 마음이 시간이 흐름에 따라 각각의 비율이 늘거나 줄면서 존재한다. 어느 날은 그 비율이 50 대 50이었다가, 또 어느 날은 60 대 40이나 30 대 70이 되기도 한다. 자살 충동을 느끼는 모든 개인은 살고 싶은 욕구를 어느 정도 가지고 있고, 그렇기에 도움을 받을 수 있는 기회의 창을 만들게 된다. 몇몇 학자는 이 양면성에 대해 관심을 가졌다. 아트 클라이너(Art Kleiner, 2010)는 검시관으로부터 얻은 100개의 유서를 연구했다. 유서를 살펴본 후, 그는 다음과 같이 말했다. "여기에 어떤 양면성은 없을까? 대략 절반 정도의 유서에는 의심할 만한 요소가 포함된 듯 보인다." (1문단)

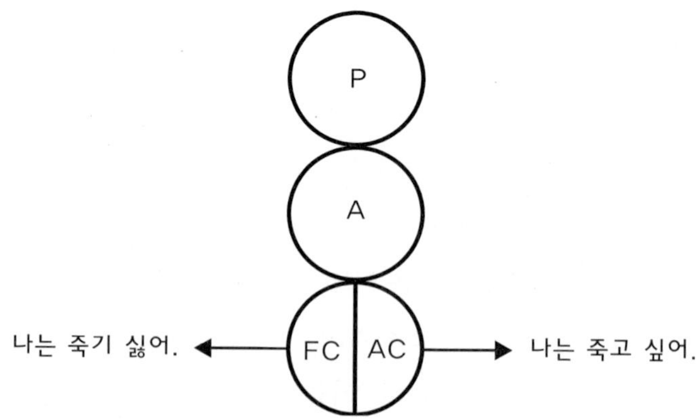


[그림 12-1] 자살의 양면성

## 양면성 이해하기

이 양면성은 자살 성공률에 반영된다. 일반적으로 인용되는 비율의 범위는 20번의 자살 시도 중 한 번의 성공부터 100번의 시도 중 한 번의 성공까지 이른다(Caruso, 2009; Steele & McLennan, 1995). 순수하게 사실적인 측면만 고려해 볼 때, 이는 매우 높은 '성공'률은 아니다. 우리가 무언가를 이뤄 내기 위해 노력을 했는데 40번의 시도 중 한 번만 성공했다는 것은 일반적으로 높은 성공률이라고 여겨질 수 없다. 앞에서도 언급했듯이, 우리의 몸은 살아남기 위한 여러 가지의 길을 갖고 있기 때문에 자살을 한다는 것이 결코 쉬운 일이 아니다. 아마 자살의 양면성은 그 비율이 왜 이토록 낮은지에 대한 또 하나의 이유가 될 것이다. 대부분의 자살 시도는 이 양면성을 반영하고, 살고자 하는 마음을 일부 갖고 있는 개인의 자살 시도는 죽고자 하는 최선의 노력을 다하지 않기 때문에 어느 정도 '방해' 받게 된다. 대부분의 자살 시도는 개인의 죽고자 하는 욕망과 살고자 하는 욕망을 반영하고, 그렇기에 대부분의 자살 시도는 '성의 없게' 이뤄지게 되는 것이다.

### 사례 연구 12-1 양면적인 자살 행동

한 남성은 몇 년 동안 우울증 치료를 받아 왔다. 치료에는 항우울증 처방약이 포함됐다. 그는 세 차례 의미심장한 자살 시도를 한 과거를 가지고 있었다. 두 번의 시도는 철저히 계획된 것으로, 다량의 처방약 두 가지와 헤로인을 혼합하여 과다 복용했다. 그의 첫 번째 시도는 스무 살 때 이루어졌는데, 뾰족하게 간 8인치의 뜨개바늘로 배를 찔렀다. 그것은 그가 감옥에 있을 때 면도날로 사용했던 것인데, 끝에 두 개의 고리가 달려 있기 때문에 잡아당겨서 뽑게 된다면 상당한 양의 조직이 함께 딸려 나오는 것이었다. 그 두 고리는 수술을 집도하는 의사가 그의 배를 갈라 뒤에서 바늘을 밀어내야 함을 의미했다. 이것은 그의 몸에 상당한 충격을 주었고, 그는 거의 죽을 뻔했다. 명백하게 이것은 죽고자 하는 그의 중대한 내적 욕구를 반영한 심각한 자살 시도였다.

그는 바늘이 들어간 뒤에 느껴진 고통이 다시 그에게 감각을 되찾아 주었고, 그것을 밀어 넣은 뒤 생존 모드로 돌아갔다고 말한다. 그는 재빨리 전 부인에게 전화를 걸었고, 다행히도 그녀는 그를 제때 병원에 데려다 주었다. 교류분석 용어에 의하면, 그의 성격 안의 자유로운 어린이 양상이 작동했고 결국 목숨을 보존한 것이다.

---

이 사례는 자살 시도를 하는 사람의 양면적 행동을 보여 준다. 우선 자살을 하려는 명백한 시도가 있으나 곧이어 목숨을 구하려는 행동을 재빨리 한다는 것이다. 그는 도중에 자신의 자아 상태를 변경했다. 처음에 그는 순응하는 어린이 자아의 양상을 띤 성격이 지배적인 마음 상태였고, 이는 자신을 찌르게 만들었다. 바늘로 찔린 데서 오는 고통은 그를 각성하게 하는 충격 효과를 가져왔고, 자아 상태를 바꾸는 결과를 낳았다. 그는 자유로운 어린이로 바뀌었고, 따라서 생존 욕구가 그를 장악하게 되었다.

많은 자살 시도가 가진 이러한 양면적인 가치는 자살 시도를 하는 사람의 동기에 대한 오해를 일으킨다. 일각에서는 그의 모순적 행동이 그가 전 부인을 조종하기 위한 수단으로 자살을 이용했음을 보여 주었다고 결론 내렸다. 그러나 그것은 사실이 아닐 것이고, 그러한 결론을 내리기 전까지 그들의 관계 역할에 대한 더 많은 정보가 필요하다. 이러한 관계 조종의 근거를 그의 과거에서 거의 찾아볼 수 없다면, 그 모순적인 행동은 자신을 위한 조종 행동이라기보다는 자살의 양면성을 반영한 것이라 볼 수 있다.

〈사례 연구 12-2〉에 등장하는 괄호 안의 코멘트는 나의 견해다. 이 사례의 주인공은 자살 시도가 있고 얼마 후에 글의 서두를 썼고, 뒤에 이어지는 짧은 일기는 자살 시도가 진행됨에 따라 썼다.

### 사례 연구 12-2 자살 시도자의 일기

서 두

비밀보장은 나에게 있어 매우 중요한 문제다…….

나는 사생활을 보장받기 위해 매우 노력한다. 나는 친한 친구가 한 명도 없는데, 특히 학교에서 그렇다. 나는 아무도 믿을 수 없다. 누군가가 나와 너무 가까워진다면 아마 내가 얼마나 이상한 사람인지 알게 될 것이다…….

이것이 피해망상이라는 것을 알지만, 나는 나 자신을 보호해야 한다. 그 누구도 나를 보호해 주지 않는다. 이러한 나의 감정은 과거에 나의 사생활을 보호함에 있어 엉성하게 업무를 처리했던 의료계 종사자에 대한 분노, 내 개인 정보를 나에게 해가 되게 사용했던 사람들에 대한 분노와 같이 사생활이 침해되었던 경험과 관련된 모든 두려움을 재가동시키고 악화시켰다. 나는 전반적으로 무기력함, 분노 그리고 압도당한 감정을 느꼈다. 나는 이를 충분히 말로 설명할 수 없기에 이제 그만 노력할 것이다. 중요한 것은 내가 극도로 화나 있었다는 것이다.

나는 주기적인 공황발작을 앓고 있었다. 나는 하루 최대 복용량의 클로노핀을 먹었으나 아무것도 느끼지 못했다. 그렇다면 그다음 단계는 뭘까? 분명히 그다음 논리적 단계는 진통제를 다량 복용하는 것일 것이다. 그렇지 않은가? 물론이다. 그래서 나는 그렇게 했다.

(코멘트: 괴로운 일이 발생했다—비밀의 누설. 이는 자살 결정이 일어날 수 있는 바탕이 되는 다음과 같은 여러 환경을 이끈다.

① '나는 나 자신을 보호해야 해. 그 밖에는 아무도 그럴 수 없어.' 라는 생각
② 타인을 향한 분노
③ 무기력감, 압도적인 분노와 감정
④ 순환되는 공황발작의 발생

⑤ 논리적 다음 단계는 자살 시도를 하는 것임

이는 "상황이 더 나빠진다면 나는 자살할 거야."라는 자살 결정의 속성을 반영하게 된다.)

### 자살 시도의 날

다음은 28세의 남성이 자살 시도를 하면서 쓴 일련의 기록이다. 그는 자신이 한때 다녔던 병원으로부터 자신의 진료 기록 묶음을 받았다. 그는 기록의 일부가 정직하지 못하며 비밀보장이 지켜지지 않았다고 느꼈다.

이 자살 시도는 니코틴 패치 한 통을 몸에 붙이는 것과 많은 양의 클로노핀, 항불안 처방약, 처방전 없이 살 수 있는 진통제를 복용한 것이었다.

> 2009-2-09, 2:07 pm
> 아주 심한 순환성 공황장애가 있다.
> 클로노핀이 도움이 안 된다.
> 나는 매우 개인적인 정보들에 대한 그들의 부주의에 정말 화가 나고 이런 사실을 감당하기 힘들다.
> 의사와 환자 간의 비밀보장이 지켜지지 않는다면 내가 어떻게 도움을 얻을 수 있단 말인가.

(코멘트: 여기서 그는 비밀이 누설된 것에 화가 난다. 이는 그가 누군가로부터 도움을 받을 수 없고 믿을 수도 없다는 생각을 갖게 한다. 이는 자살 결정이 만들어지기 좋은 상황을 제공한다. 그는 순응하는 어린이 양상이 매우 강하다.)

> 3:36 pm
> 너무 많이 울어서 더 이상 눈물이 남아 있지 않다.
> 하루에 클로노핀을 두 번 복용한다.
> 전에 그런 적은 딱 두 번밖에 없다.

(코멘트: 여기서 그는 최초의 분노 반응이 있고 한 시간 반 뒤에 자살 시도를 결심한다. 두 시간 뒤에는 남은 약을 모두 먹는다. "전에 그런 적은 딱 두 번밖에 없다."라는 그의 말에서 벌써 양면성이 시작됨을 볼 수 있는데, 자신의 행동에 대한 공포와 동시에 자유로운 어린이가 더 강해짐을 의미한다.)

5:40 pm
극도로 불쾌감이 심해진다.
무슨 빌어먹을 일이 일어나고 있는지 모르겠다.
내가 그들을 믿지 못한다면 어떻게 도움을 받을 수 있다는 말인가.

(코멘트: 분노와 도움을 받을 수 없고 아무도 믿을 수 없다는 자살 시도에 필요한 상황에 대한 재언급이 여전히 존재한다. 이는 매우 나쁜 상황에 도달했음을 의미한다.)

6:31 pm
매우 역겹다.
내가 지금 무엇을 하고 있는지 모르겠다.

(코멘트: 혼란스러움이 보이고, 자살 결정이 실행되기에 필요한 상황에 대한 재언급은 보이지 않는다. 이는 생존하고자 하는 자유로운 어린이 욕구가 더 강해짐을 의미한다.)

7:49 pm
나는 정말 빌어먹을 멍청이다.
모트린을 너무 많이 먹었다.
니코틴 패치 한 통 전체를 다 붙이고 한동안 잠을 잔 후, 나는 병원에 가기도 싫었고, 죽을 만큼의 약물도 아니었다는 사실에 미치도록 화가 났다.

(코멘트: 이제 자유로운 어린이 자아가 직접적인 생존 행동을 이끌 만큼 강하

다. 자살 결정이 실행되기에 필요한 상황에 대한 재언급은 보이지 않는다.)

> 패치를 뗐다.
> 모트린을 토해 낸다.
> 다 토해 낼 수는 없지만 최대한 많이 토했다.
> 여전히 역겹다.
> 토할 때 피가 조금 섞여 나왔다.
> 많이는 아니다.
> 그러나 걱정이 조금 된다.
> 규칙적으로 토하는 것은 아니다.
> 몇 년간 토한 적이 없다.
> 분명 모트린 때문이다.
> 어질어질하며 가게로 걸어 들어가 구강 청결제와 헹굼용 소금을 샀다.
> 기분이 더럽다.
> 열이 많이 난다.
> 옷을 벗었다.
> 열이 나지 않는다.
> 몸이 부풀어 오르지만 왜 그런지 모르겠다.
> 나는 빌어먹을 멍청이다.
> 이 모든 것이 비밀보장 따위 때문이다.

(코멘트: 사건이 발생하고 다섯 시간 반 후, 순응하는 어린이 자아에서 자유로운 어린이 자아로의 자아 상태 변화가 있었다. 순응하는 어린이의 영향하에 있는 동안에 그는 자살 결정이 실행되기에 필요한 상황에 대해 언급했다. 과정이 끝나갈 때쯤에는 자살 결정이 실행되기에 필요한 상황은 무시되었는데, 이는 내면의 자유로운 어린이 자아의 좀 더 강력한 영향이 반영된 것이다.)

이 일기는 자살 시도 동안 개인의 마음의 기능에 대한 독특한 통찰을 제공한다. 앞에서 보다시피 당시 그의 마음 상태에 영향을 주는 요소에 대한 변화가 있었다. 어떤 구체적 사건에 대한 반응으로, 처음에는 자기파괴적인 양상인 순응하는 어린이 자아가 의사결정 과정에서 우세했다. 시간이 지남에 따라 자유로운 어린이 자아 상태로 서서히 변화했고, 이는 결국 목숨을 구하는 결정이 발생하게 했다. 이는 자살 시도를 하는 대부분의 사람에게서 발견되는 자살 양면성의 예다.

## 자살의 양면성에 대해 작업하기

자살 경향을 가진 내담자와 작업할 때는 "한편으로는 살고 싶고, 다른 한편으로는 죽고 싶어."에 대한 내담자의 이해를 돕기 위해 자살의 양면성에 대한 개념을 제시할 수 있다. 이는 자유로운 어린이(FC)와 순응하는 어린이(AC) 자아 상태인데, 내담자의 이해를 위해 [그림 12-1]처럼 그릴 수 있다. 이는 내담자가 느낄 수 있는 애매함과 혼란을 줄여 줄 것이다.

자살 충동과 생각을 명료화하기 위한 이러한 접근은 두 개의 의자 상황을 설정함으로써 더 자세히 살펴볼 수 있다. [그림 12-2]를 보라.

두 개의 빈 의자가 내담자 앞에 제시된다. 한 개 의자는 자유로운 어린이(FC)이고 다른 한 의자는 순응하는 어린이(AC)다. 내담자는 각각의 의자에 앉아 자신의 일부로부터 나오는 말을 한다. 우선 내담자는 한 의자에 앉아 순응하는 어린이 자아 상태로부터 말한다. 그런 다음 다른 한 의자에 앉아 자유로운 어린이 자아 상태로부터 말한다. 이는 내담자로 하여금 자신의 내면에 존재하는 두 자아에 대해 실제적으로 경험할 수 있게 하고, 따라서 자살 충동에 대한 경험적 이해를 할 수 있게 한다. 때로는 내담자 안의 두 부분이 서로 대화하기도 하고, 물론 상담자 역시 두 부분에 말을 걸 수 있

[그림 12-2] 두 자아 상태가 분리됨

다. 치료 상황에서 이는 내담자가 자신의 두 부분 사이의 관계를 설정할 수 있게 한다. 각 부분은 또한 상담자와도 관계를 형성한다. 자각과 명백한 치료적 성과와 함께 한때 막연했던 생각과 감정은 점차 명료해진다.

이는 또한 자살 경향을 가진 개인을 관리하고 치료하는 데 있어서 좀 더 중요한 방법 중 하나의 기초를 형성한다. 내담자와 상담자가 내담자 내면의 자살적 부분에 대한 좀 더 명확한 이해를 하게 됨에 따라 상담자는 그와 관련한 관계 계약을 형성할 수 있다. 상담자는 내담자의 자기파괴적 부분인 순응하는 어린이와의 관계를 형성하기 시작한다. 이것의 중요성은 아무리 강조해도 지나치지 않다. 내담자의 자기파괴적 부분에 대한 훌륭한 관계 계약을 맺는 것은 가장 치료적이다.

그렇다면 그 방법은 무엇인가? 이는 본질적으로 어떤 두 사람이 관계를 형성하는 것과 조금도 다르지 않다. 우선 상담자가 내담자의 순응하는 어린이 양상과 간단한 대화를 나누기 시작한다. 그들은 상대방이 생각하고 느끼는 것을 파악하고, 대화를 함에 따라 상담자는 내담자의 그러한 부분에 대한 연민, 공감 그리고 이해를 표출한다. 내담자가 이를 감지함에 따라 상담자에 대한 존경심이 생기기 시작하고, 따라서 관계 계약이나 그들 사이의 관계는 성장하게 된다. 신뢰가 커져 감에 따라 상담자와 내담자의 순응하는 어린이 자아 상태가 서로에 대한 생각과 감정에 대해 이야기하기 시작하고, 심지어는 어느 순간 논쟁이나 중단 사태가 생기기도 한다. 상담자가 논쟁의 해결을 가능하게 함에 따라 그들의 관계는 더욱 강화된다. 상담자는 또한 내담자의 자유로운 어린이 양상과 관련해 이와 비슷한 작업을 수행할 수 있다. 그러나 가장 중요한 것은 상담자와 내담자의 자멸적 양상 사이에 이러한 관계를 형성하는 것이다.

나는 종종 내담자의 자기파괴적 양상을 표면화하는 다른 기법들과 결합하여 이러한 접근을 사용한다. 그중 한 가지는 단순히 내담자의 성격 중 한 부분을 그의 주변 환경 안에 있는 무언가에 투사하도록 하는 것이다. 예를 들어, 내담자는 자살적인 부분에 일종의 형태를 부여하라는 요구를 받게 된다. 그것을 그리라고 하여 외형적으로 나타낼 수 있는데, 이는 사람이건 구름이나 벽돌과 같은 사물이건 관계가 없다. 그림이 완성되면 내담자는 자신의 이 부분에 대한 좀 더 명확한 이해를 할 수 있고, 상담자 역시 마찬가지다. 그런 다음 내담자와 상담자는 그 그림과 대화를 할 수 있고, 그림 역시 어떤 말을 하라는 요구를 받을 수 있다. 본질적으로 두 개의 의자 연습을 의자가 아닌 그림을 가지고 하는 것이다. 두 개의 의자 상황에서 내담자는 자신의 자기파괴적 양상이 되어 볼 수 있는데, 이는 그가 뒤에 앉아서 바라보기만 할 수 없다는 것이다. 그림을 그리는 것은 내담자에게 이를 가능하게 하고 순응하는 어린이(AC)를 외부에서 관찰하게 한다. 이는 성격상 자기파괴적 부분에 대한 더 나은 인지를 제공하고, 내담자의 순응하는 어린이(AC)와 상담자 간의 관계에 대한 또 다른 관점을 허용한다.

## 자살의 양면성 사정하기

[그림 12-2]의 두 개의 의자 연습을 통해 내담자와 상담자는 성격의 두

부분의 현재 강도에 대해 이해할 수 있다. 그것은 그 시점에 자유로운 어린이(FC) 또는 순응하는 어린이(AC) 중 무엇이 더 영향력이 있는지를 보여 주는 데 사용된다.

그 연습은 내담자에게 자유로운 어린이의 의자에서 살고 싶은 바람에 대해 이야기하도록 요구하는 것으로 시작된다. 그 요구는 최대한 개방형이어야 한다. 내담자는 상담자가 듣고 싶어 하는 것이 무엇인지에 대해 물어 좀 더 구체적으로 대답할 수 있다. 상담자는 말할 때 최소한의 지시를 줌으로써 상담자가 내담자에게 말하라고 지시를 내리는 것이 아니라 내담자의 자유로운 어린이에서 진정으로 나오는 말을 들을 수 있다. 대체적으로 내담자는 그들이 왜 살고 싶은지에 대해 이야기하는 것과 삶의 이유 목록을 작성하는 것으로 시작하지만, 좀 더 말하라고 부추겨지면 삶과 죽음에 대한 온갖 것에 대해 말하기 시작한다.

앞에서 언급한 대로, 자아 상태는 역할이 아니라 성격의 실제 한 부분이다. 흔히 내담자는 두 개의 의자에 앉아 이야기를 지속하면서 자신의 성격의 한 부분 안으로 옮겨 감에 따라, 종종 그 당시 내담자의 바로 앞에 있는 자신의 감정과 함께 직접적으로 그 부분에 대해 경험하게 된다. 이에 상담자는 활기의 정도와 신체 언어(body language)에 대해 보게 되고, 목소리의 어조를 듣게 되며, 무의식적인 뉘앙스 등을 보게 된다. 그들은 내담자가 어떤 성격 양상이 되는 것을 보게 되고 '경험'하게 되는데, 이는 자유로운 어린이 또는 순응하는 어린이 자아가 사고하거나 말하는 것에 대한 단순한 언어적 보고 이상으로 좀 더 개인에 대한 포괄적인 이해를 제공한다.

만약 자유로운 어린이의 의자에 앉아 있는 내담자가 말할 거리를 찾기 힘들어하거나 활기가 부족하거나 신체 언어를 표현하기 어려워한다면, 이는 성격의 이러한 부분에 대한 투자가 부족하다는 의미다. 만약 그가 순응하는 어린이로 옮겨 갔을 때 활기와 힘을 표출하며 자유롭게 말했다면, 이는 성격의 이러한 부분에 대해 더 투자한다는 것을 의미한다. 물론 이는 바람직하지 못한 상황인데, 자살의 양면성이 "나는 죽고 싶어." 쪽으로 기울기 때문이다. 이 연습의 핵심은 그것이 내담자와 상담자에게 내담자의 자살 경향성과 관련된 그의 '힘'이 어디에 있는지에 대한 경험적 이해를 제공한다는 것이다. 자각의 증대뿐만 아니라 자살 위험 사정에 대한 더 많은 정보를 제공한다.

이 방법을 이용할 때 내담자는 수차례 두 개의 의자 사이를 왔다 갔다 할 수 있는 기회가 주어진다. 위험 사정의 관점에서 봤을 때, 내담자는 정확히 그 시점의 내담자의 마음 상태를 볼 수 있는데, 그 마음 상태는 계속 변화한다. 이러한 사정 방법은 일정 기간 반복적으로 사용될 수 있고, 각각의 결과는 두 개의 의자 기법을 사용해 얻은 지난번 결과와 비교될 수 있다. 이는 일정 기간 동안 자살 위험 사정을 할 수 있게 하고, 성격의 어떤 부분이 좀 더 우세해지고 있는지에 대한 통찰을 제공한다.

우리가 당면한 문제에 관하여 자살의 양면성 상태에 있는 성격의 두 양상에 대해 개인에게 직접적 경험을 제공한다. 이를 통해 그들은 자신의 성격의 어떤 부분에 대해 더 잘 측정하고 경험하게 된다. 이는 마치 자전거 타기를 배우는 것과 같다. 기본적인 기술에 숙달되면, 자전거를 탈 때마다 그 기술은 점점 정교화된다. 두 개의 의자 연습을 통해 성격의 이러한 부분에 대해 경험하는 데 필요한 기본 기술을 숙달하게 됨에 따라, 내담자는 이러한 자아 상태를 더 잘 측정하고 그것을 심도 있는 이해와 자각과 함께 좀 더 쉽게 표출할 수 있게 된다.

## 결 론

자살 경향을 가진 개인은 모두 양면성의 상태에 있다. 자신의 손에 의해 죽고자 하는 결심은 인간이 내릴 수 있는 결정 중에서 가장 심오한 것 중 하나다. 그러므로 그것은 가볍게 내려지지 않으며, 항상 이 결정을 따르고 싶지 않아 하는 경향을 보인다.

이 장은 내담자가 자신의 양면성에 대해 개념화하고 이해하는 것에 대한 시작과 그를 돕는 사람 역시 그것을 이해할 수 있는 방법을 제공한다. 다행히도 이는 매우 간단한 심리적 과정으로, 대부분의 사람이 행할 수 있는 것이다. 사실상 대부분의 사람은 그것을 자각을 위한 매우 흥미 있는 연습이라고 생각하고 매우 협조적인 모습을 보인다. 우리가 알다시피, 인간은 대체적으로 자신과 자신의 무의식적 양상에 대해 찾는 것을 흥미 있어 한다.

앞에서 기술된 과정 동안, 내담자는 자신의 양면성에 대한 더 명확한 이해를 할 수 있는 기회를 제공받는다. 경험적 자살 위험 사정 역시 허용된다. 그러나 가장 중요한 것은 내담자의 자기파괴적 양상과 상담자 사이에 관계적 접촉이 성립된다는 것이다. 내담자의 파괴적 양상이 이러한 접촉을 경험하고 고립감의 감소를 느끼게 되면, 그러한 양상이 가진 생각과 감정은 완화된다. 마치 인간이 고립 상태에서 타인과의 소속감을 느끼는 것으로 옮겨 갈 때처럼, 그러한 양상은 좀 더 중히 여겨지고 그것의 '거친' 표면은 사라진다.

제 13 장

# 자살의 시각표

## 맥락상의 자살 행동

누군가가 자살 충동을 표출하면, 우리는 이러한 충동을 그 사람의 삶에 대한 더 넓은 맥락에서 살펴봐야 한다. 그 방법 중 하나는 자살 충동과 시도를 시각표상에서 살펴보는 것이다. 자살 충동에 관해서 가장 널리 사용되는 세 가지 시각표가 있다. 첫 번째 것은 [그림 13-1]에 제시된 급성 자살 위기다.

## 급성적인 자살 위기

이 경우 개인은 인생을 사는 동안 어떠한 이유로든 자살 충동과 계획이 급격히 발생하게 된다. 자살 시도를 하지 않거나 자살이 완수되지 않으면,

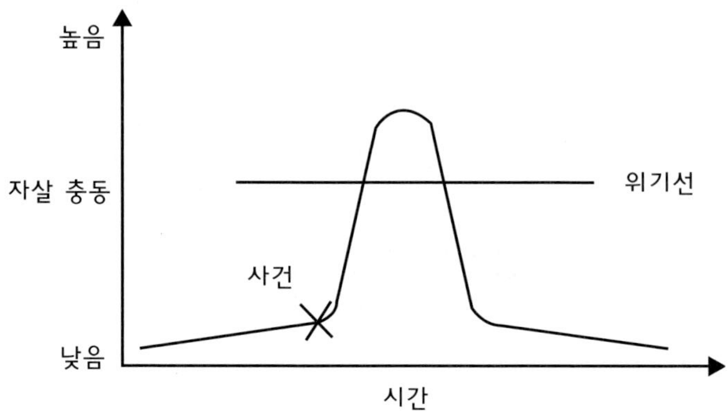


[그림 13-1] 급성 자살 위기

자살 충동은 상당히 빠르게 사라진다. 급성 자살 사건에서 위기선은 심각한 자살 위험에 처한 지점인데, 이는 그 개인이 결연한 자살 시도를 하는 것과 매우 밀접해 있을 때다. 이러한 시나리오는 대부분 이혼, 파산, 수감, 정신 질환적인 사건, 명예 훼손 등에 대한 반응으로서 나타난다.

이 시각표의 특징은 개인이 갑작스럽게 나타난 감정을 느낀다는 것은 후에 그 감정이 갑작스럽게 없어질 수 있다는 것을 의미한다는 것이다. 그 감정은 그 개인의 성격에 있어 상대적으로 새로운 것이기 때문에, 개인의 성격 안으로 스며들 시간을 갖지 못한다. 이는 그 개인에게 있어 물론 희소식이겠지만, 그는 이를 감사히 여기지 않을 것이다. 즉, 자살 경향을 가진 사람에게 있어 자신의 장기적인 미래는 사실과 관계없이 절망적으로 보인다. 하지만 이는 그 사람에게 알려 줘야 할 중요한 정보다. 또한 자살 생각이 어떤 사건에 대한 반응이라면, 그 사건이 종결되면 자살 생각 역시 사라지게 된다. 예를 들어, 어떤 사람이 죄를 짓고 체포된 것에 대한 결과로 자살 충동이 생겼다. 그 후 보석금을 내고 풀려나게 된다면 그는 더 이상 감금된 상태가 아니기 때문에 자살하고 싶은 생각이 진정된다. 만약 이혼 때문에 자살 충동을 느끼는 사람이 있다면, 시간이 지남에 따라 대부분의 사람은 때로는 새로운 배우자와 함께 새로운 상황에 익숙해지게 되어 자살 충동이 시들어진다.

급성 자살 위기의 부정적인 면은 무의식적인 자살 시도를 행할 수 있다는 것이다. 특히 음주가 동반될 때 그러하다. 단순히 집에서 나와 도로에 뛰어들거나, 자신의 차에 올라타 나무를 들이받거나, 약상자를 열어 그 안에 있는 모든 약을 삼키는 것이다. 이러한 비계획적인 자살은 사망은 아니지만 평생 안고 갈 장애를 갖게 할 수 있다. 또한 갑작스러운 자살 충동의 결과로, 그 사람은 적시에 필요한 지원망을 가질 수 없다. 예를 들어, 이러한 위기 상황을 극복할 수 있게 도와줄 상담자나 기관과의 접촉 경험이 최근에 또는 전혀 없거나, 이러한 지원을 받는 방법에 대해 아무것도 알지 못할 수 있다.

이러한 상황에 대처하기 위해서는 병원에 입원하기, 자살감시시계 차기(감옥에서처럼), 도움을 잘 얻을 수 있는 환경으로 이주하기 등이 실질적인 선택사항이 될 수 있다. 자살 위기가 단기적인 것이라면, 이러한 종류의 접근을 하는 것이 그 위기가 사망 또는 장애라는 결과를 낳는 것을 막을 수 있다. 그러나 병원에 입원하는 것이 만병통치약은 아니라는 것을 명심해야 한다. 모든 입원은 단지 자살 경향을 가진 사람을 지리적으로 한 장소에서 다른 장소로 옮기는 것에 불과하다. 만약 그 사람이 상당히 고립되게 되면, 이는 사실상 도움이 될 수도 있지만 상태를 악화시킬 수도 있다.

몇몇 사람은 자신이 살던 집에서 다른 곳으로 옮겨 가는 것을 원하지 않고, 그렇게 되면 오히려 더 고통받게 된다. 또한 어떤 사람들은 입원이라는 유난을 떨고 싶어 하지 않는다.

게다가 병원은 사람들로 가득 찬 건물이다. 지역사회 사람들과 병원의 일부 종사자는 자기를 해치고 자살 경향이 있는 사람들이 적절치 못하게 제한된 병원시설을 차지한다고 보는 견해가 있다. 그들은 병원이란 곳은 질병이나 사고 때문에 그곳을 찾는 '진짜' 환자를 위한 곳이라는 견해를 가진다. 몇몇 요양기관의 문화는 운영자가 누구냐에 따라 자살 경향을 가진 사람을 경시나 경멸의 태도로 대하는 것에 이르기까지 다양하다. 이는 물론 문제를 악화시킨다. 자살 경향을 가진 사람을 다루는 것은 위기 상황을 모면하기 위해 병원에 입원시키는 것만큼 간단하지 않다.

그러나 그 위기 상황의 기간이 짧다면 자살하지 않기 계약과 같은 추가적인 지지 요법이 가장 유용할 수 있다. 그 개인은 위기가 끝날 때까지 자신의 자살 충동을 실행에 옮기지 않겠다고 자기 자신과 단기 계약을 맺는다. 그러나 이는 일시적인 해법이고 인생의 초반에 자살 결정을 내린 것에 대한 개인의 장기적 문제를 해결하지 못한다는 것을 명심해야 한다. 그는 자살을 문제에 대한 실행 가능한 해결책이라고 여기기 때문에 미래에 자살 결정이 다시 한 번 실행에 옮겨질 가능성이 있다.

## 느리게 발달하는 자살 위기

어떤 사람들은 급작스러운 사건에 대한 반응 때문이 아니라 장기간에 걸쳐 자살 충동을 갖게 된다. 이는 [그림 13-2]를 통해 볼 수 있다.

이 경우 자살에 대한 관념은 [그림 13-1]처럼 갑작스러운 것이 아닌 장기간에 걸쳐 발달하게 된다. 자살에 대한 감정을 촉진하는 명확한 사건이 있다기보다, 그것은 장기간에 걸쳐 느리게 전개된다. 우리는 이를 급성 위기고 오진해서는 안 된다. 느리게 발달하는 자살 위기에서 개인은 마지막 결정타가 되는 사건을 맞이하기는 하지만, 자살 충동은 오랜 기간에 걸쳐 발달되어 온 것이다. 예를 들어, 한 남자가 아내와 싸우고 자살 충동을 느낀다고 말했다. 사람들은 보통 배우자와 싸웠다고 해서 자살 충동을 느끼지는 않는다. 자신에게 해를 가하고자 하는 충동은 얼마간의 기간 동안 증가해 왔고, 그 말다툼은 마지막 결정타가 되어 그를 벼랑 끝으로 내몬 것이

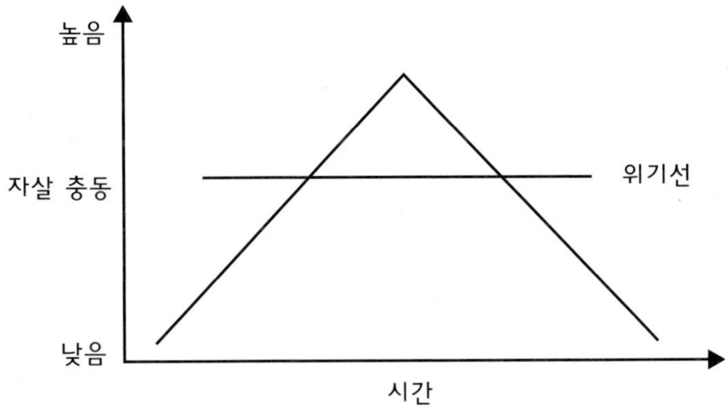


[그림 13-2] 느리게 발달하는 자살 위기

다. 이와 비슷한 예로, 한 십대가 자살을 촉진하는 듯한 음악을 듣고 있었다. 그 노래의 가사는 자신의 자살하고 싶은 감정에 대해 말했고, 아마 그 아이는 자살을 시도했을지도 모른다. 아이의 부모는 그 음악이 원인이라고 생각했다. 하지만 록음악 가사 때문에 자살 충동을 갖게 되는 사람은 없다. 이 경우 자살에 대한 감정이 상당 기간 동안 전개되어 왔고, 그 아이가 위기선에 근접해 있을 때 록음악을 듣게 된 것뿐이다. 우리는 실상 느리게 전개되는 자살 위기일 때 그것이 급성 자살 위기라고 실수로 오진하지 않기 위해 몇 가지 필요한 질문을 해야 한다.

느리게 발달하는 위기는 사건과 관계가 없고, 자살의 감정이 결국 가라앉기 전까지 걸리는 시간은 몇 주, 몇 달, 심지어는 몇 년에 이르기까지 다양하다. 때로는 이러한 감정이 우울증의 순환적 성질을 따르는데, 이러한 경우 개인의 자살 경향에 대한 관리와 동시에 항우울증 약을 복용하는 것이 도움이 된다. 우울증은 아니지만 자살 경향을 가진 사람들이 왜 자살 충동이 오랜 시간에 걸쳐 발달하게 되는지는 생화학적인 것에서부터 정신역학적인 것에 이르기까지 다양하다. 각각의 다른 설명은 치료에 대한 각각의 대안적 형식을 제안한다. 자살 충동을 가진 여러 사람과 작업할 때, 나는 이러한 상황에서는 시행착오가 최고의 접근 방식이라는 의견을 갖게 됐다. 어떤 사람들에게는 항우울증 약이 특효약이 될 수 있고, 반면에 다른 사람들에게는 문제를 악화시킬 수 있다. 이는 이야기 심리치료에도 똑같이 적용된다. 때로는 상당한 개선이 있지만, 어떤 사람들에게는 약간의 개선이 있거나 전혀 변화가 없기도 한다.

급성 위기와 비교해서 느리게 발달하는 위기의 장점은 사람들이 위기선에 도달하기 전에 다른 사람들로부터 어떠한 종류의 도움을 구하려는 경향을 보인다는 것이다. 첫째, 이는 어떤 종류의 상담을 받을 수 있는 더 많은 기회를 갖게 되어 위기선을 완전히 피하게 하는 결과를 낳는 것을 의미한다. 둘째, 만약 위기선에 도달했다면, 그 개인은 자살의 완전한 수행을 피하기 위해 어떠한 형식의 지원망의 도움을 받을 가능성이 크다.

불리한 점은 자살 충동이 장기간에 걸쳐 발달함에 따라 개인의 성격 안으로 깊이 스며들어, 급성 자살 위기에서보다는 그것이 더 천천히 사라진다는 것이다. 또한 이러한 상황에서는 즉흥적인 종류의 자살 시도의 가능성이 더 적다. 자살은 더 훌륭하게 계획되고, 따라서 완수될 가능성이 더 높다. 예를 들어, 불충분한 양의 약을 복용하여 장애를 갖게 되는 것이 아니라 자살의 완수를 위해 정확한 양과 종류의 약을 수집한다.

입원이나 자살감시시계 그리고 자살하지 않기 계약은 여기서 별로 도움이 되지 않는다. 누군가에 의해 주도면밀하게 관찰되면 그 사람은 자신의 모든 자살 행동을 단순히 미룰 수는 있다. 당신은 자살 충동으로 누군가를 얼마나 오랫동안 병원에 가둬 둘 수 있겠는가? 6개월, 1년, 2년? 만약 그 사람이 지난 몇 년 동안 절망감을 느꼈다면 몇 달은 더 아무 문제없이 보낼 수 있을 것이다. 그러한 충동이 일정 기간 동안 지속되어 왔다면, 그러한 충동은 성격 안으로 스며들고, 지원망을 제공하는 것은 그 개인에게 거의 의미없게 된다. 그 문제가 그들의 사회적 환경에 대한 어려움이 아니라 좀 더 개인의 머릿속에 존재하는 것이기 때문에 그러한 지원망의 영향력은 평범한 사람들에게 미치는 것보다 적을 것이다.

## 만성적인 자살 위기

만성적인 자살 위기의 시각표는 대개 장기간에 걸쳐 전개된다. 이는 [그림 13-3]을 통해 볼 수 있다. 이 경우 개인은 그 기간 동안 이유가 무엇이건 우울, 절망, 수치심 등의 감정과 함께 점점 기분이 나빠지게 된다. 그러한 고뇌를 줄이기 위한 모든 종류의 의학적이고 심리적인 해결책은 거의 성공을 거두지 못할 것이다.

이는 시간이 흐름에 따라 인생의 질을 저하시키는 결과를 낳고, 그 개인의 삶은 피곤해지기 시작한다. 이는 매우 힘든 일이다. 이 시각표는 인생의 후반부에 접어든 사람이나 오랫동안 만성 정신 질환을 앓아 왔던 사람에게 좀 더 흔하다. 이 사람은 자신의 삶을 끝내기 위한 혼신의 노력을 할 가능성이 있다. 사실상 아마 여러 번 그럴 것이다.

이러한 종류의 자살 시각표는 도움을 제공하는 전문가에게 모든 종류의

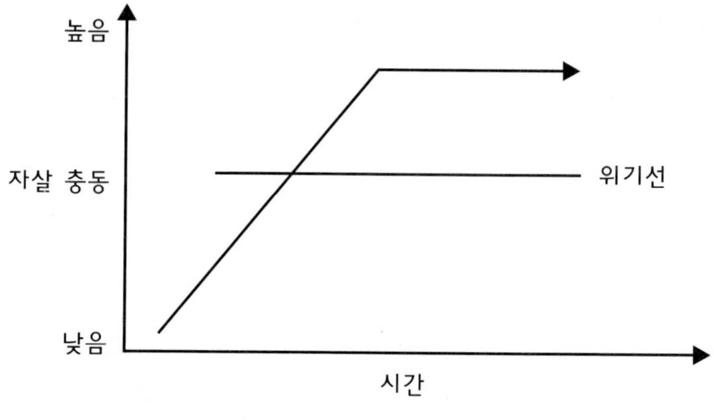


[그림 13-3] 만성적인 자살 위기

**사례 연구 13-1 만성적인 자살 위기 시각표**

35세의 한 여성이 지난 15년 동안 정신분열 증상을 보여 왔다고 보고한다. 그녀는 환각, 망상, 비만이 되는 것, 약물, 심리치료, 정신과 의사 그리고 병원에 대한 극도의 불안을 보인다고 한다. 그녀는 10년 동안 남성에게 어떠한 교감도 느끼지 못했고, 삶의 동반자와의 교감에 대한 욕구도 거의 없다. 그녀는 모든 종류의 치료에 지쳤고 앞으로 증상이 개선될 가능성이 거의 없다고 생각한다. 그녀는 자신의 장기적인 미래의 삶의 질에 대해 심각하게 의문을 제기한다.

윤리적 문제를 불러일으킨다. 누군가에게 언제나 희망이 있다고 말하는 것이 윤리적인가? 어떤 상황들에는 희망이 없는가? 도움을 제공하는 전문가가 항상 희망이 있다고 말하는 것은 전문가가 자기 자신의 고뇌를 줄이기 위함인가, 아니면 자살 경향을 가진 사람을 돕기 위함인가? 대부분의 사람은 희망이 없는 말기 신체 질환이 있다는 것은 받아들인다. 그러나 정신 질환에도 이것이 적용되는가? 장기간 동안 만성 정신 질환이나 자살 생각을 가진 사람과 함께 작업하는 사람이라면 이러한 질문들에 대한 일정한 결론을 도출해야만 할 것이다. 물론 우리는 느리게 발달하는 자살 위기와 마찬가지로 지원과 치료를 지속적으로 제공하지만, 입원은 자살하지 않기 계약과 같은 이유로 그 유용성이 떨어질 것이다.

## 결 론

자살에 대한 관념을 표현하는 내담자를 만날 때, 우리는 그 사람의 인생에 대한 더 넓은 맥락에서 그러한 증상을 바라봐야 한다. 그렇게 함으로써 우리는 그 사람과 그 사람의 자살 경향에 대해 더 잘 이해하여 더 나은 관리와 치료에 대한 제안을 할 수 있다. 이 장에서는 세 가지 대안적인 시나리오에 대해 기술하였는데, 각각의 시나리오는 그 사람이 경험하는 자살 위기의 길이가 각기 다르다. 일반적으로 말해서, 시간이 짧을수록 적어도 단기간 동안은 그 예후가 좋다. 그러나 자살 생각에 대한 급작스러운 시작으로 인해 이미 존재하는 지원의 부족과 즉흥적인 자살 시도에 관여되는 것과 같은 다른 위험이 존재한다는 사실 또한 중요하다.

제 14 장

# 자살하지 않기 계약

## 자살하지 않기 계약의 기원

자살하지 않기 계약(no-suicide contract: NSC)은 교류분석에 관한 문헌에서 기원했으며, 보이드(Boyd, 1972), 밥 굴딩(Bob Goulding, 1972), 할로웨이(Holloway, 1973)를 비롯한 몇몇 저자에 의해 발전되었다. 그러나 드라이, 굴딩 부부(Drye, Goulding & Goulding, 1973)의 논문인 「자살하지 않기 결심: 자살 위험 환자의 관찰(No-suicide decisions: Patient monitoring of suicidal risk)」이 그 중심이며, 대개 다른 문헌들에서 자살하지 않기 계약의 기원으로 언급된다.

## 자살하지 않기 계약을 뒷받침하는 이론

굴딩 부부가 자살하지 않기 계약에 대한 발상을 제시한 이래로 그 사용이 급증해 왔고 그에 대해 많은 글이 쓰였다. 크롤(Kroll, 2000)의 연구에서는 정신과 의사들에게 자살하지 않기 계약의 임상적 사용에 대해 물었고, 그들 중 57%는 어떤 형태로든 그것을 사용하고 있다고 답했다. 마러(Mahrer, 1993)는 미국 심리학자들의 자살하지 않기 계약의 사용에 대해 조사했는데, 그들 중 69%가 지난 12개월 동안 그것을 사용했다고 답했다. 간호사 교육에서 자살하지 않기 계약은 자살 경향을 가진 환자에게 사용하는 기술이라고 공식적으로 인정되었다(Johnson, 1997). 우리는 여기서 자살하지 않기 계약이 많은 전문가 사이에서 다방면에서 사용되고 있음을 볼 수 있다.

그러나 안타깝게도 대다수의 전문가가 자살하지 않기 계약을 뒷받침하는 이론에 대해 이해하지 못하기 때문에 그것이 오용되는 경우가 많다. 자살하지 않기 계약을 뒷받침하는 이론에 대한 이러한 오용과 오해는 자살하지 않기 계약이 무엇이고 그것이 얼마나 가치 있는가에 대한 기사와 저서의 과잉을 낳았다. 심리학, 정신의학, 일반의학, 상담, 심리치료 그리고 특히 간호와 사회복지에 관한 수많은 지식에 대한 문헌의 양산을 낳았는데, 그 예로는 애세이(Assey, 1985), 이건(Egan, 1997), 고인(Goin, 2003), 히플과 침볼릭(Hipple & Cimbolic, 1979), 크롤(Kroll, 2007), 리드(Reid, 1998), 사이먼(Simon, 1999)이 있다.

나는 이렇듯 만연해 있는 오해의 문제를 다루기 위해서 [그림 14-1]의 자살하지 않기 계약 빙산을 만들었다.

빙산으로 제시된 이유는 우리가 수면(자살하지 않기 계약) 위로 보는 부분은 단지 빙산의 작은 일각에 불과하기 때문이다. 사람들이 보는 것은 정신

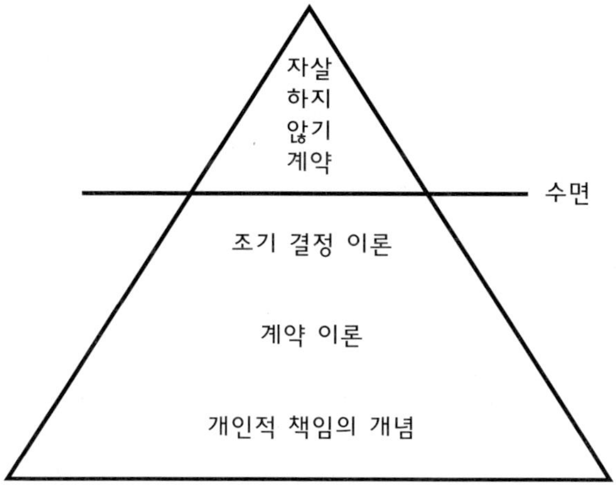


[그림 14-1] 자살하지 않기 계약 빙산

건강 전문가에게 자살하지 않기 계약을 성명하는 내담자의 기술이다. "무슨 일이 일어나든 간에, 나는 우발적으로든 의도적으로든 ~의 기간 동안 자살하지 않겠습니다." 그러나 수면 아래에는 대다수의 전문가가 이해하지 못하는 거대한 이론의 기반이 숨겨져 있다. 그렇기에 오해와 오용이 만연하게 되고, 이러한 모든 혼란 때문에 문헌이 과잉 생산된다.

예를 들어, 카루소(Caruso, 2010)는 다음과 같이 말한다.

> 자살하지 않기 계약은 다음에 제시된 것을 비롯해 여러 가지 이름으로 불린다.
>
> - 자살하지 않기 계약
> - 자살하지 않기 합의
> - 자살하지 않기 약속
> - 자살하지 않기 약정
> - 자살 계약

- 자살 합의
- 자살 예방 계약
- 자살 예방 합의
- 해치지 않기 계약
- 해치지 않기 합의
- 해치지 않기 약속
- 해치지 않기 약정

그 외 다수.

> 그러나 어떤 용어를 사용하든 자살하지 않기 계약은 자살 예방을 돕는 유용한 도구다(1-2문단).

에드워즈(Edwards, 2007)는 「자살하지 않기 계약, 자살하지 않기 합의 그리고 자살하지 않기 확약: 그 성격, 활용 그리고 효과성 인식(No-suicide contracts, no-suicide agreements and no-suicide assurances: An exploratory study of their nature, utilization and perceived effectiveness)」이라는 박사학위 논문을 발표했다. 크롤(2007)은 *Psychiatric Times*에 기고한 학술논문에서 다음과 같이 기술했다.

> 역설적이게, 임상 의사가 자살 경향을 지닌 환자와 강한 유대감을 가지지 않는 경우가 흔히 있다. 대신 의사는 아동기와 심지어는 우리의 유전자에 그 기반을 둔 인간 행동에 대한 특정한 사회적 가정에 의존한다. 그러한 약속, 약정 및 계약은 불편함을 직면함에도, 그리고 우리의 강한 욕구에 반대됨에도 우리를 속박하고 있다. 이는 마치 우리 삶의 방향을 제시하는 십계명에 추가된 열한 번째 계명과 같다(3문단).

흥미롭게도, *Transactional Analysis Journal*에서는 지난 20년간 자살하지 않기 계약에 대한 논문이 별로 없었다. 내가 찾은 것은 두세 편이 고작이다. 자살하지 않기 계약의 성장을 가져온 논문도 지난 몇 십 년 동안 그에 대해 매우 적은 양만 기술하고 있을 뿐이다. 에드워즈의 학위논문과 크롤의 논문은 아마 편집국의 검토 과정을 통과하지 못할 것이기 때문에 *Transactional Analysis Journal*에는 기고되지 않을 것이다. 자살하지 않기 계약은 엄밀히 계약이다. 약속이나 확약이 될 수 없다. 교류분석 이론에서 계약은 견고한 실체를 가진 구체적 치료 과정이다. 만약 누군가가 자살하지 않기 계약에 대한 논문을 쓰고 그것을 '자살하지 않기 확약'이라고 명명한나면, 그것은 저자가 계약의 이론에 대해 이해하지 못했다는 것이 극명하기 때문에 *Transactional Analysis Journal*의 편집국에 의해 거절당할 것이다.

이런 이유로 우리는 자살하지 않기 계약 빙산을 살펴보았다. 많은 사람이 자살하지 않기 계약의 이론에 대한 이해 없이 그것에 관해 글을 쓰고 토론을 해 오고 있다. 다음의 비유를 살펴보자. 정글에 살던 한 남자가 마침내 문명의 세계로 나왔다. 그러자마자 그는 새롭고 놀라운 많은 것을 보았는데, 그중 하나가 자동차다. 그는 사람들이 차 안으로 들어가서 시동을 켜고 운전하는 것을 보았다. 그는 이것이 매우 멋지다고 생각했고, 즉각적으로 자동차의 잠재력을 깨달았다. 자동차는 지금까지 그가 경험했던 것보다 훨씬 더 멀리 그를 데려다 주었다. 그는 재빨리 자동차를 사서 운전을 해서 그가 가고 싶은 모든 곳에 갔다. 어느 날 운전을 하던 중 차가 캑캑거리고, 흔들리고, 요상한 소리를 내다가 갑자기 멈춰 버렸다. 그는 다시 시동을 걸기 위해 애썼지만 소용없었다. 마침내 그는 차에서 나와 당황한 눈빛으로 그것을 쳐다보았다. 그는 처음에는 자동차가 매우 좋은 것이라고 생각했지만, 하루 만에 고장이 난다면 그것은 그다지 좋은 것이 아니라고 생각했다. 그는 자동차의 모든 것에 대한 환멸을 느낀 채 떠나 버렸다.

우리의 가상 속에 존재하는 이 남자는 단지 빙산의 일각, 즉 잘 작동하는 자동차만을 본 것이다. 그는 물속에 있는 배후에 존재하는 이론에 대해 이해하지 못했다. 그는 자동차는 정비가 필요하고, 안에 넣을 물, 타이어의 공기, 가득 채워진 기름 등이 필요하다는 사실을 이해하지 못했다. 이러한 것들에 대해 알지 못함에 따라, 처음에는 대단한 발명품으로 보였던 것이 결국은 덜덜거리다가 고장 나서 쓸모없게 된 것이다. 이는 자살하지 않기 계약의 배후에 있는 이론을 이해하지 못한 사람들에게 일어나는 일이다.

자살하지 않기 계약의 배후에 있는 이론을 이해하기 위해서는 계약 이론, 조기 결정 이론, 그리고 굴딩 부부가 말한 개인적 힘과 책임에 대한 개념이나 철학에 대해 반드시 이해해야 한다. 그렇게 되면 우리는 언제 자살하지 않기 계약을 사용하고 언제 사용하지 말아야 하는지에 대한 판단을 할 수 있게 된다. 자살하지 않기 계약에 대한 연구논문이나 토론에서 찾을 수 있는 다른 특징은 그것이 어디서나 유용한 접근법이라는 것이다. 자살하지 않기 계약은 자살 경향을 가진 사람을 관리하고 치료하기 위한 구체적인 치료적 선택이다. 다른 의학 시술이나 심리치료와 같이, 당시 환자의 특정 상황에 따라 그 사용이 달라진다. 어떤 경우에는 적용 가능한 시술이나 치료가 또 다른 경우에는 그렇지 않기도 한데, 자살하지 않기 계약도 마찬가지다. 어떤 환자의 상황에서는 유용하나 다른 환자의 경우에는 그렇지 않다. 자살하지 않기 계약이 유용하게 사용되는 상황에서는 그 특정 시기에 특정 환자를 위해 자살하지 않기 계약 치료 과정을 적용한다. 그것이 유용하게 사용되지 않는 상황에서는 자살하지 않기 계약을 사용하지 않고 다른 치료를 한다. 자살하지 않기 계약에 대한 앞으로의 연구는 반드시 그것이 사용되는 당시의 환자 상황이라는 변인에 대한 실험적 통제가 있어야 한다.

## 자살하지 않기 계약 빙산의 수면 아래

조기 결정 이론은 4장에서 깊이 있게 다루었다. 자살하지 않기 계약은 그러한 이론의 맥락하에서 사용된다. 자살 예방책으로서 자살하지 않기 계약에 대해 이야기하는 사람들은 자살하지 않기 계약과 조기 결정 이론이 어떻게 연계되어 있는지 이해하지 못한다. 고인(2003)은 전형적인 오해에 대해 실증했다. 2003년도에 미국정신의학회의 회장이었던 그녀는 「자살 예방 계약: 위험한 신화(The 'Suicide-preventiom contract' : A dangerous myth)」라는 논문에서 다음과 같이 말했다. "임상의들은 스스로를 해칠 위험이 있는 환자들과 '계약'을 할 필요성에 대해 점차적으로 더 자주 언급한다. 만약 계약이 그러한 비극을 예방해 줄 수 있다면 멋진 일이겠지만, 그것의 효과성을 확증하는 신뢰성이나 타당성을 지닌 자료는 존재하지 않는다."(p. 3)

자살하지 않기 계약은 그 어느 것도 치료하거나, 바꾸거나, 예방하지 않는다. 굴딩 부부(1979)는 조기 결정을 치료하기 위한 시간을 벌기 위한 방편으로 자살하지 않기 계약의 개념을 발달시켰다. 그것은 임시방편으로 고안되었지 자살을 치료하거나 예방하기 위한 방법이 아니었다. 만약 누군가가 13장에서 소개되었던 급성적인 자살 위기를 경험하고 있다면 자살하지 않기 계약은 자살 예방을 위한 방법이라고 여길 수 있을 것이다. 어떤 의미에서 그것은 그 한 가지 위기에서의 자살을 예방할 수는 있지만, 장기적인 문제는 여전히 남아 있게 된다. 그 사람은 여전히 자신의 자살 충동에 기반하여 행동할 가능성이 크기 때문에 장기적 관점에서 근원적인 문제는 해결될 수 없다. 만약 우리가 조기 결정 이론에 대해 알고 있다면, 자살하지 않기 계약이 단지 치료를 적용하기 위한 시간을 벌기 위해 사용된다는 사실을 이해할 수 있다.

또한 수면 아래는 개인적 책임에 대한 개념 역시 있는데, 이는 굴딩 부부의 치료적 접근과 자살하지 않기 계약 사용의 중심이 된다. 사실 그들의 첫 번째 저서의 제목은 『환자에게 있는 능력(*The Power is in the Patient*)』(Goulding & Goulding, 1978)이다. 여기서 그들은 다음과 같이 말한다. "우리의 주된 치료 원칙은 각각의 개인은 비록 자동적이고 정형화된 방법으로 반응한다 할지라도 자신의 행동과 감정에 책임이 있다는 것이다."(p. 190) 그들은 또한 다음과 같이 말한다. "이러한 자기책임은 처음부터 매우 중요하다."(p. 165) 이를 통해 그들의 접근이 사람들은 자신의 생각, 감정, 행동에 책임이 있다는 가정에 기반한다는 사실을 알 수 있다. 이러한 접근에서 내담자는 자신이 어떻게 생각하고 행동하는지에 대한 책임을 질 것으로 기대된다. 이는 내담자가 자살하지 않기 계약을 만들 때에도 마찬가지인데, 이러한 계약에 대한 그들의 마지막 주요 이론적 연구에서 자살하지 않기와 타살 않기에 대한 인용구를 찾아볼 수 있다. "그 계약은 내담자의 어른 자아에 의한 진술인데, 내담자는 **자신의 자살적** 또는 타살적 **충동을 성공적으로 감시하기 위해 스스로를 주시한다**."(p. 55, 고딕 서체 부분은 내가 적용한 것임) 고딕 서체 부분은 굴딩 부부의 개인적 책임에 대한 개념을 강조한다. 자살하지 않기 계약에서 자신에 대한 감시의 책임을 가진 사람은 바로 내담자 자신이다.

개인적 책임에 대한 기준은 자살하지 않기 계약의 치료 과정이 적용되기 위해 내담자 내부에 반드시 존재해야 하는 상황에 대한 첫 번째 직관을 제공한다. 만약 내담자가 개인적 책임감의 개념에 대해 동의한다면 자살하지 않기 계약이 사용될 수 있다. 만약 동의하지 않거나 자신의 감정이나 행동이 운명, 운 또는 타인의 행동과 같은 외적 요인에 기인한다고 본다면 자살하지 않기 계약 치료 과정은 그 사람에게 적합하지 않다. 자살하지 않기 계약이 특정한 누군가에게 사용될 수 있기 위해서는 자신을 스스로의 자살 행동과 자살 감시에 대한 책임자로 여겨야 한다. 이는 그 사람이 혼자 남겨졌다거나 고립되었다는 것을 의미하지는 않는다. 그는 자신의 감정이나 자살 생각에 대해 상담자나 다른 전문가들과 함께 이야기하도록 적극적으로 장려된다.

수면 아래 감춰진 자살하지 않기 계약에 대한 세 번째이자 마지막 양상은 계약 이론이다. 이를 이해하기 위해서는 스타이너(Steiner, 1971)가 제시한 계약 이론의 기본으로 돌아가야 한다. 각각의 치료 계약은 다음의 네 가지를 필요로 한다.

- 상호 합의: 양자가 계약에 동의한다. 상담자는 내담자에게 목표나 계약을 강요하지 않는다. 내담자 역시 상담자에게 강요하지 않는다.
- 타당한 배려: 양자는 관계를 위해 무언가를 내놓아야 한다. 대개 상담자는 자신의 기술과 전문성을 내놓고 내담자는 금전적인 것을 내놓는다.
- 능력: 양자는 계약의 목적을 달성할 능력을 반드시 가지고 있어야 한다. 이는 양자가 작동하고 있는 어른 자아를 가져야 하고, 이러한 어른 자아를 계약 과정에서 사용하는 것을 의미한다. 그러므로 환각 상태에 있는 내담자는 자살하지 않기 계약을 맺을 수 없고, 심각한 치매를 앓는 사람, 현재 정신 질환을 앓고 있는 사람, 8세 아동, 또는 심각한 지적장애가 있는 사람 역시 그러하다.
- 합법적 목표: 계약의 조건과 목표는 그 지역의 법을 따르는 것이어야 한다.

내담자에게 자살하지 않기 계약을 이용하기 위해서는 반드시 이 네 가지 조건을 따라야 한다. 만약 그렇지 않으면 그것은 자살하지 않기 계약이 아니라 그 밖의 다른 것이 된다.

계약 이론에서 첫 번째로 가장 중요한 점은 앞서 기술한 대로 상호 합의다. 상담자는 내담자에게 자살하지 않기 계약을 강요하지 않는다. 문헌을 읽다 보면 이 조건이 지켜지지 않는 경우를 볼 수 있다. 때로는 상담자가 내담자에게 다음과 같은 최후의 통첩을 줄 수 있다. "자살하지 않기 계약을 맺지 않으면 나는 당신을 치료하지 않겠어요." "나는 당신을 입원시키겠어요." "당신의 약을 좀 늘려야겠어요." 등등. 명백히 이는 상호 합의에 위배된다. 내담자는 자살하지 않기 계약 맺기를 강요받거나 맺지 않을 경우에는 그 결과를 감수해야 한다. 만약 상담자가 내담자에게 이런다면, 치료 계약(이 경우에는 자살하지 않기 계약)은 맺어지지 않고 내담자와 상담자 간에 다른 치료법이 사용된다.

### 사례 연구 14-1 계약에서 상호 합의

어떻게 상담 상황에서 상호 합의가 이루어지는지에 대한 사례를 소개한다(White, 2010e). 구체적으로 자살하지 않기 계약을 언급하지는 않았지만 같은 과정을 볼 수 있다. 여성(A)은 자신과 심리치료사가 최근에 나눈 일련의 이야기에 대해 기술한다. 또한 내가 그녀에게 준 코멘트(T)도 기술한다.

A: 만약 심리치료사가 자신과의 치료를 지속하기 위해서는 정신과 약을 복용해야 하고 정신과 의사의 치료를 정기적으로 받아야 한다고 한다면 어떻게 해야 할까요? 이는 당신이 위에서 말한 것과 다르지 않은가요? 비록 내가 더 나아지기를 바라는 것이 목표이긴 하지만 약물에 의존하는 것은 나의 목표가 아니므로 나는 조금 혼란스러워요.

T: 그것은 심리치료사의 요구에 대해 당신이 어떻게 행동할지에 달려 있어요. 만약 심리치료사의 요구를 통제적 부모 자아 상태(CP) 요구로 받아들인다면, 당신은 동조하는 어린이 자아 상태(CC)에 놓이고 그것을 수용하겠다고 약속할 거예요. 이러한 상황에서는 사람들이 너무 쉽게 반항적 어린이 자아 상태(RC)로 바뀌게 되어 그 약속을 버려 버릴 수 있기 때문에

좋지 못해요. 만약 당신이 이를 심리치료사부터 온 어른 자아 상태의 것으로 받아들인다면, 당신은 약을 복용하겠다는 자신과의 계약을 하고 그 계약은 효용이 있을 거예요. 당신은 약을 복용하기 싫다고 말하고 있어요. 이는 당신의 어린이 자아 상태의 일부가 약을 복용하는 것에 분개하고 있다는 것이고, 이는 관찰되고 관리되어야 합니다.

A: 이제 좀 이해가 되네요. 예상되다시피 나는 약 복용에 대해 결국 거짓말을 했고, 심리치료사는 절대 그에 대해 알지 못했어요. 말할 것도 없이 그 관계는 성공적이지 못했어요. 설명 감사합니다.

---

자살하지 않기 계약이 자살하지 않기 **계약**이 되기 위해서는 치료 전문가가 내담자로 하여금 절대 그 계약을 맺으라고 강요하거나 압력을 가해서는 안 된다. 그렇게 되는 순간 그것은 더 이상 계약이 아니고 다른 종류의 치료적 중재가 된다. 이 사례 연구에서 약을 복용하겠다는 '계약'은 최후의 통첩이 되었고, 따라서 애초에 계약이라고 여겨지지 않았던 것이다.

자살하지 않기 계약에 대한 계약 이론에서 두 번째로 중요한 점은 바로 능력이다. 양자는 반드시 잘 기능하고 있는 어른 자아를 가지고 있어야 하는데, 모든 계약은 성인들 간에 만들어지는 것이기 때문이다. 치료적 중재가 계약이 되기 위해서는 상담자의 어른 자아 상태가 들을 수 있고 반응할 수 있도록 반드시 내담자의 어른 자아 상태에 의한 진술이어야 한다는 것이다. 다시 말하지만, 자살하지 않기 계약에 대한 문헌에서 이러한 조건은 더러 무시된다. 우리는 저자가 논의하고 있는 것이 **계약**이 아닌데도 자살하지 않기 계약에 대해 논의하는 것을 종종 보게 된다. 사실 몇몇 사람은 자살하지 않기 약속, 자살하지 않기 확약 또는 자살하지 않기 약정이라고 불리는 치료적 과정에 대해 언급한다. 이들 중 어느 것도 치료 계약이 되기 위한 요구사항을 충족시키지 못하는데, 이는 지금부터 논의할 계약과 약속의 차이에 대해 강조한다.

## 자살하지 않기 약속, 자살하지 않기 확약 또는 자살하지 않기 약정

약속과 계약의 차이를 강조하기 위해서는 간단히 교류 도식만 그려 보면 된다. 자살하지 않기 계약과 같은 치료 계약 과정은 [그림 14-2]와 같이 그려질 수 있다.

약속이나 확약은 [그림 14-3]과 같이 그려지는 것이 가장 흔하다.

보다시피 약속은 동조하는 어린이 자아 상태를 포함하나 어른 자아 상태는 포함하지 않기 때문에 꽤 다른 치료적 결과를 수반하는 상당히 다른 심리적 과정이다. 내담자로 하여금 자살하지 않기 약속 또는 자살하지 않기 확약을 만들도록 하는 것은 어떤 치료적 결과를 가져올까? 이에 대한 대답

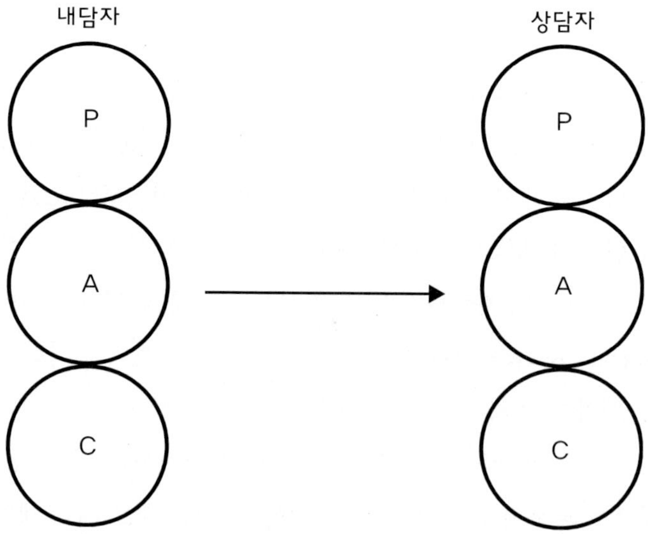


[그림 14-2] 자살하지 않기 계약은 어른 자아 상태의 과정임

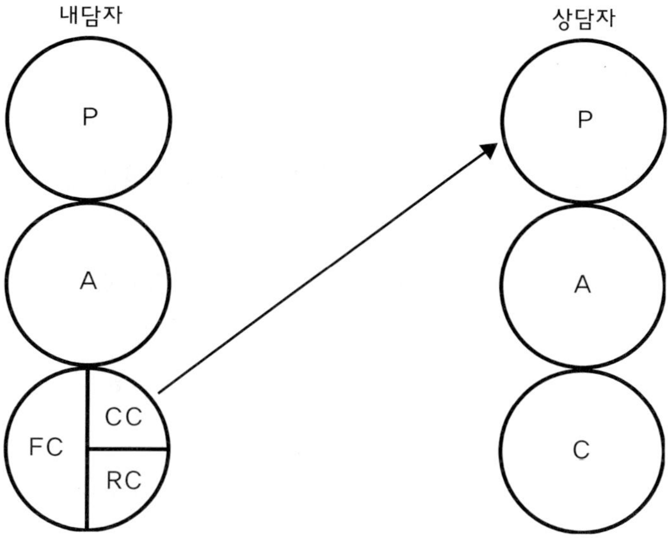


[그림 14-3] 자살하지 않기 약속 또는 확약은 동조하는 어린이 자아 과정임

을 위해서는 약속의 심리에 대해 살펴볼 필요가 있다.

만약 부모가 아이에게 방을 청소하라고 시킨다면 많은 상황이 발생할 수 있다. 약속은 죄책감에 기반해서 작동한다. 아이는 자신이 약속을 어긴다면 부모님이 낙담, 상처, 실망, 배신감 등 어떤 식으로든 심적으로 괴로워할 것이라는 것을 안다. 따라서 아이는 부모님을 '마음 아프게' 하는 것에 대해 죄책감을 느낀다. 부모는 아이가 원하지 않는 것을 하게 할 때 죄책감을 이용한다. 만약 매우 순응하는 아이라면 그 아이는 죄책감을 감당하기가 힘들기 때문에 방을 청소할 것이다.

동조하는 어린이 자아 상태에 있는 사람은 반항적 어린이 자아 상태로 옮겨 가는 것이 어렵지 않다. 이는 아이가 약속을 할 때와 같이 동조하는 위치에서 의사소통을 시작하는 사람에게 자주 일어난다. 만약 아이가 그렇게 순응적이지 않다면, 이는 아이가 죄책감을 이용하는 부모에 의해 조종되었다는 사실을 깨달으면서 쉽게 발생할 수 있다.

반항적 어린이 자아 상태로의 변화가 발생하면, 아이 안에 있던 분노가 유발되고 아이는 다음의 세 가지 행동 중 한 가지를 하게 된다.

- 방을 전혀 청소하지 않고 죄책감보다는 분노를 느끼는 경향을 띰
- 방을 청소하고 분노에 참
- 부모에 대한 분노의 소극적 표현으로 방을 대충 청소함

상황을 방을 청소하는 것에서 치료적 계약을 만드는 것으로 전환하면, 우리는 문제를 발견하게 된다. 만약 내담자가 상담자가 자신에게 약속을 하도록 요구한다고 인식한다면 앞에서 그려진 결과가 발생할 가능성이 크다. 사실상 상담자는 약속을 요구하고 있지 않을 것이지만 내담자는 여전히 상담자가 약속을 요구한다고 인식할 것이기 때문에 결과는 같을 것이다. 만약 약속을 하도록 요구받는다면, 내담자는 상담자와의 관계에서 동조하는 어린이 자아 상태가 되고 반항적 어린이 자아 상태로 바뀌기가 쉽다. 이는 어느 시점에서 반드시 일어날 것이기 때문에 상담자는 치료적 관계에서 이러한 역학을 피하고 싶어 한다.

이러한 상황에서 제일 처음의 문제는 종종 길을 잃게 된다. 아이는 사실 깨끗한 방을 갖고 싶지만, 방을 청소한다는 약속을 요구받았기 때문에 처음의 욕구는 잊히게 된다. 부모는 아이로 하여금 자신의 조건에 순응하거나 반항하도록 압력을 가하고 있는데, 따라서 아이는 자신의 자유로운 어린이 욕구에서 멀어지게 된다. 부모와의 이러한 갈등은 상당 기간 동안 지속되고, 아이는 결국 자신의 자유로운 어린이와 접촉하지 못하게 되고 자신이 진정으로 원하는 것이 무엇인지 모르게 된다.

치료적 관점에서 보면, 이는 자살하지 않기 계약과 관련해서 매우 중요하다. 계약의 여러 가지 영역 중에서도 이는 앞에서 언급했던 이유로 인해 약속을 대체적으로 피해야 하는 부분이다. 약속에 대한 욕구는 대개 내담

자가 자살을 하지 않기를 바라는 상담자의 불안에서 기인한다. 이해가 되는 것은 사실이나 내담자에게 자살을 하지 말라는 약속을 하도록 요구하는 것은 역효과를 낳는 행동 계획이다. 우리는 내담자가 동조하는 어린이 자아 상태에서 자살하지 않기 계약을 맺어 결국 그것이 약속이 되는 것을 원하지 않는다.

자살하지 않기 계약은 내담자의 어른 자아 상태에서 만들어진다. 자살하지 않기 약속이나 확약은 내담자의 동조하는 어린이 자아 상태에서 만들어진다. 이 두 가지는 각각 다른 결과를 낳는 상당히 다른 심리적 과정이다. 자살하지 않기 계약에 대한 미래의 연구는 반드시 자살하지 않기 약속, 자살하지 않기 확약 또는 자살하지 않기 약정이 사용되는 상황은 제외하고 이루어져야 한다.

## 자살하지 않기 계약 과정

자살하지 않기 계약 빙산의 세 가지 개념하에 만들어진 자살하지 않기 계약은 강력하고 효과적인 치료적 중재다. 이는 누군가의 생명이 유지되도록 하는 데 사용된다. 그러나 자살 경향이 있는 사람을 입원시키는 것과 마찬가지로 자살하지 않기 계약은 만병통치약이 아니다. 그것은 다른 치료적 또는 의료적 과정과 같다. 즉, 어떤 상황에 처한 어떤 사람들에게는 유용하겠지만 또 다른 사람들에게는 유용하지 않다.

다음에 소개될 자살하지 않기 계약의 절차는 조기 결정, 계약 그리고 개인적 책임의 이론에 기반한다. 그 사람은 자살하지 않기 계약 과정에 얼마나 적합한가? 이를 확인하기 위해서는 개인적 책임과 계약 이론의 기준에 의해 그 사람에 대해 측정해야 한다.

## 개인적 책임

그 사람은 자신의 생각, 감정, 행동, 특히 자살 충동을 촉발시키는 모든 사건에 대해 책임을 지는가? 의학과 심리학 문헌에서는 흔히 이것을 통제 소재라고 일컫는다. 『의학사전(*The Medical Dictionary*)』(2010)은 통제 소재를 "개인이 자신의 행동에 대한 인지된 통제를 사정할 수 있도록 고안된 이론적 구조"(1문단)라고 정의한다.

개인이 내적 통제 소재를 더 많이 가질수록 자살하지 않기 계약은 더 효과적이 될 것이다. 그러나 자신의 기분이 타인의 행동, 운명, 운 또는 특정 사건의 결과에 영향을 많이 받는다고 느낀다면 자살하지 않기 계약은 덜 효과적이 된다. 예를 들어, 어떤 남성이 결혼생활의 붕괴로 인해 자살 경향을 띠고 있고, 만약 아내가 떠나거나 이혼신청서를 제출한다면 어떻게 해야 할지 모른다고 한다면, 그는 외적 통제 소재를 가지고 있는 것이다. 그는 자신의 행동에 대한 책임을 받아들이는 대신에 아내의 행동에 의해 자신의 행동에 대한 결정이 내려지도록 하고 있다. 자살하지 않기 계약은 미리 정해진 기간 동안 재판 과정의 결과, 배우자의 행동 등과 무관하게 자신의 목숨을 스스로 앗아가서는 안 된다고 명시한다.

자살하지 않기 계약의 이러한 양상은 개인에 대한 간단한 질문을 통해 측정된다.

- 그가 자신의 삶에 대해 느끼는 실망은 자신의 행동 때문인가, 아니면 나쁜 운과 타이밍 때문인가?
- 그는 자신의 감정에 대한 통제가 자기 자신에게 있다고 느끼는가, 아니면 타인의 행동에 의해 결정이 내려진다고 느끼는가?
- 그의 행동은 유전적 요소에 의해 결정이 내려지는가, 아니면 어떻게 행동하는지에 대한 자신의 선택에 의해 결정이 내려지는가?

- 그는 자신의 삶에 대한 통제와 그 책임을 감당할 능력이 있다고 느끼는가, 아니면 그러한 것들은 운명 때문이라고 느끼는가?

이 외에 개인이 내적 또는 외적 통제 소재를 가지고 있는지를 결정하는 데 사용할 수 있는 많은 간단한 테스트가 있다. 그 대부분은 '로터의 통제 소재 척도(Rotter's Locus of Control Scale)'를 만든 로터(Rotter, 1966)의 연구에서 나온 것이다. 개인이 내적 통제 소재를 더 많이 가질수록 자살하지 않기 계약 과정에 더 적합하게 된다. 만약 개인이 개인적 책임이 거의 없거나 외적 통제 소재를 가지고 있다면, 자살하지 않기 계약은 덜 효과적이게 되고 그 사람은 자신과 계약을 맺기보다는 상담자에게 약속을 하게 되는 경향이 더 강하게 된다.

### 계약 이론

자살하지 않기 계약은 내담자의 어른 자아 상태에서 만들어진다. 이는 내담자가 가까운 미래에 어떻게 행동할 것인지에 대해 자신에게 하는 선언이다. 이는 상담자가 있는 데서 만들어질 수도 있고 또 그런 경우가 흔하지만, 이 계약의 주된 기능은 내담자가 자신의 행동에 대해 자신에게 하는 선언이다. 이것은 동조하는 어린이 자아 상태에 의해 만들어진 선언이기 때문에 내담자는 그 누군가와 약속을 하거나 상담자를 안심시키기 위해 하는 것이 아니다. 내담자가 어른 자아 상태의 선언을 할 능력이 있다면, 그는 자살하지 않기 계약 과정에 적합하다. 어떤 사람들은 〈사례 연구 14-1〉에서 본 것처럼 이에 적합하지 않다. 그 사례에서 치료자는 내담자로 하여금 약을 복용하는 것에 대해 계약을 맺으라고 요구했다. 내담자는 그 당시 어른 자아 상태하에 있을 수 있는 능력이 없었기 때문에 그러한 계약을 맺었다. 대신 내담자는 동조하는 어린이로 바뀌었고 그 계약에 동의했다. 거의 즉각적으로 내담자는 다시 반항적 어린이로 바뀌어 약 복용에 대해 거짓말을 하는 상태에 이른다. 그 내담자는 계약을 할 수 없었기 때문에 약속을 했고, 이 경우에는 치료자가 그것을 요구했기 때문이다. 다른 상황에서는 또 다른 이유로 그러할 수 있다. 이에 관한 것은 〈사례 연구 14-2〉에서 찾아볼 수 있다.

### 사례 연구 14-2 자살하지 않기 약속

자살 생각을 보고한 30세 남성은 자신이 과거에 몇 차례 자살을 시도했고, 적어도 몇 번은 아주 심각한 자살 시도였다고 진술했다.

상담자: 당신은 스스로 자살하지 않기 계약서를 만들겠습니까?

내담자: 아니요.

상담자: 왜 그렇지요?

내담자: 글쎄요. 그것은 내가 누구와 같이 만드는가에 달렸지요. 만일 내가 당신에게 약속하는 것으로 만든다면, 그리고 만일 내가 당신에게 분노하게 된다면, 나는 당신에게 복수할 방법으로 나 자신을 죽이거나 자살을 시도할 것을 알고 있어요.

상담자: 사실 자살하지 않는다는 계약서는 나와의 약속이 아니고, 당신 자신과 함께 만드는 것이에요. 당신이 자신에게 동의하는 것이지요.

내담자: 나는 그것이 나를 지나치게 속박하는 것처럼 느껴요. 계약이라는 용어가 법적으로 뭔가를 구속하는 것처럼 들리는데, 나는 그런 것에 구속받고 싶지 않아요.

이 사례에서는 자살하지 않기 계약에 대한 생각이 상담자에 의해 내담자에게 제안되었다. 여기서 볼 수 있듯이, 내담자는 즉시 이를 재구조화해서 약속이라고 불렀다. 그는 자신이 자아 상태를 바꾸어 상담자에게 복수하기 위해 반항적 어린이 자아를 사용할 것임을 알기 때문에 계약을 맺는 것을 거부했다. 이는 내담자에 의한 직관적 코멘트다. 그러자 상담자는 자살하지 않기 계약은 자신과 맺는 계약이지 상담자에게 하는 약속이 아니라고 재차 말한다. 그러나 내담자는 그것을 수용하려는 마음의 구조 상태가 아니다. 그때 당시 그는 어른 자아 상태에서 자살하지 않기 계약을 할 능력이 되지 않았다. 내담자가 인지한 상담자와의 관계 때문에, 그는 당시에는 오직 자살하지 않기 약속을 할 수 있는 능력밖에 되지 않아 자살하지 않기 계약은 만들어지지 않았다.

내담자에게 '약을 복용하라'는 약속을 요구한 〈사례 연구 14-1〉과는 달리, 이 사례에서는 상담자가 자살하지 않기 계약을 요구했고 여전히 내담자는 이를 자살하지 않기 약속으로 받아들이고 있다. 이는 내담자가 자살하지 않기 계약이라고 말하는지, 아니면 자살하지 않기 약속이라고 말하는지에 상담자가 주의를 기울여야 함을 강조한다. 어떤 내담자는 심지어 자신들이 맺고 있는 것이 사실상 약속임에도 자살하지 않기 계약을 맺고 있다고 말하기도 한다. 이러한 경우 상담자의 요구에 순응하기 위해 그렇게 말하는지, 아니면 얼마나 오랫동안 자신의 자살 충동에 의해 행동하지 않기를 바라 왔는지에 대해 자신에게 말하는지 내담자에게 질문해야 한다. 우리는 내담자의 어른 자아 상태 또는 동조하는 어린이 자아 상태를 잘 진단해야 한다.

## 자살하지 않기 계약의 단계에 대한 요약

### 1단계: 자살하지 않기 계약을 맺는 사람을 위한 사전 정보

치료 전문가는 내담자에게 자살의 양면성 개념에 대해 설명한다. 두 개의 의자 연습(12장)과 같은 기법은 자신의 두 부분, 즉 살고 싶어 하는 자유로운 어린이 부분과 죽고 싶어 하는 순응하는 어린이 양상에 대해 규명하고 명확히 해 준다. 자살의 양면성에 대해 12장에 기술된 바에 따르면, 이러한 기법은 상담자로 하여금 내담자의 자기파괴적인 양상(AC)과의 관계적 계약을 형성하게 해 준다. 12장에서는 다음과 같이 기술하였다.

> 상담자는 내담자의 자기파괴적 부분인 순응하는 어린이와의 관계를 형성하기 시작한다. 이것의 중요성은 아무리 강조해도 지나치지 않다. 내담자의 자기파괴적 부분에 대한 훌륭한 관계 계약을 맺는 것은 가장 치료적이다.
>
> 그렇다면 그 방법은 무엇인가? 이는 본질적으로 어떤 두 사람이 관계를 형성하는 것과 조금도 다르지 않다. 우선 상담자가 내담자의 순응하는 어린이 양상과 간단한 대화를 나누기 시작한다. 그들은 상대방이 생각하고 느끼는 것을 파악하고, 대화를 함에 따라 상담자는 내담자의 그러한 부분에 대한 연민, 공감 그리고 이해를 표출한다. 내담자가 이를 감지함에 따라 상담자에 대한 존경심이 생기기 시작하고, 따라서 관계 계약이나 그들 사이의 관계는 성장하게 된다. 신뢰가 커져 감에 따라 상담자와 내담자의 순응하는 어린이 자아 상태가 서로에 대한 생각과 감정에 대해 이야기하기 시작하고, 심지어는 어느 순간 논쟁이나 중단 사태가 생기기도 한다. 상담자가 논쟁의 해결을 가능하게 함에 따라 그들의 관계는 더욱 강화된다. 상담자는 또한 내담자의 자유로운 어린이 양상과 관련해 이와 비슷한 작업을 수행할 수 있다. 그러나 가장 중요한 것은 상담자와 내담자의 자멸적 양상 사이에 이러한 관계를 형성하는 것이다.

정신건강의 가장 강력한 기준은 관계의 형성이다. 만약 누군가가 인생에서 상당히 괜찮은 관계를 형성하고 있다면, 그 사람은 그렇지 않는 사람보다 심리적으로 더 부유하다고 할 수 있다. 사실상 애착이 전혀 없는 것보다는 질이 낮은 애착이라도 갖는 것이 더 낫다고 본다. 우리는 관계에 대한 상당한 치료적 가치에 대해 중요하게 여기고, 곧장 그 사람의 자기파괴적 양상에 대해 다루도록 권장된다. 우리는 그 사람의 자기파괴적 부분에 대해 직접적으로 관계 접촉의 치료적 힘을 적용하는 것과 같은 문제의 가장 중심으로 향한다. 우리는 개인의 성격 안에 있는 자기파괴적 양상에 대한 관계를 형성하고 그것과 공존하려고 노력한다.

이는 그 자체로 자살하지 않기 계약의 한 종류가 될 수 있다. 이것은 자살 결정을 바꾸지는 않지만 내담자의 자기파괴적인 순응하는 어린이 양상에 대한 시간을 벌 수 있다. 개인의 순응하는 어린이 자아 상태와 관계 접촉 또는 어떤 종류의 애착을 형성하면, 그 자아는 더 이상 혼자라고 느끼지 않게 된다. 우리는 자살 경향이 있는 사람과 작업하면서 그렇게 되는 경우를 거의 볼 수 없다. 관계가 형성되면 더 이상 외로움을 느끼지 않기 때문에 그다음 이어지는 자기파괴적인 반추가 변경된다. 관계는 살고 싶어 하는 사람과 그 자아가 살기를 원하는 사람에게 애착을 가진다. 그러므로 우리는 자살하지 않기 계약을 갖게 된다. 자신의 그러한 양상에 대해 감지하고 경험하기 위해서는 보통 순응하는 어린이 자아 상태의 의자에 두세 번 정도 앉아 보면 되는데, 그 후에는 쉽고 빠르게 그것과 접촉할 수 있다. 그렇게 되면 우리는 미래에 이를 쉽게 다룰 수 있고 애착 과정은 빠른 진전을 보이게 된다.

### 2단계: 개인적 책임 또는 통제 소재 측정하기

만약 누군가가 자신의 행동, 생각 그리고 감정에 대한 책임을 갖고 있다고 느끼거나 내적 통제 소재를 표현한다면, 그 사람은 계약 과정을 진행해 나갈 수 있다. 반면 주로 외적 통제 소재를 가지고 있다면 계약 과정은 중단된다.

그렇게 되면 우리는 자살감시시계와 같은 다른 조치를 취해야 하는지 결정해야 하고, 1단계의 관계 형성으로 돌아가야 한다.

### 3단계: 자아 상태 결정 내리기

우리는 누군가가 어른 자아 상태에서 자살하지 않기 계약을 맺는지, 아니면 동조하는 어린이 자아 상태에서 맺는지에 대해 결정을 내려야 한다. 만약 어른 자아 상태에 있는 것으로 진단된다면, 내담자는 자살하지 않기 계약을 맺을 수 있다. 만약 적절히 어른 자아 상태에 머물지 못한다면 그 과정은 중단된다. 그렇다면 우리는 자살감시시계와 같은 다른 조치를 취해야 하는지 결정을 내려야 하고, 1단계의 관계 형성으로 돌아가야 한다.

그런 다음 다음과 같이 여러 가지 방법으로 진술될 수 있는 계약을 맺게 된다.

- "무슨 일이 있어도 나는 고의적으로든 우연이든 ~의 기간 동안 자살을 하지 않을 것이다."
- "무슨 일이 있어도 나는 ~의 기간 동안 자살 생각이나 충동에 의해 행동하지 않을 것이다."

어떤 사람들은 자살 충동과 일정 기간 동안 그 충동에 의해 행동하지 않겠다는 언급이 있다는 이유로 두 번째 진술을 더 선호한다. 내가 생각하기에는 둘 다 그런대로 괜찮은 것 같다.

자살하지 않기 계약의 세 번째 양상은 이 장의 초반에서와 4장에서 깊이 있게 언급된 조기 결정 이론이다. 이 양상은 자살하지 않기 계약 과정의 지속을 위해서 필요하지는 않지만, 자살하지 않기 계약과 관련된 행동 방침에 대한 결정을 내린다. 우리가 자살 행동을 자살 결정에 기반한 것으로 본다면, 그 결정에 대한 어떤 종류의 치료를 진행해 나갈 수 있다. 이에 대한 예로 15장에 소개된 재결정 치료를 들 수 있다. 이러한 경우 자살하지 않기 계약은 단지 임시방편으로 여겨져 내담자가 자살 결정을 바꾸기 위한 치료를 받을 수 있도록 시간을 허용하는 것에 불과하다. 한번 이렇게 되면, 그 사람은 더 이상 자신의 성격에 존재하는 자살적 양상에 심하게 영향을 받지 않기 때문에 자살 위험에 덜 영향받게 된다. 그러므로 자살의 장기 위험은 줄어든다. 만약 우리가 자살 욕구를 '치료'될 수 없는 것으로 본다면, 자살 경향이 있는 사람들은 항상 높은 장기 자살 위험을 갖고 있고 자기파괴적인 충동이 명백히 보일 때마다 비슷한 방법으로 다뤄져야 한다.

## 자살하지 않기 계약 맺기에 대한 거부

내담자가 자살하지 않기 계약을 맺는 것을 거부하는 경우(〈사례 연구 14-2〉처럼), 이는 일반적으로 그 사람이 현재 자살 시도를 할 수 있는 심각한 위험 상태에 있는 것으로 여겨진다. 물론 그럴 수도 있지만, 9장에서 논의한 바와 같이 모든 경우에 그런 것은 아니다. 어떤 사람들은 다른 동기 때문에 계약을 거부하기도 한다. 그들은 입원이나 더 심도 있는 심리검사와 같은 것을 원하기 때문에 실제 자신보다 더 자살 경향을 띤 것처럼 보이고 싶어 할 수 있다. 그들은 어떤 종류의 경제적 이득을 위해 심리적 증상을 과장하거나 현재 뮌하우젠 증후군을 앓고 있을 수도 있다.

또 어떤 사람들은 단순한 반항 심리에서 계약을 거부할 수도 있다. 그들은 아마 예전에 일정 기간 동안 정신건강관리 프로그램에 참여한 결과 반항적이고 반동분자적인 태도를 갖게 됐을 수도 있다. 그들은 그러한 체계와 맞서 싸우기를 추구하기 때문에, 처방약 복용과 같이 그 체계가 자신들이 수용하도록 하는 것이 무엇인지를 밝힐 것이다. 어떤 사람은 자신이 참여하고 있는 건강관리 프로그램에 대한 반항으로 약 복용을 중단할 것이다. 또 어떤 사람은 같은 이유로 자살하지 않기 계약을 맺는 것을 거부할 것이다.

## 도피구

거부에 대한 또 다른 이유는 자살을 도피구로 보는 데서 기인한다. 이것이 반드시 높은 자살 위험을 암시하는 것은 아니다. 그러나 자살을 도피구로 보는 것에 대한 전체적 개념은 그 자체로 매우 흥미롭다.

'도피구'라는 용어와 그것의 자살과의 관계는 1970년대에 많은 논문을 집필한 빌 할로웨이(Bill Holloway, 1973)에 의해 만들어졌다. 할로웨이가 선택한 이 용어는 매우 흥미롭고 탁월한 선택이다. 도피구는 대개 좋은 것이다. 위험이나 원치 않은 상황에서 도망가는 길을 마련해 준다. 대부분의 사람은 도피구를 갖기를 원하는데, 더 안전함과 편안함을 느낄 수 있고 현재 처한 어떤 어려움에도 대처할 수 있기 때문이다.

그러나 보이드와 콜스-보이드(Boyd & Cowles-Boyd, 1980), 할로웨이(Holloway, 1973)가 집필한 문헌에 제시된 방식은 부정적 준거틀하에 있다. 그들은 자살 도피구를 닫아야 한다고 본다. 그들은 자살이 매우 바람직하지 않은 스트레스나 우울감에서 도망칠 수 있게 해 주는 도피구가 될 수 있지만, 자살을 도망의 매우 안 좋은 방법으로 보았다. 그들은 사람들이 정서적 고통에서 벗어날 수 있는 다른 방법을 제시한다. 이는 일반적으로 받아들여지는 관점이며, 나 역시 이에 동의한다.

도피구로서의 자살 개념은 자살이 문제의 해결책이라는 생각을 내제한다. 어떤 사람들은 이에 동의하지 않을 것이고 자살은 해결책이 아니라고 열렬히 주장할 것이다. 그들은 자살은 사람이 죽는 것이고 그로 인해 문제가 해결됐는지 알 수 있는 방법이 없기 때문에 문제를 해결한 것이라고 볼 수 없다고 주장한다. 만약 자살이 도피구로 여겨진다면, 이는 그 사람이 어떤 문제로부터 도망쳤음을 의미한다. 이는 내가 일부 동의하는 견해다. 예를 들어, 누군가가 이혼에 직면한 상황에서 죽어 버렸다면, 그는 더 이상 그 상황을 직면하지 않아도 된다는 면에서 문제를 해결한 것이다.

자살 경향이 있는 사람들과 작업하는 전문가들은 종종 자살 도피구를 닫는 것을 가치 있는 일로 본다. 나는 이에 동의하지만 이는 다른 관점에서도 고려되어야 한다. 그것은 애초에 생각했던 것만큼 간단하지 않다. 이는 자살 경향이 있는 사람과 작업할 때 반드시 고려되어야 하는 다른 관점을 보여 준다.

이어지는 두 사례는 자살 도피구와 그것이 긍정적인 심리적 기능을 수행하는 방법에 관한 것이다.

### 사례 연구 14-3 도피구로서의 자살

29세의 여성은 자살에 대한 선택에 대해 다음과 같이 쓴다.

> 머릿속에 선택사항을 갖는 것은 사실상 나에게 도움이 된다. 위험한 상황이 즉각적으로 찾아와 모든 것이 엉망이 될 때에는 도움이 되지 않는다. 그러나 매일의 관점에서 그것은 좋은 것이다.
>
> 그것은 "그래, 지금 상황이 좋지 않아. 그러나 자살을 할 만큼 나쁘진 않은데, 만약 더 나빠진다면 나에게는 선택사항이 있어."와 같이 더 경미한 나쁜 일들에 도움이 된다.
>
> 대부분의 상황에서 나는 선택할 수 있는 방법이 있다. 나는 나의 행동 방법에 대해 매우 보호적이다. 나는 그것을 공유하는 것이 그것을 망친다고 생각한다.
>
> 나는 때때로 나만의 방법이 망쳐졌다거나 다소 쓸모없어졌다고 느낄

때가 있다. 그리고 이는 즉각적으로 나를 우울함 속으로 밀어 넣고, 종종 죽고 싶은 마음이 들게 만든다. 나는 자살을 할 수 있는 나의 선택권이 망쳐졌다는 생각에 자살을 하고 싶은 마음이 든 적이 있다. 그러한 선택 사항을 빼앗겼다고 느끼는 것은 내 주변의 모든 것이 무너지고 있는 느낌이다.

내가 결국엔 자살을 할 것이라는 것에 대해서는 강한 믿음이 있다. 단지 그것이 언제일지 모를 뿐이다. 아마 90세 때일 것이다. 그러한 믿음이 위협받는 것은 내가 다루기 어려운 문제다.

나는 스트레스를 받을 때 자살 방법에 대해 머릿속에 자주 그려 보는데, 그것은 스트레스를 누그러뜨려 준다.

그녀의 마지막 말은 모든 것을 요약한다. 자살에 대한 생각은 그녀의 스트레스를 완화시켜 준다. 그렇다면 그녀는 왜 자살하지 않기 계약을 만드는 것 때문에 스스로를 달래는 방법을 포기하려고 할 것인가?

### 사례 연구 14-4 스트레스 완화제로서의 자살 환상

40세의 여성은 자신이 집에서 이따금 하는 행동에 대해 설명한다. 그녀는 거실에 앉아 있을 때면 많은 약으로 가득 찬 서랍장을 볼 수 있다. 이는 그녀에게 어느 정도의 안전함이나 안도감을 준다. 그녀는 어떤 일이 매우 잘못될 때마다 그 약들이 자신에게 안도감을 준다고 한다. 그녀는 약들을 쌓아 놓고 삼키는 것을 상상한다. 그녀는 자신에게 위안과 안도감을 주는 의식화된 자살 환상을 만들었다. 그것은 그녀가 언젠가는 자신이 필요로 할 도피구를 가지고 있다는 사실을 상기시키기 때문이다.

그녀는 말한다.

그 약들은 나에게 선택권을 주기 때문에 나에게 편안함을 준다.
이 약들이 나에게 손짓하면 어떤 일이 발생할까?
내 눈이 그 서랍을 향할 때마다
나는 그것을 바라볼 때
그 안에 들어 있는 약들과 그것들이 내게 가져다줄 망각에 대해 생각한다.

〈사례 연구 14-3〉에서처럼, 이 여성은 자기위안의 방법으로 자살 환상을 발전시켜 나갔다. 이는 스트레스 완화제로 사용되었다. 자살을 도피구로 보는 것은 명백한 치료적 의의를 갖는다. 먼저 우리는 자살하지 않기 계약을 통해 자살 도피구를 닫는 것을 사실상 문제를 악화시킬 수 있다는 사실을 인지해야 한다. 이러한 상황에서는 상담자가 자살하지 않기 계약을 통한 자살 도피구 닫기를 제안하기 전에 내담자는 고통을 완화할 수 있는 다른 방법을 찾아야 한다.

이에 따라 우리는 다음과 같은 핵심에 도달하게 된다. 왜 어떤 사람들은 자살하지 않기 계약을 맺는 것을 거부하고도 현재 고위험 상태에 있지 않은가. 그러한 사람들은 〈사례 연구 14-3〉과 〈사례 연구 14-4〉에서처럼 자신의 탈출 방법이 빼앗겨 버렸다고 느낀다. 〈사례 연구 14-2〉의 남성은 정확히 이렇게 말했다. "나는 그것이 나를 지나치게 속박하는 것처럼 느껴져요." 따라서 그는 자살하지 않기 계약을 맺는 것을 거부하는데, 이는 그가 현재 고위험에 있어서가 아니라 그것을 맺는 것이 그를 더 괴롭게 하기 때문이다.

## 결 론

어떤 사람들에게 자살하지 않기 계약은 자신의 자살 욕구를 해결할 수 있는 유용한 도구다. 그러나 이 계약은 만병통치약이 아니며, 모든 사람이나 모든 상황에 적절하지는 않다. 이 장에서는 자살하지 않기 계약이 적절한 치료 과정으로 여겨지기 위해 필요한 조건에 대해 설명했다. 이러한 조건이 충족되면 자살하지 않기 계약의 과정이 소개된다. 만약 조건이 불충분하다고 여겨지면, 우리는 그 사람의 순응하는 어린이 또는 자가파괴적인 양상과 애착을 형성하는 단계로 돌아가야 한다.

자살 경향을 가진 사람은 치료 전문가를 비롯한 주변 사람들에 대해 불안함을 느낀다. 이는 왜 자살하지 않기 계약이 그토록 많은 논쟁과 토론을 양산하고 있는지를 설명한다. 치료 전문가의 불안은 무의식적으로 원래의 자살하지 않기 계약을 약속, 확약 또는 약정으로 바꾸게 된다. 얼른 퇴근하여 자살 경향을 가진 사람에 대해 걱정하고 싶지 않은 욕망에, 상담자는 내담자의 안전을 보장해 줄 수 있는 이러한 약속 또는 약정을 찾게 된다. 자살하지 않기 계약을 사용하는 데 있어서 우리는 자살하지 않기 계약과 약속의 차이에 대해 명확히 해야 한다. 또한 자살하지 않기 계약을 맺는 것을 거부한다는 것이 당시 자살 위험을 증가시킨다는 것을 의미하지는 않는다. 사람들은 다른 이유들로 인해 자살하지 않기 계약을 맺는 것을 거부할 수 있기 때문이다.

제 15 장

# 재결정 치료

이 장에서는 개인이 자살 결정을 포함한 자신의 조기 결정(early decision)을 재결정할 수 있는 과정을 설명할 것이다. 분명히 그 사람이 자신의 성격에 영향을 덜 미치는 결정을 할 수 있도록 하는 것이 생산적이다. 재결정 치료에 대한 종합적인 기술을 하려면 그 자체만으로도 책 한 권이 필요할 것이다. 이 장에서는 실제 재결정 과정에 대해서만 검토한다. 이 치료가 작용하는 방법에 대한 통찰력을 부여하고, 자살 결정을 포함한 조기 결정의 본질에 대하여 자세히 설명한다.

이 접근은 원래 굴딩 부부(Goulding & Goulding, 1979)가 개발하였으며, 그들은 자살하지 않기 계약(no-suicide contract)이라는 아이디어도 최초로 개발하였다. 기본 과정은 다음과 같다.

## 1. 변화를 위한 계약

내담자와 상담자는 어려움에 대하여 의논하고 문제를 정의한다. 예를 들어, 내담자는 자살에 대한 반복적인 생각(suicidal rumination)을 가지고 있고, 자살에 대해 생각하는 중이며, 자살 시도를 위해 어느 정도 계획을 했다. 내담자는 자살하지 않기 계약을 하는데, 자살하지 않기 계약은 어린 시절에 한 자살 결정을 바꾸도록 작업할 시간을 조금 벌어 준다. 내담자는 직접 조기 자살 결정을 죽지 않고 살겠다는 결정으로 바꾸는 계약을 한다.

## 2. 조기 결정의 진단

상담자는 내담자가 어린 시절에 한 결정의 측면에서 문제를 진단한다. 굴딩 부부(1979)는 어린아이는 여러 가지 결정을 할 수 있다고 서술하면서, 다음과 같이 열두 가지의 결정으로 분류했다.

- 하지 마(don't)
- 존재하지 마(don't exist)
- 너 자신이 되지 마(don't be you)
- 아이처럼 굴지 마(don't be a child)
- 성장하지 마(don't grow up)
- 성공하지 마(don't succeed)
- 중요한 인물이 되지 마(don't be important)
- 가깝게 지내지 마(don't be close)
- 소속하지 마(don't belong)

- 건강하지 마(don't be well)
- 생각하지 마(don't think)
- 느끼지 마(don't feel)

인지행동치료의 측면에서 이러한 것들은 사고의 오류다. 조기 결정 이론은 이러한 사고의 오류가 어디에서 비롯되는지 설명한다.

4장에서 설명한 것처럼, 이것은 어린 시절에 부정적인 육아로 인하여 아이가 할 수 있는 결정을 정리한 것이다. 먼저 아이는 고통스럽고 힘든 환경에 놓인다. 이것을 조기 장면(early scene)이라고 하는데, 우리 모두에게 있는 것이다. 이것은 우리가 고통스러운 기억으로 회상하는 어린 시절에 일어날 수 있는 일이며, 자신과 인생에 대해 결정하는 곳이다. 이는 자살 결정을 진단하는 '검은 바위에서의 나쁜 날' 방법에 대해 설명했던 9장에서 검토했다. 〈사례 연구 15-1〉은 그러한 예다.

### 사례 연구 15-1 조기 장면

나는 10세 정도 되었고, 세탁실에서 여동생과 함께 세탁을 하고 있었다. 엄마는 부엌의 테이블에 앉아 있었다. 나는 큰 소음과 많은 욕지거리와 고함소리를 들었다. 아버지가 차고에서 낸 소리였다. 그는 차고에서 나와 집 안으로 들어와서 엄마에게로 걸어갔다. 그리고 엄마에게 "F……" 그리고 "S……"라고 하였다. 나는 세탁실 문이 열려 있었기 때문에 그것을 보았으며, 아버지가 세탁실 문 쪽으로 오는 것을 보았다. 그가 내가 거기에 있는 것을 보고 전화번호부 책을 집어 들어 나에게 던졌다. 그 책은 내 오른쪽 어깨에 맞았으며, 그로 인해 내 몸이 약간 돌아갔다. 너무 아팠다. 그 후 아버지는 그냥 걸어 나갔고, 더 이상 어떤 말이나 행동을 하지 않았다. 나는 '그것은 무시무시해.'라고 생각하였다. 그것은 늘 나를 아주 혼란스럽게 하였다. 어떤 누구도 무슨 일이 일어나고 있는지 말해 주지 않았다. 여동생은 아무 말도 하지 않았지만 나는 그녀에게 미안함을 느꼈으며, 엄마는 아무 말도 하지 않았다. 이 일은 심지어 일어나지 않았던 것처럼 취급되었다.

그러나 나는 아빠가 나를 싫어한다는 것을 알았다. 아빠는 여러 번 내가 할아버지를 닮았고, 그는 늘 할아버지를 미워한다고 말했다. 그는 항상 아주 화난 상태였고, 나를 매우 미워하였다. 그가 나를 원하지 않는다는 것을 알았다. 그는 나에게 나는 원하지 않는 아이였고, 사랑받을 만한 가치가 없다고 말했다. 그래서 난 죽고 싶었다. (White, 2010b: 2-3문단)

[그림 15−1]은 이 남자가 그의 '검은 바위에서의 나쁜 날' 작업에서 그 사건을 그린 그림이다. 사례 연구에서 알 수 있듯이, 이 남자는 이 장면에서 발생한 사건에 대한 반응으로 '존재하지 마' 또는 자살 결정을 하게 되었다.

[그림 15−1] '검은 바위에서의 나쁜 날' 장면

## 3. 조기 장면 재현

치료 계약을 정의하고 결정에 대한 진단을 한 다음, 상담자는 내담자가 조기 장면을 재현하도록 의자 두 개를 놓는다. 상담자는 내담자가 해당 조기 장면을 회상하고, 그것을 상상 속에서 다시 체험하며 재경험하도록 한다. 내담자는 재현하는 동안에 어린이 자아 상태로 점점 더 이동하며 10세의 그가 그날 빨래를 할 때인 것처럼 느끼고 생각하기 시작한다.

이것이 역할 연기(role-playing)가 아님에 주의한다. 내담자가 인격의 두 가지 국면 사이에서 오고 가는 대화에 점점 더 몰두할수록, 그는 다시 심리적으로 10세 소년이 된다. 내담자는 어린 소년이 그 당시에 했던 것처럼 행동하고 말하기 시작한다. 심리적으로 내담자는 그 현장에 다시 한 번 있게 되는데, 이것은 그 장면의 역할 연기가 아니다. 이는 재결정 치료의 과학적 기반을 형성하며, 상태 의존적 학습(state-dependent learning) 영역의 정신약리학적 연구에서 기인한다. 상태 의존적 학습에서는 어떤 사람이 화학적으로 변형된 상태에서 무엇인가를 알게 되면 동일한 화학적 변형 상태에서 해당 학습을 더 잘 회상할 수 있다. 예를 들어, 어떤 사람이 맥주를 마시는 도중에 새 노래 가사를 알았다면 일주일 후에 그 가사를 맥주를 마신 상태에서 그렇지 않은 상태에서보다 더 잘 기억해 낼 것이다. 그의 학습은 그 당시의 심리적 상태에 의존한다.

[그림 15-1]의 소년은 해당 현장에서 자살 결정을 했을 때 매우 감정적이고 심리적으로 흥분된 상태였다. 그는 그 장면 속으로 퇴행했을 때 잊었다고 생각한 모든 일을 기억해 낸다는 것을 알게 될 것이다. 더욱 중요한 것은 그가 그날에 있었던 심리적 흥분 상태와 같은 상태가 된다면 처음에 배운 것에 대해 '다시 학습'하는 더 나은 위치에 있게 된다는 것이다. 동일한 흥분 상태에서 그의 재결정 또는 새로운 학습은 다른 상태에서(예: 완전

히 논리적인 어른 자아의 마음 상태) 새로운 학습보다 더 영향을 미칠 것이다. 따라서 조기 장면 재현은 재결정 방법에서 중요하다. 다행히도 재결정 방법은 어렵지 않다. 첫 번째 상태 의존적 학습이 발생한 것과 동일한 감정적 · 심리적 상태에 이를 수 있도록 퇴행하기 위한 두 개의 의자 기법을 사용할 수 있다.

보통 [그림 15-2]와 같이 내담자가 의자에 앉고 다른 의자는 그 앞에 놓는다. 추가로 놓은 의자는 비판적 부모 자아 상태 의자가 된다.

내담자는 그 의자에서 어린이 자아 상태로 말할 것을 요청받는다. 내담자는 인격 중에서 그 부분이 되도록 요청받고 거기로부터 대화한다. 두 번째 의자로 이동했을 때, 내담자는 그의 인격 중에서 비판적 부모 측면에서 이야기할 것을 요청받는다. 어린이 자아 상태 의자에서 내담자는 빨래를 하는 10세 어린이가 된다. 두 번째 의자로 이동했을 때에는 이제 자신의 비판적 부모 자아 상태를 나타내는 아버지가 된다. 모든 분노, 아버지가 그를 증오한다고 말하는 것, 그리고 아버지가 원래 소년을 겨냥했던 전화번호부를 던지는 것이 이제 그 자신의 부모 자아 상태를 형성한다. 다음은 두 개의 의자 대화의 예를 요약한 것이다.

[그림 15-2] 두 개의 의자 활동

어린이 자아 상태 의자에서의 내담자:

"나는 항상 당신을 존경했어요……. 음…… 당신은 내 아버지였고 나는 단지 당신이…… 음…… 나를 좋아한다는 것을 보여 주었으면 했어요. 나는 당신을 도우려고 노력했어요……. 집에서 집안일을 하고 아버지가 좋아하는 것을 만들고……."

비판적 부모 자아 상태 의자에서의 내담자:

"너는 그저 거기에 바보처럼 서 있었지. 그게 나쁘다는 것을 알아야 해. 어쨌든 알게 뭐냐. 엄마에게 말해라."

어린이 자아 상태 의자에서의 내담자:

"엄마에게 말할 수 없다는 것을 아시잖아요. 엄마는 그저 아버지를 무서워하기만 해요. 나는 단지 아버지에게 좋은 일을 하려고 노력했어요. 그래서 우리가 친구가 되고 서로를 도울 수 있도록. 나는 혼란스러워요."

비판적 부모 자아 상태 의자에서의 내담자:

"혐오스럽구나. 나는 너를 절대 원하지 않았다. 나는 너에게 화가 난다."

어린이 자아 상태 의자에서의 내담자:

"제발 그렇게 말씀하시지 마세요……. 음…… 내가 아버지를 위해서 어떻게 해야 하나요?"

이것은 내담자가 갈등 중에 있는 인격의 국면이 되어 조기 장면을 다시 경험하고, 처음 학습이 일어난 때와 동일하게 심리적으로 흥분된 상태를 재현하게 하는 유형의 대화다. 이러한 대화가 잠시 동안 계속된 후, 상담자는 내담자가 재결정을 할 수 있도록 재결정 과정을 향해 나아간다.

## 4. 재결정

이것을 설명하기 위해 다양한 어린이 자아 상태의 부분들을 살펴보아야 한다. [그림 15-3]을 보라.

앞의 어린이 자아 상태의 대화에서 내담자는 동조하는 어린이 자아 상태에 있다. 그는 애원하고, 자신을 설명하며, 좋은 아이가 되려고 하고, 자신의 아버지가 다른 방식으로 행동하게 하려고 하며, 분노를 받아들인다. 이것은 그의 조기 자살 결정을 지지할 것이다. 왜냐하면 그것이 원래의 조기 장면에서 연출한 방식이기 때문이다. 결과적으로 상담자는 내담자가 이 자아 상태에서 다른 지점으로 변화하기를 바랄 것이다.

이를 위하여 상담자는 고조시키기(heightener)를 사용한다. 상담자는 내담자에게 특정한 말이나 행동을 하도록 요청하여 자아 상태를 이동할 수

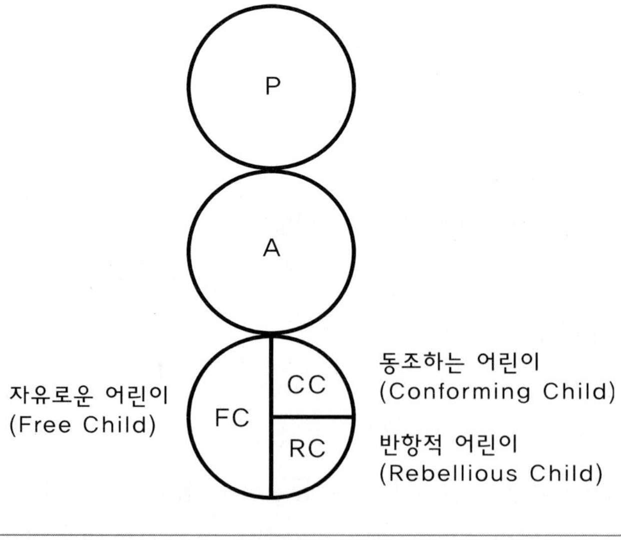


[그림 15-3] 어린이 자아 상태의 세 부분

있도록 한다. 본질적으로 상담자는 내담자가 동조하는 어린이 자아 상태에서 반항적 어린이 자아 상태로 이동하기를 바랄 것이다. 이렇게 된다면 내담자는 재결정 단계에 도달하게 된다. 상담자는 내담자가 비판적 부모 의자를 향하여 특정한 말을 하도록 요구함으로써 내담자를 고조시킨다. 다음은 요약된 양식의 예다.

상담자가 어린이 자아 상태 의자에 있는 내담자에게:
"아버지에게 그가 옳고 당신은 그가 화나지 않게 다른 무엇인가를 했어야 했다고 말하세요. 아버지에게 그렇게 말하세요."

어린이 자아 상태 의자에 있는 내담자:
(보통 내담자가 요구되는 사항을 생각하면서 잠시 침묵하는 시간이 있다.)
"그렇게 말하지 않겠습니다."

상담자가 어린이 자아 상태 의자에 있는 내담자에게:
"자, 그것이 바로 당신이 하고 있는 것입니다. 나는 단지 당신이 자신의 행동을 말로 표현할 것을 요구한 것일 뿐입니다."

어린이 자아 상태 의자에 있는 내담자:
"그렇게 말하지 않겠습니다."

상당수의 내담자는 그 시점에서 상담자가 요구하는 바를 행하지 않을 것이다. 소수의 내담자만이 그렇게 할 것이고, 비판적 부모에게 자신이 나쁘고 죽어야 한다고 말하기 시작할 것이다. 이런 일이 발생하면 조기 결정을 강화할 것이므로 상담자는 그 과정을 중단시키고 다른 것으로 넘어간다.

상당수의 내담자는 그렇게 자멸적인 생각과 감정을 말로 표현하지 않으려고 하기 때문에 거부한다. 내담자는 그러한 과제에 대해 유기체적인 혐오감(organismic disgust)을 느낀다. 상담자가 제안하는 것을 거부함으로써 내담자는 반항적 어린이 위치로 이동한다. 그러면 상담자는 의자에 있는 비판적 부모에게로 그러한 반항심을 옮기도록 시도한다.

상담자가 어린이 자아 상태 의자에 있는 내담자에게:
"아버지에게 뭐라고 말하려 하십니까?"

어린이 자아 상태 의자에 있는 내담자:
"음…… 잘 모르겠지만 나는 아버지에게 동의하고 싶지 않습니다."

상담자가 어린이 자아 상태 의자에 있는 내담자에게:
"아버지에게 동의하지 않을 것이라면 무엇을 할 것입니까? 아버지는 당신을 다치게 하는 전화번호부를 던졌습니다!"

어린이 자아 상태 의자에 있는 내담자:
"글쎄요. 아버지는 나를 그렇게 다루면 안 됩니다."

상담자가 어린이 자아 상태 의자에 있는 내담자에게:
"그럼 저기 의자에 있는 아버지에게 말씀하십시오."

어린이 자아 상태 의자에 있는 내담자:
"더 이상 아버지의 인정을 구할 필요가 없어요. 아버지는 제게 전화번호부를 던지지 말아야 해요. 그건 아파요. 나는 혐오스럽지 않고 나 자신에 대해서 좋게 느낄 수 있고 살아 있어요! 아버지가 원하는 것을 주려고 자살할 필요가 없어요!"

재결정 지점에 막 이르렀다. 내담자는 조기 자살 결정에 대항하는 결정을 하는 과정 속에 있으며 자신이 이전에 했던 상태 의존적 학습이 무엇인지를 재학습한다. 내담자는 반항적 어린이 자아 상태의 분노에서 보통 발견할 수 있는 어떠한 잠재적 힘으로 자살 결정에 대항하였다. 내담자는 동조하는 어린이 자아 상태에서 반항적 어린이 자아 상태로 이동했다. 따라서 재결정의 첫 번째 단계가 이루어졌다. 이를 [그림 15-4]에 도표로 나타냈다.

내담자는 최초의 자살 결정을 한 조기 장면을 다시 방문했다. 그는 부모상과 대화를 하였고, 반항적 어린이 자아 상태로 이동하였으며, 동일한 장면 속에 있는 동안 재결정을 하였다. 남은 것은 궁극적으로 자유로운 어린

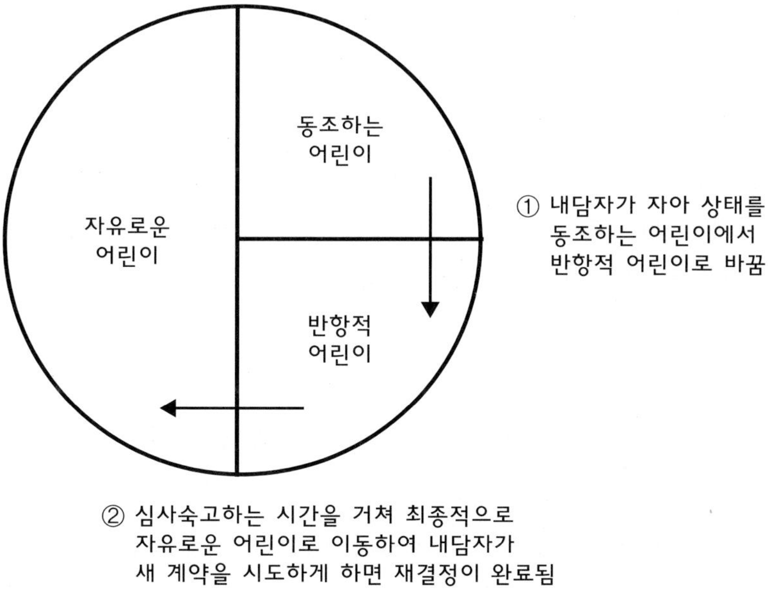


[그림 15-4] 재결정 과정에서의 두 가지 단계

이 자아 상태로 이동하는 과정을 계속하는 것이다. 때때로 이 지점에서 내담자가 스스로 더 확신을 갖기 위해 이 과정을 다시 해야 한다고 말할 것이다. 이에 대한 반응은 새로운 결정을 자신에게 납득시키는 것이 아니라, 새로운 결정을 한 상태로 앉아서 그에 대한 감정을 느끼고 그런 다음 다음에 오는 과정을 완료하는 것이다.

## 5. 내담자를 현재로 데려옴

내담자는 자신의 어른 자아 상태로 되돌아오고 이전의 고조된 흥분에서 벗어난다. 내담자는 조기 장면으로 퇴행했던 어린이 자아 상태를 떠난다. 상담자는 두 개의 의자 활동을 끝내고 의자를 치운다. 상담자는 내담자의 생각, 감정 등을 묻는다. 이 질문들은 내담자가 어른의 생각 상태로 되돌아오게 할 것이다. 내담자와 상담자는 지적으로 일어난 일에 대해 처리한다. 동시에 상담자는 자신이 관찰한 것에 대해 피드백을 준다.

이 시점에서 상담자는 아마도 내담자에게 그 과정의 일부를 설명할 수 있을 것이다. 주된 점은 어린이 자아가 부모에 대항하여 반항하는 새로운 결정을 했을 때 무엇을 느꼈는가다. 내담자는 새로운 결정을 한 상태로 앉아서 그것을 경험하려면 자신이 느낀 것과 생각한 것을 반영해야 한다.

## 6. 새로운 결정을 이행하기 위한 행동 계약

내담자는 아버지를 다시 볼 때 다르게 행동하고 느낄 것을 계약할 수 있다. 만약 그 아버지가 거기에 없다면 내담자는 같은 행동을 하는 다른 부모상을 가질 수 있다. 내담자는 이러한 사람들과 보다 건강한 방식으로 관계를 맺기로 계약을 한다. 이렇게 하면 내담자는 자신의 재결정의 결과를 직접 경험하게 된다. 이것은 좋게 느껴질 수 있으나 약간의 고통을 유발할 수 있는데, 그것은 동일한 문제와 관련하여 다음에 이어지는 재결정을 하는 이후 세션의 내용을 구성할 수 있다.

이러한 행동 실험을 하면서 내담자는 천천히 자유로운 어린이 자아 상태로 이동하기 시작하며, 새로운 결정은 기준이 된다. 이것이 발생함에 따라 자살 결정은 인격에 미치는 영향이 적어지고, 당사자는 자살이 문제 해결에 적합한 해결책이 아니라고 생각하기 시작한다. 머릿속에서 자살하라는 명령은 시간이 흐르면서 약해진다. 강력한 조기 결정의 경우 이 과정을 달성하는 데 여섯 달이 걸린다. 덜 지배적인 결정의 경우 이 과정은 훨씬 더 짧아질 수 있다. 이러한 사례에서 자살 충동은 때로 상당히 짧은 시간 내에 많이 줄어들 수 있다.

## 7. 내담자의 자기파괴적인 측면과 지속적인 관계 접촉

개인이 반항적 어린이 자아로 이동하고, 뒤이어 재결정이 따르며, 또 자유로운 어린이 자아로 이동하는, 이러한 초기 재결정 과정을 진행하면서 상담자는 자주 자살 충동이 있는 순응하는 어린이 자아 상태를 다룬다. 이것의 중요성은 14장에 언급되어 있으며, 그 내담자에게 자살 충동이 얼마나 강한지 지속적인 사정을 해야 한다. 순응하는 어린이가 상담자와의 계약을 감지하고 애착을 발달시키면, 이는 자유로운 어린이로의 이동과 재결정 과정의 마지막 지점을 상당히 용이하게 한다.

## 결 론

재결정 과정의 7단계는 다음과 같다.

① 변화를 위한 계약
② 조기 결정의 진단
③ 조기 장면 재현
④ 재결정
⑤ 내담자를 현재로 데려옴
⑥ 새로운 결정을 이행하기 위한 행동 계약
⑦ 내담자의 자기파괴적인 측면과 지속적인 관계 접촉

이 과정을 통하여 자살 충동을 느끼는 사람은 자신의 자살 충동을 진정으로 해결할 수 있고 자신이 결정을 하는 데에 영향을 덜 미치게 할 수 있다. 아이였을 때, 그 사람은 자살이 자신의 당면한 문제와 매우 고통스러운 감정을 해결하기 위한 적합한 해결책이라고 조기 결정을 한다. 그가 성인기에 접어들면서 이 결정은 단지 마음속에만 있고, 그는 이를 거의 인식하지 못한다. 어떤 특정한 상황이 발생할 때 이 결정이 작동하게 되고, 그는 자살하고 싶다는 생각과 충동을 가지기 시작한다. 이 시점에서 자살하지 않기 계약은 재결정 치료를 할 시간을 벌어 줄 수 있으므로 유용할 수 있다. 효과적인 경우, 조기 자살 결정이 달라졌기 때문에 더 장기적인 문제가 해결된다. 최초의 결정이 달라졌기 때문에 자살 결정을 작동시키는 원인이 되는 모든 미래의 사건은 거의 효과가 없어진다.

# | 끝맺는 말 |

자살 성향이 있는 사람을 이해하고 사정하며 지원하는 것에 대한 이 책에서의 연구는 종결되었다. 이 주제와 관련된 마지막 한 가지를 언급할 필요가 있다.

자살은 우리 모두의 정신에서 수치스러운 곳에 있다. 그것은 우리 모두가 살려는 의지를 갖고 있기 때문에 저주스러운 것이다. 우리는 아주 어린 아이들이 병에서 살아남기 위해 혹독하게 노력하는 것을 보았으며, 우리 몸은 모든 종류의 무서운 공격에서 살아남기 위한 무수한 장치로 설계되어 있다. 우리는 또한 죽음을 정확하게 알고 있고, 우리 모두는 조만간 죽는다는 것도 정확하게 알고 있다.

사랑하는 이의 죽음을 직면하게 될 때는 종종 자신의 삶과 죽어야 할 운명을 반추하게 된다. 만약 그 죽음이 고령이나 사고 혹은 질병 때문이라면, 좋아할 수는 없지만 그것을 이해하고 결국은 받아들일 수 있게 된다. 우리는 "그것이 삶이다."라면서, 혹은 나쁜 운 탓으로 돌릴 수 있다. 그렇지만 자살은 다르다. 우리 인류의 일원, 특히 젊은이들이 자신의 손으로 죽게 될 때, 이것을 이해하고 받아들이기는 무척 힘들다. 정말로 많은 사람이 매일 자살하고 있다는 것을 우리는 안다. 우리는 우리의 마음속에서 이것을 감수하기가 훨씬 더 어렵다는 것을 발견한다.

우리의 마음속에 자살을 예외적인 것으로 만드는 다른 일이 있다. 그것은 어떤 사람들이 자살하는 것을 보여 주며, 이것이 우리로 하여금 우리 또한 할 수 있다는 것을 상기시켜 주는 것이다. 이것은 대부분의 사람을 놀라게 한다. "만약 타인이 그렇게 할 수 있다면, 나도 아마 할 수 있을 거야." 아마도 프로이트(Freud)가 옳았으며, 우리 각자는 우리의 중심에 죽음의 본능(Thanatos) 혹은 자기파괴적 충동을 갖고 있다. 자살을 목격하거나 자살에 대한 것을 들을 때, 우리 또한 우리 자신의 영혼에 이런 충동들을 갖고 있다는 것을 상기시키며, 우리는 그것이 당혹스럽다는 것을 발견한다. 만약 우리가 자신의 신체적 · 심리적 자원들의 바로 그 한계선까지 밀린다면, 우리는 실제로 자살을 해결책으로 실행하지 않을까?

# 방해자 분석(Stopper Analysis)

## 설문지

이 설문지는 양자택일 형식이다. 모든 질문에 '그렇다' 또는 '아니다'로 답한다.

______ 1. 나는 거의 모든 일에 대한 계획을 몇 주 전에 세운다.
______ 2. 나는 다른 사람들이 말을 많이 하면 대개 그냥 신경을 꺼 버린다.
______ 3. 나는 사람들이 말없이 나를 바라보면 불편하다.
______ 4. 나는 재미 때문에 하는 일이 거의 없다.
______ 5. 나는 문제를 해결하라는 요구를 받을 때 '앞이 깜깜해질' 때가 있다.
______ 6. 나는 내가 하는 거의 모든 일을 열심히 한다.
______ 7. 나는 나의 삶에서 내가 진정으로 하고 싶은 것이 무엇인지 확실히 결정 내리지 못했다.
______ 8. 나는 리더이기보다는 추종자다.
______ 9. 나는 가족과 친구를 자주 방문하지 않는다.
______ 10. 나는 누군가에 대해 잘 알게 되기 전까지는 불신하는 경향이 있다.
______ 11. 나와 함께 일하는 사람들은 대개 그들이 하는 일에 대해 자신만의 계획을 세운다.
______ 12. 사람들은 나의 설명을 이해하지 못할 때가 있다.
______ 13. 나는 그저 '사라져' 버렸으면 좋겠다고 바랄 때가 있다.
______ 14. 나는 너무 심각하다는 지적을 받는다.
______ 15. 나는 내가 아는 많은 사람만큼 영리하지 않은 것 같다.
______ 16. 나는 한 번에 여러 가지 일을 진행시키는 것을 좋아한다.

_____ 17. 나는 중요한 결정을 내리는 것을 미룰 때가 있다.

_____ 18. 나는 나 자신이 성공했다고 보기는 어렵다.

_____ 19. 나는 가족이나 다른 집단으로부터 '따돌림' 당한다고 느낄 때가 있다.

_____ 20. 나는 가족들에게 내가 얼마나 그들을 사랑하는지 말하기가 어렵다.

_____ 21. 나는 다른 사람의 업무 성과를 측정하는 데 체계적인 방법을 이용한다.

_____ 22. 나는 다른 사람에게 말할 것을 머리에 그려 볼 때가 있다.

_____ 23. 나는 사람들로부터 사랑받지 못한다고 느낄 때가 있다.

_____ 24. 나는 코미디 프로그램보다는 심각하거나 극적인 프로그램을 좋아한다.

_____ 25. 나는 교육적 내용의 글을 많이 읽지 않는다.

_____ 26. 나는 직업을 몇 번 바꿨다.

_____ 27. 나는 구체적인 계획을 세우기보다는 삶을 있는 그대로 맞이한다.

_____ 28. 나는 종종 다른 사람들보다 내가 부족하다고 느낀다.

_____ 29. 나는 교회나 사교 모임과 같은 집단적인 상황을 좋아하지 않는다.

_____ 30. 나는 다정한 사람 주변에 있으면 다소 불편함을 느낀다.

_____ 31. 나는 구체적인 사항들보다는 결과에 '구애' 된다.

_____ 32. 나는 논쟁적인 주제에 대해 논쟁이나 토론하는 것을 좋아한다.

_____ 33. 나는 내가 출산 예정에 없던 아이였다고 생각한다.

_____ 34. 나는 재미있는 이야기나 농담을 하는 것을 잘 못한다.

_____ 35. 나는 자기절제가 어려울 때가 있다.

_____ 36. 나는 평균적인 성공밖에 하지 못하는 것에 만족하지 못한다.

_____ 37. 나는 내 시간을 조직화하는 것을 좋아하지 않는다.

_____ 38. 나는 종종 나 자신의 욕구를 충족시키기보다는 다른 사람의 의견에 '복종' 한다.

______ 39. 나는 나의 조상이나 문화적 유산에 대해 크게 생각하지 않는다.

______ 40. 나는 그만한 가치가 있는 경우가 아니면 칭찬이나 인정을 하지 않는다.

### 점수 매기기

| | | |
|---|---|---|
| 1, 11, 21, 31 | 전체 '아니다'의 수 ______ | 다른 사람들은 무능력하다. |
| 2, 12, 22, 32 | 전체 '그렇다'의 수 ______ | 다른 사람의 말을 듣지 않는다. |
| 3, 13, 23, 33 | 전체 '그렇다'의 수 ______ | 존재하지 마시오. |
| 4, 14, 24, 34 | 전체 '그렇다'의 수 ______ | 어린아이처럼 굴지 마시오. |
| 5, 15, 25, 35 | 전체 '그렇다'의 수 ______ | 사고하지 마시오. |
| 6, 16, 26, 36 | 전체 '그렇다'의 수 ______ | 성공하지 마시오. |
| 7, 17, 27, 37 | 전체 '그렇다'의 수 ______ | 아무것도 하지 마시오. |
| 8, 18, 28, 38 | 전체 '그렇다'의 수 ______ | 중요한 사람이 되지 마시오. |
| 9, 19, 29, 39 | 전체 '그렇다'의 수 ______ | 소속되지 마시오. |
| 10, 20, 30, 40 | 전체 '그렇다'의 수 ______ | 친해지지 마시오. |
| | 총점 ______ | |

- 1, 11, 21, 31 질문의 '아니다' 응답의 수를 세서 점수 기입지에 숫자를 기입한다. 다른 점수들은 '그렇다' 응답의 수를 세서 각각 해당 칸에 기입한다.
- 모든 수를 더해 총점을 낸다.
- 어떤 점수가 3 또는 4이면 이는 그 사람이 언젠가 그 결정을 내렸다는 것을 의미한다.
- 만약 총점이 20점을 초과한다면, 이는 비록 그 사람의 '존재하지 마시오' 점수에는 나타나지 않더라도 '존재하지 마시오' 결정의 존재를 의미한다.

※ 이 질문지는 밥 에이버리(Bob Avary, 1979)에 의한 것으로 허가하에 사용되었다.

## | 참고문헌 |


Akechi, T., Okamura, H., Kugaya, A., Nakano, T. et al.(2000) 'Suicidal ideation in cancer patients with major depression.' *Japanese Journal of Clinical Oncology 30*, 5, 221-4.

Alderman, T.(1997) *The Scarred Soul: Understanding and Ending Self-Inflicted Violence*. Oakland, CA: New Harbinger Publications.

Allen, J.R. and Allen, B.A.(1978) *Guide to Psychiatry: A Handbook on Psychiatry for Health Professionals*. New York: Medical Examination Publishing Co., Inc.

American Psychiatric Association(1994) *Diagnostic and Statistical Manual of Mental Disorders: DSM-IV* (*Fourth edition*). Washington, DC: American Psychiatric Press, Inc. 이근후 외 역(1995). 정신장애의 진단 및 통계 편람. 서울: 하나의학사.

Assey, J.L.(1985) 'The suicide prevention contract.' *Perspectives in Psychiatric Care 23*, 103.

Australian Psychological Society(1999) *Suicide: An Australian Psychological Society Discussion Paper*. Melbourne: Australian Psychological Society.

Australian Psychological Society(2010) *Understanding and Preventing Suicide in Young People*. Available at www.psychology.org.au/publications/tip_sheets/preventing_suicide/, accessed on January 3, 2010.

Avary, B.(1976) *Transactional Analysis for Management*. Odessa, TX: Bob Avary & Associates.

Beautrais, A.L.(2001) 'Australian research.' *LIFE: Living is for everyone*. Available at www.livingisforeveryone.com.au/Library.aspx?PageID=

55&ItemID=1095, accessed on January 3, 2010.

Beck, A.T.(1967) *Depression: Clinical, Experimental and Theoretical Aspects.* London: Staples Press.

Beck, A.T., Brown, G. and Steer, R.A.(1989) 'Prediction of eventual suicide in psychiatric inpatients by clinical ratings of hopelessness.' *Journal of Consulting and Clinical Psychology 57*,2, 309-310.

Beck, A.T., Steer, R.A., Kovacs, M. and Garrison, B.(1985) 'Hopelessness and eventual suicide: A 10-year prospective study of patients hospitalized with suicidal ideation.' *American Journal of Psychiatry 142*, 559-63.

Berne, E.(1964) *Games People Play: The Psychology of Human Relationships.* New York: Grove Press. 조혜정 역(1999). **심리 게임: 교류 분석으로 읽는 인간 관계의 뒷면**. 서울: 교양인.

Bowlby, J.(1971) *Attachment.* Harmondsworth: Pelican. 김창대 역(2009). **애착: 인간애착행동에 대한 과학적 탐구**. 경기: 나남.

Boyd, H.S.(1972) 'Suicidal decisions.' *Transactional Analysis Journal 2*, 2, 87-8.

Boyd, H.S. and Cowles-Boyd, L.(1980) 'Blocking tragic scripts.' *Transactional Analysis Journal 10*, 3, 227-9.

Cameron, L.(1988) *Talking TA.* Perth: WPATA Publications.

Campbell, D.(1999) 'The Role of the Father in the Pre-Suicide State.' In P. Perelberg(ed.) *Psychoanalytic Understanding of Violence and Suicide.* London: Routledge.

Carr, S. and Francis, A.(2009) 'Childhood maltreatment and adult personality disorder symptoms in a non-clinical sample.' *Australian Psychologist 44*, 3, 146-55.

Caruso, K.(2009) *Suicide Statistics.* Available at www.suicide.org/suicide-statistics.html, accessed on December 7, 2009.

Caruso, K.(2010) *No-Suicide Contracts: What They are and How You Should Use Them.* Available at www.suicide.org/no-suicide-contracts.html, accessed on March 29, 2010.

Clark, D.C. and Fawcett, J.(1992) 'Review of Empirical Risk Factors for Evaluation of the Suicidal Patient.' In B. Bongar(ed.) *Suicide: Guidelines for Assessment, Management and Treatment*. New York: Oxford University Press.

Clark, D.C. and Horton-Deutsch, S.L.(1992) 'Assessment in Absentia: The Value of the Psychological Autopsy Method for Studying Antecedents of Suicide and Predicting Future Suicides.' In R. Maris, A.L. Berman, J.T. Maltsberger and R.I. Yufit(eds.) *Assessment and Prediction of Suicide*. New York: Guilford Press.

Collins, J.K.(1991) 'Research into adolescence: A forgotten era.' *Australian Psychologist 26*, 1, 1-9.

Commonwealth Department of Human Services and Health(1994) *Handbook for Medical Practitioners and Other Health Care Workers on Alcohol and Other Drug Problems*. Canberra: Australian Government Publishing Service.

Cooper, J. and Kapur, N.(2004) 'Assessing Suicide Risk.' In D. Duffy and T. Ryan(eds.) *Nero Approaches to Preventing Suicide: A Manual for Practitioners*. London: Jessica Kingsley Publishers.

Cutajar, M.C., Mullen, P.E., Ogloff, J.R.P., Thomas, S.D. et al.(2010) 'Suicide and fatal overdoses in child sexual abuse victims: A historical cohort study.' *Toe Medical Journal of Australia 192*, 4, 184-7.

Dalton, V.(1999) 'Suicide in prison 1980 to 1998: National overview.' *Trends and Issues in Crime and Criminal Justice*. Canberra: Australian Institute of Criminology.

Drye, R.C., Goulding, R.L. and Goulding, M.M.(1973) 'No-suicide decisions: Patient monitoring of suicidal risk? *American Journal of Psychiatry 130*, 171-4.

Edwards, S.(2007) *No-Suicide Contracts, No-Suicide Agreements and No-Suicide Assurances: An Exploratory Study of Their Nature, Utilization and Perceived Effectiveness*. Dissertation. Perth: University of Western Australia.

Egan, M.P.(1997) 'Contracting for safety: A concept analysis.' *Crisis: The Journal of Crisis Intervention and Suicide Prevention 18*, 17-23.

Eyland, S., Corben, S. and Barton, J.(1997) 'Suicide prevention in New South Wales correctional centers.' *Crisis: The Journal of Crisis Intervention and Suicide Prevention* 18,4, 163-9.

Favazza, A.R. and Rosenthal, R.J.(1993) 'Diagnostic issues in self-mutilation.' *Hospital and Community Psychiatry 44*, 2, 134-40.

Frankl, V.E.(1959) *Mans Search for Meaning*. Singapore: Washington Square Press. 정태시 역(1991). **죽음의 수용소에서: 죽음의 수용소에서부터 실존주의에 이르기까지**. 서울: 제일출판사.

Garlow, S.J., Rosenberg, J., Moore, J.D., Haas, A.P. et al.(2007) 'Depression, desperation, and suicidal ideation in college students: Results from the American Foundation for Suicide Prevention College Screening Project at Emory University.' *Depression and Anxiety 25*, 6, 482-8.

George, N.(2008) *Gatekeeper Suicide Prevention Training Workshop Handouts*. Curtin University of Technology, Perth: Telethon Institute for Child Health Research.

Goin, M.(2003) 'The "suicide-prevention contract": A dangerous myth.' *Psychiatric News 38*, 14, 3.

Goulding, R.(1972) 'New Directions in Transactional Analysis: Creating an Environment for Redecision and Change.' In C.J. Sager and H.S. Kaplan(eds.) *Progress in Group and Family Therapy*. New York: Brunner/Mazel.

Goulding, R.L. and Goulding, M.M.(1978) *The Power is in the Patient: A TA/ Gestalt Approach to Psychotherapy*. San Francisco, CA: TA Press.

Goulding, M.M. and Goulding, R.L.(1979) *Changing Lives through Redecision Therapy*. New York: Brunner/Mazel Publishers. 우제현 역(1993). **再決斷治**

療. 대구: 靖岩書院.

Gratz, K.L. and Chapman, A.L.(2009) *Freedom from Self-Harm: Overcoming Self-Injury with Skills from DBT and Other Treatments*. Oakland, CA: New Harbinger Publications.

Green, B.(2009) *Deliberate Self-Harm: Breadth and Scope*. Available at http://priory.com/psych/DSH.htm, accessed on December 26, 2009.

Hassan, R.(1996) 'Social factors in suicide in Australia.' *Trends and Issues in Crime and Criminal Justice 52*. Canberra: Australian Institute of Criminology.

Hawton, K. and van Heeringen, K.(2009) 'Suicide: The risk factors.' *The Lancet 373*, 9672, 1372-81.

Hayes, L.M.(1995) *Prison Suicide: An Overview and Guide to Prevention*. Washington, DC: US Department of Justice, National Institute of Corrections.

Hippie, J. and Cimbolic, P.(1979) 'Contracts to Stay Alive and Get Well.' In J. Hippie and P. Cimbolic(eds.) *The Counselor and Suicidal Crisis: Diagnosis and Intervention*. Springfield, IL: Charles C. Thomas.

Holloway, W.H.(1973) *Shut the Escape Hatch: Monograph IV. The Monograph Series*. Medina, OH: Midwest Institute for Human Understanding.

Humphry, D.(1991) *Final Exit: The Practicalities of Self-Deliverance and Assisted Suicide for the Dying*. New York: Penguin Books. 김종연, 김설아 역(2007). 마지막 도피구. 서울: 지상사.

Jenet, R. and Segal R.(1985) 'Provoked shooting by police as a mechanism for suicide.' *The American Journal of Forensic Medicine and Pathology 6*, 274-85.

Johnson, B.S.(1997) *Psychiatric Mental Health Nursing*. Philadelphia, PA: Lippincott-Raven Publishers.

Johnston, S.(2009) 'Anger and its management from a Buddhist psychologist's perspective.' *Psych News Newsletter: The Australian Psychological Society*, November 2009, 10.

Kleiner, A.(2010) *Suicide Notes*. Available at www.well.com/~art/suicidenotes.html, accessed on February 7,2010.

Kroll, J.(2000) 'Use of no-suicide contracts by psychiatrists in Minnesota.' *American Journal of Psychiatry 157*, 1684-6.

Kroll, J.(2007) 'No-suicide contracts as a suicide prevention strategy.' *Psychiatric Times 24*, 8.

Little, R.(2009) 'Understanding the psychodynamics of suicidal clients.' *Transactional Analysis Journal 39*, 3, 219-28.

Mahrer, J.(1993) *The Use of No-Suicide Contracts and Agreements with Suicidal Patients.* Dissertation. Palo Alto, CA: Pacific Graduate School of Psychology.

McArthur, M., Camilleri, P. and Webb, H.(1999) 'Strategies for managing suicide and self-harm in prisons.' *Trends and Issues in Crime and Criminal Justice*, August 1999. Canberra: Australian Institute of Criminology.

McCormick, P.(1971) *Guide for Use of a Life Script Questionnaire*. San Francisco, CA: Transactional Publications.

McNeel, J.R.(1980) 'The early demand.' *Transactional Analysis Journal 10*, 1, 47-8.

Medical Dictionary(2010) *Locus of Control*. Available at, http://medical-dictionary. thefreedictionary.com/locus+of+control, accessed on April 14, 2010.

Midgley, D.(1993) 'Character disorder: A TA perspective.' *ITA News*, Summer, Number 36, 4-6.

Miller, K.M., Sayers, M., Jones, J., Follett, D. and Ministerial Council for Suicide Prevention(2005) *Information and Support Pack for those Concerned about Someone who is Distressed or Suicidal*. Perth: Ministerial Council for Suicide Prevention.

Moscicki, E.K.(1995) 'Epidemiology of Suicidal Behavior.' In M.M. Silverman and R.W. Maris(eds.) *Suicide Prevention: Toward the Year 2000*. New York: Guilford.

Mussen, PH., Conger, J.J. and Kagan, J.(1974) *Child Development and Personality*. Harper: London.

Newcombe, R. and Woods, S.(2010) *How Risky is Ecstasy? A Model for Comparing the Mortality Risks of Ecstasy Use, Dance Parties and Related Activities*. Available at www.drugtext.org/library/articles/ newcombe.htm, accessed on January 7, 2010.

Perroud, N., Uher, R., Marusic, A., Rietschel, M. et al.(2009) 'Suicidal ideation during treatment of depression with escitalopram and nortriptyline in Genome-Based Therapeutic Drugs for Depression (GENDEP): A clinical trial.' *BMC Medicine 7*, 1-14.

Piaget, J. and Inhelder, B.(1969) *The Psychology of the Child*. New York: Basic Books, Inc.

Reid, W.J.(1998) 'Promises, promises: Don't rely on patients' no-suicide/no-violence "contracts".' *Journal of Practical Psychiatry and Behavioral Health 4*, 316-18.

Reilly, P.M. and Shopshire, M.S.(2002) *Anger Management for Substance Abuse and Mental Health Clients: A Cognitive Behavioral Therapy Manual*. Rockville, MD: Center for Substance Abuse Treatment, Substance Abuse and Mental Health Services Administration.

Rotter, J.B.(1966) 'Generalized expectancies for internal versus external control of reinforcement.' *Psychological Monographs 80*(Whole No. 609).

Shioiri, T., Nishimura, A., Akazawa, K., Abe, R. et al.(2005) 'Incidence of note-leaving remains constant despite increasing suicide rates.' *Psychiatry and Clinical Neurosciences 59*, 226-8.

Simon, R.I.(1999) 'The suicide prevention contract: clinical, legal, and risk management issues.' *Journal of the American Academy of Psychiatry and the Law 27*, 445-50.

Steele, A.A. and McLennan, J.(1995) 'Suicidal and counter-suicidal thinking.' *Australian Psychologist 30*, 2, 149-52.

Steiner, C. (1971) *Games Alcoholics Play*. New York: Grove Press.

Stewart, I. and Joines, V.(1987) *TA Today*. Nottingham: Lifespace Publishing. 제석봉, 최외선, 김갑숙, 윤대영 역(2010). **현대의 교류분석**. 서울: 학지사.

Stone, S.(2009) *The Silent Scream, Can It Be Stilled?* Available at http://sarahsfleeces.wordpress.com/2009/09/22/the-silent-scream-can-it-be-stilled/, accessed on December 26, 2009.

Stone, S.(2010) *How the Silent Scream Was Stilled(self harm part 2)*. Available at http://sarahsfleeces.wordpress.com/2010/01/06/how-the-silent-scream-was-stilled-self-harm-part-2/, accessed on January 7, 2010.

Temby, I.(1990) 'Neglected to death.' *Criminology Australia*, July/August, 19-20.

Treatment Protocol Project(2004) *Management of Mental Disorders(Fourth Edition)*. Sydney: World Health Organization Collaborating Centre for Evidence in Mental Health Policy.

Thomas, A., Chess, S. and Birch, H.G.(1968) *Temperament and Behavior Disorders in Children*. New York: New York University Press

van Wormer, K. and Odiah, C.(1999) 'The psychology of suicide-murder and the death penalty.' *Journal of Criminal Justice 27*, 4, 361-70.

Wada, K., Murao, J., Hikasa, K., Ota, T. et al.(1998) 'A clinical analysis of the suicidal ideation of outpatients with major depression.' *Sheishin Igaku 39*, 1077-82.

White, T.(1986) *How Kids Grow Up and Leave Home: Two Years Old, Four Years Old and Adolescence*. Perth: T.A. Books.

White, T.(1991) *Staying Alive: A Handbook on the No-Suicide Contract*. Perth: T.A. Books.

White, T.(1995) 'Born unwanted: The developmental effects of denied abortion.' *TA Times Newsletter*, August 1995, 9-10. Available at www.ynot1.com.au/magazines/Born%20unwanted.pdf, accessed on February 2, 2010.

White, T.(2010) Question Time. Available at http://graffiti99.blogspot.com/2010/02/question-time.html, accessed on February 24, 2010.

White, T.(2010a) *Life Script Analysis 1*. Available at http://graffiti99.blogspot.com/2010/02/life-script-analysis-1.html, accessed on May 7, 2010.

White, T.(2010b) *Life Script Analysis 3*. Available at http://graffiti99.blogspot.com/2010/02/life-script-analysis-3.html, accessed on May 7, 2010.

White, T.(2010c) *Life Script Analysis 2*. Available at http://graffiti99.blogspot.com/2010/02/life-script-analysis-2.html, accessed on May 10, 2010.

White, T.(2010d) *Life Script Analysis 4*. Available at http://graffiti99.blogspot.com/2010/02/life-script-analysis-4.html, accessed on May 10, 2010.

White, T.(2010e) *Contracts and Promises*. Available at http://graffiti99.blogspot.kr/2010/04/contracts-and-promises.html, accessed on April 12, 2010.

Wilkinson, R. and Marmot, M.(1998) *Social Determinants of Health: The Solid Facts*. Geneva: World Health Organization.

Woollams, S. and Brown, M.(1978) *Transactional Analysis*. Ann Arbor, MI: Huron Valley Institute Press.

World Health Organization(2009) *Suicide Prevention*. World Health Organization Mental Health. Available at http://www.who.int/mental_health/prevention/suicide/suicideprevent/en/, accessed on November 15, 2009.

## | 심화 참고문헌 |

교류분석에 대해 좀 더 자세히 살펴보려면 다음 책을 참고하라.

- Stewart and Joines (1987). *TA Today*. 제석봉 외 역(2010). **현대의 교류분석**. 서울: 학지사.

자살, 자해 그리고 교류분석에 대해 좀더 자세히 알고자 한다면 다음의 웹사이트를 방문하라.

- www.ynotl.com.au
- http://graffiti99.blogspot.com
- http://graffiti99.blogspirit.com

위의 웹사이트에는 자살, 자해, 교류분석에 관련된 기사와 주석뿐만 아니라, 최신 자료가 정규적으로 갱신된 목록을 포함하고 있다.

대신에 저자가 교류분석에 대해 유용하게 말하는 책 『TA에 대해 말하기(*Talking TA*)』에서 교류분석에 대한 정보를 좀 더 찾을 수 있다.

자살, 자해 그리고 교류분석에 관한 어떠한 논평이나 질문이 있다면 다음의 주소로 저자인 토니 화이트에게 직접 보내면 된다.

Tony White
Western Institute
136 Loftus Street
North Perth, 6006
Western Australia Australia.
Email: agbw@bigpond.com

# | 찾아보기 |

## 인 명

## 내 용

# 저자 소개

## Tony White

토니 화이트는 심리치료사로서 29년 동안 교류분석 심리치료의 교사, 수련감독으로 활동하고 있다. 오랫동안 자살 관련 상담을 해 오고 있으며, 특히 교도소에서 3년 동안 자살 및 자해 방지를 위한 상담을 했다.

- **출생지**: Subiaco, Western Australia, 5th March, 1957

- **홈페이지**: www.ynot1.com.au

- **취득 학위 및 자격증**

1980: Bachelor of Arts–Major in Psychology

1981: Clinical Membership–The International Transactional Analysis Association

1983: Honours (psychology)

1989: Advanced Diploma in Counselling, Level 7

1989: Teaching Membership (Instructor and Supervisor)–The International Transactional Analysis Association

1996: Certificate in general and addictions counselling–Curtin University

2006: Senior First Aid Certificate–St John Ambulance Australia

2006: Authorized Mental Health Practitioner (Mental Health Act 1996). Office of the Chief Psychiatrist, Department of Health

2008: Certificate IV in Training and Assessment. Australian Qualifications Framework

2011: MSc (Psychotherapy) UK

● **면허 등록 목록**

1986: Psychologists Registration Board of Western Australia

1988: Australian Psychological Society–member

1995: Member of the APS division of Independently Practising Psychologists

● **수상 경력**

The Inaugural Goulding Award for Excellence in T.A. Presented for excellence in the theory of T.A. at the 8th Australasian Transactional Analysis Conference (November 1988), by the Western Pacific Association of Transactional Analysts. See–http://video.google.com.au/videoplay?docid=-2719041059081447006 (Access at–http://www.ynot1.com.au/links.html)

1994: Inclusion in the "International Who's Who in Medicine (2nd ed)". International Biographical Centre, England

2001: Honorary Member of the Transactional Analysis Association of Singapore

2011: Awarded 'High Commendation' at 2011 British Medical Association, Medical book awards in the psychiatry category for the book–Working with suicidal individuals

2012: Honorary Award-Platinum Member of the International Council of Professional Therapists (ICPT)

● **저서 목록**

2011. *Working with Suicidal Individuals: A Guide to Providing Understanding, Assessment and Support*. Jessica Kingsley Publishers: London.

2012. *Working with Drug and Alcohol Users: A Guide to Providing Understanding, Assessment and Support*. Jessica Kingsley Publishers: London.

● **공저 목록**

2009. The two ego state model. In M. Mathew (Ed.), *Dynamics of Ego Management*. Icfai: Chennai.

## 역자 소개(가나다순)

### ⊙ 공은숙

미국 버지니아 대학교 대학원 석사(정신간호학 전공) 및 박사(노인간호학 전공)

현) 예수대학교 간호학부 교수

### ⊙ 김명하

중앙대학교 대학원 문학박사(유아교육학 전공)

현) 중앙대학교 외래강사

### ⊙ 김미례

전남대학교 대학원 교육학박사(상담심리 전공)

현) 밝은미래상담연구소 소장

### ⊙ 문영주

서울신학대학교 대학원 박사과정 수료(상담심리 전공)

현) 한국실존치료연구소 전임교수

### ⊙ 박미현

경성대학교 대학원 교육학과 박사과정(심리상담 전공)

현) 캐나다 밴쿠버 포트무디  심리상담연구소 소장

⊙ **박용민**

충북대학교 대학원 박사과정 수료(산림환경관리 전공)

현) HIOS연구소 소장

⊙ **서혜석**

대구대학교 대학원 철학박사(사회복지방법 전공)

현) 예수대학교 사회복지학부 교수

⊙ **송준석**

고려대학교 대학원 교육학박사(교육철학 및 교육사 전공)

현) 전남도립대학교 유아교육과 교수

⊙ **아영아**

신라대학교 대학원 사회복지학박사(사회복지방법 전공)

현) 신라대학교 사회복지학과 외래강사

⊙ **오명자**

전남대학교 대학원 교육학박사(상담심리 전공)

현) 동신대학교 상담심리학과 교수

⊙ **이대식**

서울벤처대학원대학교 박사과정 수료(사회복지상담 전공)

현) 예수대학교 정신건강상담연구소 슈퍼바이저

⊙ **이영호**

대구대학교 대학원 철학박사(사회복지방법 전공)

현) 인제대학교 사회복지학과 교수

⊙ **전우경**

중앙대학교 대학원 문학박사(유아교육 전공)

현) 중앙대학교 부모교육아카데미 주임교수

⊙ **정원철**

대구대학교 대학원 철학박사(사회복지방법 전공)

현) 신라대학교 사회복지학과 교수

⊙ **정정숙**

영남대학교 대학원 가정학박사(임상상담심리 전공)

현) 한국국제대학교 사회복지학과 교수

교류분석(TA)적 접근을 통한
자살 상담과 치료
Working with Suicidal Individuals:
A Guide to Providing Understanding, Assessment and Support

2013년 4월 25일 1판 1쇄 인쇄
2013년 4월 30일 1판 1쇄 발행

지은이 • Tony White
옮긴이 • 한국교류분석상담학회
펴낸이 • 김진환
펴낸곳 • (주) 학지사
121-837 서울시 마포구 서교동 352-29 마인드월드빌딩 5층
대표전화 • 02-330-5114 팩스 • 02-324-2345
등록번호 • 제313-2006-000265호

홈페이지 • http://www.hakjisa.co.kr
커뮤니티 • http://cafe.naver.com/hakjisa

ISBN 978-89-997-0110-8 93180

정가 17,000원

역자와의 협약으로 인지는 생략합니다.
파본은 구입처에서 교환해 드립니다.



이 도서의 국립중앙도서관 출판시도서목록(CIP)은 서지정보유통지원시스템 홈페이지(http://seoji.nl.go.kr)와 국가자료공동목록시스템(http://www.nl.go.kr/kolisnet)에서 이용하실 수 있습니다.
(CIP 제어번호: CIP2013003749)